道徳的完成主義

Conditions Handsome and Unhandsome:
The Constitution of Emersonian Perfectionism.
The Carus Lectures, 1988

エマソン・クリプキ・ロールズ

スタンリー・カヴェル
Stanley Cavell
中川雄一［訳］
Yuuichi Nakagawa

春秋社

カート・フィッシャーへ

あらゆる対象は私たちがしっかり摑《つか》もうとすると指のあいだから零《こぼ》れおちてしまう、この儚《はかな》さと摑みどころのなさを、私は、私たち人間の条件のもっとも醜い部分だと思う。

――エマソン「経験」

道徳的完成主義

目次

道徳的完成主義——エマソン・クリプキ・ロールズ

序文と謝辞

第1講義から第3講義までのテクストは私の三つのケーラス記念講義に若干加筆したものである。この講義は「アメリカ哲学協会」からの招待を受けて準備され、一九八八年四月に「パシフィック・ディヴィジョン」の年会で発表された。私は講義のための草稿を書きながら、その主題のいくつか、そして発表形式の様態のいくつかが、「協会」の気に入るような議論の手法や論述形式に逆行する——その度合いは様々であるが——という事実にいやでも気づかされた。私はこのケーラス記念講義を出版するにあたり、この仕事の起源が別の制度的な文脈（私にとっては重要な意味をもつ）のなかにあることを明示するために、さらに三つのテクストを付け加えた。ひとつは「補遺A」であり、イオナ大学で行なわれた式典における講演のテクストが再録されている。この講演の聴衆にはこの大学の関係者だけでなく一般の人々もふくまれる。二つめの「補遺B」は、エルサレムはヘブライ大学の「文学研究センター」が後援する研究グループの仕事に寄せた拙稿（本書第1講義の初期稿）のために私が書いた、いわば導入のための書簡である。三つめは長めの「序論」である。これは講義の関心事に対する直接的な教育的文脈を素描している。この講義の関心事は、一九八七年の秋、はじめて明瞭なかたちで詳述された。要するに私の担当講座《コース》〈道徳的完成主義〉である。これはハーバード大学のコアカリキュラムにおける「道徳的推論」クラスの講座のひとつである。そこで問われていたのは——部分的には——、最近の私の主要な関心事のなかの二つが（驚くような仕方で、そしてそれほど驚くべきではない仕方で）繋がっているとの認識がもつ含意を解明する最初の試みである。ここでいう認識は、〈エマソン的完成主義〉のもつ道徳的な展望が、再婚と呼ばれる人間関係の基礎となるとの認識である。再婚は二つの映画ジャンルがもつ物語《ナラティヴ》であるが、私はこのジャンルの特徴を明確にしようと試みてきた。この繋がりを可能にする条件は、私にとって、エマソンの道徳的な展望がある思考様態を表現するものだという観念である。これはエマソンが（そしてソローが）ウィトゲンシュタインやハイデガーと共有する思考様態であるが、多くの場合哲学が好む論理的な思考様態とは逆行する。これが第1講義の主題である。「道徳的推論」クラスの講座では、この条件があまり明確にならなかった。またロマン主義思想のもつ哲学的懐疑にかんして私が試みていた研究（拙著『日常的なものの探求〔*In Quest of the Ordinary*, 1988〕』に収録された講義を参照）にこの条件がかかわっている事情もあまり明確にならなかった。本書の「序論」は、この講座で明らかになったことや、この講座を締めくくるときに私に残った気分――この講座とケーラス記念講義が終わった年の夏、この気分が繰り返し脳裡に甦った――にかんする若干の考えに触れている。

すでに言及したエルサレムの研究グループは、一九八五–一九八六年度にヘブライ大学の「高等研究」インスティチュートに集まった少人数のグループによる研究を継ぐものとして組織された。一九八六年一月、私がそのグループに加わったとき、そしてジャック・デリダがその年度の最後の月にグループに加わるまで、グループのなかで哲学教師をしているのは私ひとりだけであった。私にとって明らかなのは、あの独特で普遍的な都市、その苦しみが危機的な閾に達している都市のなかで、論題をめぐる議論がもつ激しさや自由闊達さや継続性や恩恵のなかで、そしてグループが定期的に催す公開セミナーのなかで、私の発表（とくにエマソンやアメリカ映画についての発表）が新たな陰影を帯び、新たな責務を担ったという事実だ。あたかも新しい友情の世界を宣言しなくてはならないかのように。私はサンフォード・ブディックとのやりとりを思い出す。彼とは、偶然であるかもしれないが、新しい文学理論が勝利した後のテクスト研究において何が人間主義的な渇望として遺されているのかをめぐり言葉を交わした。エミリー・ブディックとは、エマソンやアメリカ小説の伝統について言葉を交わした。ジェラルド・ブランズの発する言葉はいつも率直でありながら、広い視野から着眼されていた。彼とはハイデガーやウィトゲンシュタインについて語り合った。私たちがすばらしいエルサレム・シネマテークに足繁く通ったせいで、彼との対話はよく中断した。ヴォルフガング・イーザーとは、文学や哲学の伝統のなかへ新参の映画が割り込んだことがもたらす相互作用や影響について語り合った。それから二年後、このグループを引き継ぐ研究会（補遺Bの「カバーレター」はこの研究会に宛てて書かれた）においてデリダは私にこう言ったのである。すなわち私が第1講義でエマソンの言葉「handsome〔美しい〕」の「hand〔手〕」を強調したことを捉えて、彼は彼自身がすでにハイデガーにおける「手」についてのテクスト（「Geschlecht II」〔1985〕）を書いたと。この主題にかんしエマソンを真剣に受け取っていなかったことに対し多少ともきまりの悪さを覚える人がいてくれたならば、私が自分の無知に覚えたこのきまりの悪さへの報いになるだろう。

エルサレムを訪れるようになってからの最初の数ヶ月を思い起こすと、あのとき聞こえていた声が私に与えた影響については、『日常的なものの探求』の出版準備に忙しかった当時よりもいまのほうがずっとよく分かる。本書を構成する講義の様々な異型《ヴァージョン》は、エルサレムで（そしてエルサレムによって）発表され修正されたのだ。すぐにも思い出すのは、「高等研究」インスティチュートにおける研究グループの同僚——ジェフリー・ハートマン、ダン・パジス、シュロミス・リモン-キナン、ジョン・ホイットマン、そしてシラ・ウロスキー——である。（何週にも亘って私たちが話し合った事柄は、私たちが組織した公開の会議の会報にとても正確に記載されている。一九八六年六月の学年末に催されたこの会議の内容は、サンフォード・ブディックとヴォルフガング・イーザーの編集により *Languages of the Unsayable* の書名で出版された。）そして私たちの公開講義やディスカッションに参加した友人や同僚——ローレンスとジュディ・ベッサーマン、ビル・ダレスキー、シャーリー・カウフマン、エリザベス・フロイント、ツヴィとマルカ・ヤーゲンドルフ、ルースとナタン・ネヴォ、レオナとツヴィ・トーカー——をも思い出す。これまでになくエルサレムでは、制度上の儀礼を単に捨て去ることも、あるいは単に守り抜くこともできないように思われた。

　ハーバード大学におけるコアコースの条件として学生には、毎週、序論（本書、五九—六一頁）に挙げたテクストのうちのひとつを読むことが要求される。さらに、再婚コメディのジャンルやそれに関連するメロドラマのジャンルに属する映画——そのタイトルは第3講義（本書、二三八頁）で列挙されている——を視聴することも要求される。この条件の複雑さは——知的な観点からも、プログラム運用上の観点からも——半端ではない。教育助手《ティーチング・フェロー》——スティーヴン・アフェルト、ジェイムズ・コーナント、ハーヴェイ・コーミエ、ジョシュア・ライダーマン、ラエル・マイヤーウィッツ、ダニエル・ローゼンバーグ、チャールズ・ウォーレン――の知性と情熱と才覚とがなかったら、講座に登録した学生も私自身も途方に暮れていたであろう。彼らには衷心より感謝と称賛の念を表したい。ジェイムズ・コーナントは「道徳的推論」クラスの責任者であるが、その責務の範囲を超えて、私を援助してくれた。彼は私といっしょに、講座の方向や読解や視聴を進めていく指針となるシラバスを作成した。彼の提案でもっとも決定的だったのは、たぶん、講座のために私が選び出していたニーチェのテクスト（『道徳の系譜』）の代わりに、「教育者としてのショーペンハウアー」を指定すべきとの進言である。このテクストはそもそも、ロールズの『正義論』――この著作は講座が具体化していくときに決定的な役割を果たすことになる――がニーチェに参照を求めたときの典拠だった。コーナントの提言がもたらしたもの――それは第1講義で素描されているが――は、私と同じようにコーナント自身をも驚かせたと思う。そう提言した結果、彼自身が自分の研究としてニーチェのテクストを掘り下げることになった。この仕事が現在の段階に達するまでのひとつひとつの段階において、私は彼の知性と友情から恩恵を受けてきた。彼は私にこう明かしてくれた。仕上げの時期に入った講義草稿についての彼の論評は、その重要な部分において、スティーヴン・アフェルトとの会話から着想を得たものであると。

最初の二つの講義草稿ができ、第3講義の草稿に取りかかるまえに、私は若干の激励を求めて、様々な友人に講義草稿を読んでもらった。友人であり同僚であるヒラリー・パトナム――彼は私よりさきにケーラス記念講義を行なっている――の寛容さは忘れがたい。彼は配慮深くも、拙稿のなかには不用意な表現や私の気づかない相互関係があることを指摘した。それればかりか、ケーラス記念講義を準備するときに直面する特有の不安がよく分かるとも言ってくれた。カレン・ハンソンは数年に亘りずっと、話の筋道がもつれている箇所や語調のずれている箇所を見つけてくれた。バートン・ドレーベンとジュリエット・フロイドからはそれぞれ質問を受けたが、その主な狙いはどちらも、ロールズの仕事に対する私の立場をもっと鮮明にすべきであるという点にあった。それから、この講義を行なった直後にジュディス・シュクラーが見せた反応――講義の細部や構造にかんする――は、幅広い関心にもとづくすばらしいものだった。彼女は最善を尽くして、エマソンの政治についてもっと詳細に述べるように私を説得し、そして「序論」を書くように勧めてくれた。こうした応答のなかには、ただちに講義草稿のなかに活かしたものもあれば、痛ましい覚書になったものもある――しかし健全にもそこには信頼すべき友情の感覚、どれだけの仕事がやるべくして残っているかという感覚が伴っている。

私は講義草稿の筆を起こすまえ、他の場合でもそうなのだが、まじめに『正義論』を読解するために必要な哲学的素養を身につけるのが遅かったという困難に直面した。いよいよ読解の時が来たとき、私はその本の細部やその洞察が要求するものに圧倒されるだけでなく、その本をめぐって巻き起こる議論の激しさや広大さがひとつの領土を形成していることを理解した。そして、そこに入りこむ理にかなった手段などないように思われた。私の感じていた困難を軽視することなく、その困難が決定的になるのを阻止してくれたのはアーノルド・デイヴィドソンである（彼はロールズの本に対し揺るぎない敬意をもっていたし、こういってよければ、私の仕事のなかに、彼の複雑な研究プロジェクトに資するものを見いだしていた）。彼はロールズの本に挑発され影響された様々な研究の地形図を描いてくれた。私がはじめて本格的にロールズの本に取り組んだ数週間はほとんど毎日、彼は私の反応――予測しうる、標準的な、浅はかな、困惑した、そしてたぶん前途有望な――につきあってくれた（数えきれないほど頻繁な会話のなかで――その頻度は電話会社だけが知る）。私の反応は、本書に見られるとおりであるが、その風変わりな側面が消えていなければいいと思う。私の反応が当を得たものであるとすれば、それは、アーノルド・デイヴィドソンの知識、彼の知的寛容さ、そして彼の聞く能力のお蔭を被っている。

私は『正義論』以降のロールズの仕事に言及しないが、それでいいのだと思う。この点にかんし二つのことを述べておこう。第一に、時代を画するような作品は独り歩きをし、自分が生みだした影響を乗り越えていくものである、あるいはむしろ、そこにとどまって新たな発展を待ち受けるものである。私はこう考える。すなわち『正義論』が呼び起こした応答や議論は、避けようもなく、言い直しや調整をもたらし、特定の問題を様々に発展させていくであろうが、この本がもつ大原則はその原形を保つのだと。とにかく私が興味を引かれるのは、私がこの本の弁論術的構想〔rhetorical design〕と呼ぶものの特別な発展である。この構想は、とりわけ、社会契約という観念の継続と修正に由来するものだ。第二に、私の意図は次の点にある。すなわち私はこの〔社会契約という観念の〕継続がもたらす特定の帰結に――道徳的完成主義という観念の提示の仕方に――異論を唱えたのだが、まさにその帰結が、かりに正当なものであるとして、さらに修正をする必要があるほど中心的なものであるかどうか、あるいはそうする必要がないほど周縁的なものであるかどうかとの問いを提起する（そして問いのままにしておく）点である。

クリプキによるウィトゲンシュタインの『哲学探究』解釈に対する私の応答の仕方を正確に考え抜こうとして私が出会った困難は〔ロールズの場合とは〕大きく、多かれ少なかれ明白に、違っている。なぜなら私には発言権のないテクニカルな主題の果たす役割が違っているのだから。ロールズの著作において、合理的選択の理論がもつテクニカルな問題が現れるのは、いわば、理論の直観的動機づけや体系的構造が、観念の明確化や数学化の形式として設定されたあとになってである。クリプキの『ウィトゲンシュタインのパラドックス』において、テクニカルな問題は始めから私の理解を超えているかもしれないと思われた。一九八六年の秋、「日常的なものの哲学」と題したセミナーで、私ははじめて、私秘性や規則や教示や一致や懐疑や日常的なものに対するウィトゲンシュタインの考えに対して、クリプキが彼の本のなかで明確にする見解と拙著『理性の声』のなかで私が表明した見解との近さと遠さの感覚を話題にした。セミナーに出ていた人（しばしば自由に聴講していた人もふくめ）の多くは院生であったが、彼らは私より、心の哲学や言語哲学のテクニカルな話題に通じていた。というのもこうした話題が現代哲学の講座を支配しているからである（英米圏の哲学界において）。また彼らは、拙著『理性の声』で提示された説明――すなわちウィトゲンシュタインにおける規準の観念や日常的なものに対する説明――に共感すると同時に細部における可否を選別した。こうした日常的なものに対する見方の対立のなかに、哲学的方法にかんする昔ながらの争いが影を落としている――私にとってこの争いは、教育的なそして哲学的な観点からみて、頼もしく励みになる。というのも創設的な対立というものは、片方の陣営を味方するにせよ強要するにせよ、制度的な仕方では片づかないという事実が明らかになったからだ。一九八四年、講座「ウィトゲンシュタインと日常的なもの」における数回の講義のなかで、私はまずクリプキの『探究』解釈に対する私の反応を素描した。そのころエドワード・ミーナールは博士論文（ウィトゲンシュタインの規則にかんする一連の断章を論題にしたもの）に取り組んでいた。私は講義のなかで何度か彼とやり取りする機会をもった。その対話は私にとっても彼にとってもとうてい満足のゆくほど掘り下げたものにはならなかったが、『探究』を捉えるときの感覚を狂わせることなく、こうした問題を扱うことの途方もないむずかしさを如実に物語っていた。ダグラス・ウィンブラッドはこの講座の教育助手だった。私の定式的な論述に対して彼が見せる反応に、私は何度もクリプキやウィトゲンシュタインのテクストを読み返すことになったのである。どちらの授業においても、「数えること〔counting〕」の様態を提供するものがウィトゲンシュタインのいう規準であるとみなす考えに力点がおかれ、その考えとクリプキの説明との関係に言及したけれど、いずれにせよ、クリプキの解釈に対する私の詳細な読みを納得のゆく仕方で――拙著『理性の声』の九四–九五頁において要約したような「数えること」の問題圏に論及しうるほどまじめな仕方で――まとめることができなかった（第2講義がそれを実現しているといいのだが）。『理性の声』での要約は「発話の経済学〔economics of speech〕」や「世界を言葉にする〔wording the world〕」や「言うに値するものと分かる〔being found worth saying〕」〔p. 94〕といった観点からなされていた。またこの問題圏は、拙著『日常的なものの探求』の序文においても言及されている。そこではエマソンやポーや『冬物語』の様々な場面の読みにおいて、規準にかんするウィトゲンシュタインの考えが引きあいに出されている（『冬物語』は第2講義で言及されている――本書、二一五頁参照）。

第1講義〔初期草稿〕にハイデガーが登場して以来、おそらくエルサレム訪問によって急き立てられもしたのだろう、そしてエルサレムからの招待を受け入れるように私を駆り立てるものに従いながら、私は、ほかの多くの人々が痛感してきたように、もはやハイデガーについて考えることができない、とりわけ私の場合、ハイデガーがニーチェを経由してエマソンと結びつく事情を――この厄介な近さと遠さとがもつ政治的含意は何なのかを明瞭な仕方で詳細に問うことなしには――まっとうな仕方で考えることができないと痛感する。この問題は、(私がいま準備している)エマソンのエッセー「運命」の読解における重要な関心事だ。このエッセーがもつ真の主題は自由であるが、エマソンは奴隷制にかんし事実上沈黙を守っているように見える。この読解を準備していたために、このケーラス記念講義の原稿を大学出版局に送付するのが遅れた。この読解は、コアコースの開始以来、私が行なってきた〈道徳的完成主義〉にかんする二つのセミナーの一部として利用された。私にとってハイデガーの政治的関心は喫緊の問題であり、そのことがエマソンとソローとニーチェとハイデガーの結びつきがどれほど「近い」ものと感じられるかを決める以上、そしてエマソンのエッセー「経験」に対する私の読解がたぶんすぐには出版されそうにないから、ここでは補足的に二つの一致点あるいは思考の場所を指摘しておこう。この点にかんし私はこれまで公刊したどのテクストにおいても言及していない。エマソンもハイデガーも「近さ」に訴えるという、いわば一般的な意味での音韻的一致を超えて、ハイデガーとソローのあいだには、もっとはっきりとした一致がある。ハイデガーは『存在と時間』第一二節で「Sein bei〔もとでの存在〕」と書き、ソローは『ウォールデン』の第五章で「beside oneself〔自己の傍らで〕」とも「next to us〔私たちのすぐ隣で」」とも書く。そしてエマソンのエッセー「経験」における「樹立としての発見」という考えは、拙著『この新しくもいまだ近づきえぬアメリカ』で論じたように、明らかに、ハイデガーのいう「Befindlichkeit〔情態性〕」（これは「state-of-mind」と英訳される）概念と同じ線上に並べることができる。ハイデガーの「情態性」とは、「[Dasein〔現存在〕が]《現《そこ》である》二つの構成的な仕方」（『存在と時間』第二八節）のひとつである。おそらくニーチェの『道徳の系譜』の序文は、（私たち自身を）見いだす〔そこにあると分かる〕ことを主題にする[1]〔エマソンとハイデガーを繋ぐ〕仲介的なテクストのひとつであろう（これは『この新しくもいまだ近づきえぬアメリカ』pp. 24–26で素描された主張[2]）。エマソンとハイデガーの正義に対する見方の違い――ハイデガーは彼の仕事をある最終的解決に差しだし、エマソンは彼の仕事を（思想や関係の）いかなる最終状態にも逆らうように差し向ける――は、形而上学的には紙一重の違いなのか。死を抱擁することと生を肯定することの違いは、一見したところ私的な読みがそう見えかねないような微妙さに由来するものなのか。（「死を抱擁すること」は、ソール・フリードランダーが興味をそそる著書『ナチズムの美学――キッチュと死についての考察』〔田中正人訳〕において行なったナチズムの様々な表象に対する抗議への暗示である。）

補遺A「一縷の望み」は、一九八五年に書かれ発表された。当時、世界は核戦争による終末へと向かうような雰囲気《ムード》のなかにあった。すなわちこのテクストが書かれたのは、一九八九年に東欧諸国で起こった一連の出来事以降の現在の雰囲気とは違う雰囲気のなかにおいてであった。当時、声高に、そのような場所で、そこで言われているような考えを言うことはむずかしかった。そこに、それを言うことが重要だと思われた理由のひとつがあった。いま核問題をじっくり考える必要がないように見えるのであれば、おそらく、核問題だけが世界規模で顕在化している究極の緊急事態であるのかと問い、そして（このテクストに登場する）カントやニーチェが、核兵器時代にさきがけて、時間の終わりを考察した理由は何かと問わなくてはなるまい。

*

この講義では数々の言い落としがあるとの感覚、そして哲学としては議論が性急すぎたとの感覚を表明するために前口上を述べよう。すぐにもこう言いたい。私の個人的な不満に伴う痛みは、喜ばしいかたちで償われすぎるくらい償われたと。私の力不足が〈道徳的完成主義〉のセミナーに参加していた人々の仕事のなかでどのように埋め合わされているかを知って、私は嬉しかった。念頭にあるのは、たとえばこうだ。私がさきに言及したジェイムズ・コーナントのニーチェ研究や、キルケゴールやウィトゲンシュタインの『論理哲学論考』にかんする著述の継続的で発展的な研究である。またポール・フランクスのヘーゲル研究は注目すべき仕事だが、すぐにも思いうかぶのは、ヘーゲルが「批判的哲学雑誌〔*Kritische Journal der Philosophie*〕」（ヘーゲルがシェリングと共同編集していた雑誌）に書いた序文へのフランクスによる説明である。フランクスはヘーゲルの序文のなかに――ドイツ哲学において、ニーチェが代表する哲学の陣営とはいわば対極にある陣営のなかに――エマソン的な傾きをもつ非エリート主義的な完成主義を察知する。そのうえでフランクスはそれを、哲学が秘教性〔esotericism〕を帯びている現在の（そして過ぎ去りつつある）歴史的瞬間に対するヘーゲルの説明に結びつける。ウィリアム・デイはジャズの即興演奏について説得力に富むみごとな研究をした。彼の示すところでは、即興演奏が完成主義的な構造をもつために必要なのは、たとえば、形式上の親密さなのである。エリ・フリードランダーはカントの『判断力批判』についての研究のなかで、〈エマソン的完成主義〉をカントによる天才と趣味の議論に関係づけた。エリン・ケリーの論文は、第1講義でそうしたように、おのれの恥を恥じるようになるとの観念を推し進めた。マーティン・ストーンとは本当の自己という観念について会話した。セミナーという限られた区域のそとでは、やはり、カントやワーズワスやオースティンやフロイトやデリダにかんする、ティモシー・グールドの考察が念頭にうかぶ。私の教育は、ソローがほぼそう言っているように、悲しくも手遅れである（ソローは悲しくも無視されたと言う）。その手遅れがずっとあとになってくれたならば嬉しいのだが。

エマソン（とソロー）の書きものにおいて（私にとって）最良の仕方で描かれる独特の道徳的展望を特徴づけたいと思いながらも、私は——ご覧のとおり——完成主義にかんする哲学的な文献資料を系統立てて調べたわけではない。しかしこれは是非とも言っておかねばならないが、幅広く称賛を受けている二つの本に言及すべきであろう。講義においてはこれらの本にはあえて触れなかったのだが、ここでその言い訳をしておきたい。ジョセフ・ラズは『自由の道徳性〔*The Morality of Freedom*〕』のなかで、ロールズを批判しながらも、卓越〔完成〕主義を目的論的教義として解釈する点ではロールズの考えを踏襲している。この点は、私が初めから問題に付している点——ロールズによる卓越性〔完成〕原理の特徴づけに異論を唱えるさいに——である以上、講義は食い違いを詳細に論じる文脈ではないように思われた。『善の至高性』〔菅豊彦＋小林信行訳〕においてアイリス・マードックは、完成主義的なものの見方を表す中心的な事例あるいは研究事例《ワーキング・ケース》として、義理の娘を以前より愛情に満ちた新たな光の下で〔視線で〕見るようになった女性の事例を提示する。私はこの事例の眼目あるいはこの事例を扱うマードックの眼目を否定するものではないが、それが私のいう〈エマソン的完成主義〉を例証しているとは思わない。その主な理由は、こうだと思う。すなわちマードックの記述からは、女性が自分の見方の変化とともに、彼女自身を、したがって彼女の世界の可能性を、変様した光の下で見るようになったとの感覚が導き出されないという点だ。この感覚を伴わないマードックの事例は、個々人において俗物根性を克服するという限定的な事例であって、一般化しうるようには思われない。この事例は、いうまでもなく、道徳的に重要であり、個々人の嫉みや（不当な）怒りや強欲の克服と同じ資格を有する。おそらく悪徳としての俗物根性がもつ独特な重要性は、俗物根性と嫉みが一幅対をなすとの表象をもたらす点にあるだろう。ロールズが嫉みの問題と呼ぶものは『正義論』において特別な役割を果たしている。なぜなら「格差原理によって是認される不平等がはなはだしく、社会的に危険となるほどまでに嫉みを喚起するかもしれないという事実」（六九六頁）があるから。私はこう想像する。同じく有利な立場にある人々とは対極にありながら、こうした不平等は俗物根性を生みだすかもしれない（もっとも有利な立場にある人々においてだけでなく）と。私がいま素描している（世俗的な）完成主義の展望は比較的有利な立場にある人々（私の考えでは、もっとも不利な立場にある人々やもっとも有利な立場にある人々は除外される）の立場——いずれにせよ社会的不正や（個々人を見舞う）自然由来の不運を無視してもさしつかえないような人々の立場——に集中している以上、おそらく完成主義を奉ずる人は様々な仕方で俗物根性に陥りやすいであろう。しかし個々の事例における俗物根性の克服は、完成主義的な変様、自己への新たな到達を構成しない。そこにはつかの間のやましさがあるだけかもしれない。

大学における道徳哲学が〈道徳的完成主義〉の眼目である道徳的生活の次元を相対的に閉ざしていることは、目的論的な教説と義務論的な教説（これらは主に功利主義やカント主義によって代表される）との闘いが道徳哲学を支配していることと連動する。こうした道徳哲学のあり方には、近年、様々な哲学的立場から、異論の声が高まってきた。マードックの『善の至高性』や、第3講義で引きあいに出したアーネット・バイヤーの『心の態勢〔*Postures of the Mind*〕』に加えて、私の念頭にあるのは、G・E・M・アンスコムの『哲学論文集』第三巻『倫理、宗教、政治〔*Ethics, Religion, and Politics*〕』（Minnesota, 1981）である。さらにはコーラ・ダイアモンドの『現実的精神〔*The Realistic Spirit*〕』（M.I.T. Press, forthcoming）、フィリッパ・フットの『徳と悪徳〔*Virtues and Vices*〕』（Blackwell, 1978）、アラスデア・マッキンタイアの『美徳なき時代』第二版（Notre Dame Press, 1984）〔篠﨑榮訳〕、ジョン・マクダウェルの「徳と理性」（*The Monist*, 62, No. 3, 1987）〔萩原理訳〕、バナード・ウィリアムズの『生き方について哲学は何が言えるか』（Harvard, 1985）〔森際康友＋下川潔訳〕、ピーター・ウィンチの『理解の試み〔*Trying to Make Sense*〕』（Blackwell, 1987）に収録された「個別性と道徳」。（私は次のことを失念していた。私は根拠のなさに対するウィトゲンシュタインの感覚をクリプキのそれとは対比的に理解している。私はその私の感覚を測定するために、私の初期の試論のなかの一節——第2講義で引用した部分——を利用したが、それはジョン・マクダウェルの論文「非認知主義と規則順守」〔荒畑靖宏訳〕に勇気づけられてであった。彼は、類似した効果をねらって、論文「徳と理性」の〔拙論の一節をふくむ〕一節を適用するかたちで利用している。[3])こうした仕事の光に照らしてみると、この記念講義は、意外にも、拙著『理性の声』の第三部を構成する(道徳哲学を論じた)四つの章を継続しているように思われる。第三部を構成する章は私の博士論文(『理性の声』はこれを発展させたもの)の原形の一部であるが、つねに章から章へと継続するように書かれたのである。とくに道徳的「会話」や道徳的「論証」が発見すべき「立場」といった観念は継続的に扱われた。道徳性とゲームを系統的に区別化する観念も同様である――たとえば、「ゲームを行なう〔practicing a game〕」という概念は(儀式や宗教における「行ない〔practice〕」や「勤め〔exercise〕」と比較するために)、ゲームが一種の遊戯〔*play*〕であるとの事実が意味することに結びつけられ、(他の次元もあるだろうが少なくともたとえば)美学的次元での評価を要求する。

私は比較的有利な立場にある人々にのみ注意を向けているが、これは、貧しさの条件(たとえば経済的抑圧)にも暴政の条件(たとえば政治的抑圧)にも注意を向けていないということを意味する。私はこう考える。すなわち正義はかならずやこれらの条件に注意を向けるであろう、だから、ここに素描した完成主義の立場が正義からの(そして正義への)注意と矛盾するならば、その立場は道徳的な価値をもたないと。まさにここにおいて、有利な境遇にある人の立場から貧しさを説くエマソンやソロー――いずれにせよ彼らは「いまこそ人生の冒険に乗り出す」ことから、その手段がないといって逃れようとする人々を軽蔑する(『ウォールデン』の最初の章のある箇所でそうするように〔4〕）――が道徳的には脆弱に〔vulnerable〕見える人もいるだろう。この決定的な（絶望的なとはいわないまでも）問題には、第1講義の数箇所ばかりでなく、とりわけ補遺として収録した私の講演「一縷の望み」のなかで――エマソンのエッセー「自己信頼」の名高くも挑発的な一節に触れながら――明確に答えてきた。今後の評価のために、こう補っておこう。エマソンやソローのアメリカにおいて、正義にかなう生活にとっての恒常的な社会的脅威は、手の施しようのない貧困やその解決策への構想力でもなければ、一般的な政治的暴虐でもなく、黒人奴隷制度の存在であった。

エマソンやソローの〔社会に対する〕苛立ちがもつ道徳的脆弱性は、俗物根性を超えようという誘惑、俗物にはあらずという俗物根性（自尊心を超えようとする自尊心に似た）として記述できるかもしれない。これはまぎれもなく、道徳性という条件（分裂した人間的条件）を、それを乗り越えることによって、免れようとする努力である。しかし聖人や天使が道徳性を踏みにじりえないのは怪物や悪魔ができないのと同じである。これと反対の考えはパロディのかたちでクライストの『O侯爵夫人』のなかにある。第3講義でこの作品を扱った理由のひとつはそこにある。この難解な物語は、とくに醜悪さを覆い隠すために美をパロディとしてアイロニカルな仕方で使う方法や、暴力を隠すための礼儀正しさをとおして、ある語調を暗示している。クライストの散文のなかでこの語調を捉えきるのは私にとってむずかしいが。第3講義では通りすがりに、それがロマンスのパロディであると指摘した。それはロマンス――行ない〔艶事〕として、文芸ジャンルとして――に対する激しい欲望を暗示する。私は、カントの強固な懐疑論――究極の懐疑論といってもよいような――の読解がクライストに呼び起こした伝説的な反応を引きあいに出す。私はクライストの物語がもつアイロニーを、カントに対する彼の反応の継続として提案する。これはさらなる〔自己－〕パロディであり、懐疑論に対するエマソンの応答の先駆であろう。エマソンは人間が抱く世界とのロマンスをこう描く。エッセー「経験」によれば、「こうして宇宙は不可避的に私たちの色を帯びる」[5]。そして「忍耐、忍耐（……）。いっさいの正義にはやがて勝利が訪れる。真のロマンス――世界はそれを実現するために存在する――とは、天才が実践的な力に変様することなのだ」[6]。私たちの色を帯びる宇宙が暗示するのは、中世の武芸大会風にいえば、私たちが女性の立場にいるという事実だ。〔ロマンスを〕実現する世界が暗示するのは、世界が男性の立場にあるという事実だ。とすれば私たちは、世界のなかにあって、両方の立場をもつ。クライストはエマソンのものの見方を受け入れも拒みもしないかのようだ。エマソンの見方は、それに訴えることはできるが、みずからの記憶を振り払って新たに出発することを想像できない人々（それをヨーロッパ人と呼ぼう）にとっては胸を引き裂くような見方だから。

本書では詳論されなかった観念がほかにいくつかあって（いずれ継続的な取り組みがなされるものと理解していただきたい）、その点から、エマソンの「自己」概念に対する私の分析や記述がいかに不十分であるかを推し量ることができる。とりわけエマソンが「つねに到達している」自己と「つねに到達されるべきものである」自己といった一対の述語づけによって「自己」概念を要約するときに（私の理解するかぎり）。この二重の描像あるいは二重性というこの描像は、むしろ反対の描像を連想させる。その場合、自己－変様という観念が要領を得ないものになる。たとえばビリー・バッド〔メルヴィルの小説の主人公〕という形象の場合、この観念では要領を得ない。この人物の純真無垢さは「到達している」や「到達可能である」としてではなく、ただ「与えられている〔天賦〕」としてのみ考えることができるように思われる。それゆえ、この人物の損なわれぬ本来の姿《インテグリティ》（その条件は人間の孤立性——本質的な幽閉性——のなかにあるようだ）は、ただ保護することができるだけである。それゆえ、攻撃されれば（いずれ攻撃されるだろう）、あるいは侵されれば、ただ暴力をもって保護するほかにすべはない。〔自己-変様という観念が〕要領を得ない場合、あるいは変様が拒絶される場合が、もうひとつある。個人が攻撃されるのではなく、社会的大変動にあって、完成主義的な見方がもつ〔模範的な〕対立エネルギーのすべてを必要とする場合である。私たちはこの場合を、ハンナ・アレントがカール・ヤスパースに贈った賛辞のなかに見てとることができる。

> しかしヤスパースがすばらしいのは、不変であろうとするがゆえに生まれ変わる点にある。
> （……）
> （……）彼が破局のさなかにあっても毅然とした態度をとりつづけようとしたことは明白であった。（……）それは論証不要なある確信、すなわちあらゆることが起こりうる時代においてもあることだけは起こりえないという確信を意味していた。そのときヤスパースが代表していたものは、当時彼はまったく孤立していたが、ドイツではなく、ドイツにおいてまだ残されていたフマニタス〔人間性〕だった。（……）彼によって存在を保証されていたフマニタスは、彼の思想の根源領域から生じたものだが、この領域はけっして前人未踏のものではない。ヤス

パースの特色は、この理性と自由の領域において、それに精通してはいてもそこに常住することに耐えられない人々より、彼がそこに安住し、また彼が非常に正確にそこでの自分の道を知っていることにある。（……）ところで、自由は独立以上のものであり、したがってヤスパースには、人間が自分自身を自分自身に与えられたものとして体験することにおいて成り立つ合理的な自由の意識を、独立のなかから発展させる課題が残っていた。（……）孤立しているときにも、彼の私的な意見ではなく、それとは違った、まだ隠れている公的な見方――カントの表現を用いるなら「いつかは疑いなく大きな公道へ伸び広がってゆく小径」――を代表していると確信するには、いわば彼の個人的な起源に立ち帰り、ついでふたたび人間性の広がりのなかへ抜け出すことを想像するだけでよかったのである。

（『暗い時代の人々[7]』）

だから私が向ける注意は、もっとも不利な立場にも、もっとも有利な立場にもいない個人と、極端な混沌や暴政を免れる社会的条件とに限定される。私はこうした条件を十分によい正義と呼ぶことになる。

＊

私がジョン・ロールズに第1講義と第3講義の後期草稿を読んでほしいと頼んだのはいうまでもない。そして彼がよき同僚として快諾したのもいうまでもない。私たちは講義草稿について、二度、長時間の内容豊かな会話をもった。私たちにとってもっとも興味深い話題は、『正義論』が私の主張を否定しているかどうか、『正義論』が私の強調していることに寛容であるかどうかという点にあった。〈エマソン的完成主義〉の企ては特権的な自由の分け前や基本財〔basic goods 生活必需品〕を必要としないという私の考えが正しいならば、ロールズのいう正義はこの企てに反対する余地をもたない。〈エマソン的完成主義〉は（不平等に配分された）特別な才能を必要としない人間の生活を代表して話すと主張する。ある種の完成主義の自己像にとって天賦の才能がどんなに重要であろうとも、〈エマソン的完成主義〉を信頼するのに、正義が支配することに対する特別な関心〔利害〕をもつ必要はなにもないと思う。というのも〈エマソン的完成主義〉の自己像にとって、力によって幅をきかそうとするのではなく、無力さに自己を託すことが〔正義を実現することと〕同じように重要であるから。この完成主義が求める基準への制約（エマソンの言い回しを鸚鵡返しにいえば[8]——この点については後述する）は、自己がそれ自身に、あるいは次なる自己に、到来することとして了解されている。——しかし、ある完成主義にとって『正義論』と折り合いをつけることがこれほど容易であるのに、なぜロールズはわざわざ注意深くも、この教義の極端な見方をニーチェに結びつけて排除するのだろうか。完成主義の極端な見方を起点に（民主主義的な）正義の理論を始めることはできないのだろうか。

この問いには様々な答えがあると思う。私は知らず知らずにこう自問することがある。なぜロールズはニーチェではなく、影響力としては二流の形象であるが（とはいえ英語圏では劣らぬ影響力をもつ）、たとえば（風変わりな仕方でニーチェから影響を受けている）ジョージ・バーナード・ショーや、（ヴィクトリア朝時代の社会主義において印象鮮やかな完成主義的思潮を代表する）ウィリアム・モリスやジョン・ラスキン、その後ろ盾たるカーライル（エマソンの文通相手）といった形象を排除しようとしないのだろう。勝手な推測であることは重々承知しているが、ともかくこう指摘しておこう。文化への完成主義的な希求に対するロールズの説明はドイツにおけるニーチェの努力と相反するが、イギリスにおけるショーの努力――たとえば『ピグマリオン』のヒギンズ教授の場合――とは合致するのだろうと。ロールズは卓越性〔完成〕の原理を定式化して、「芸術や科学や文化において人間的卓越性〔完成〕の達成を最大化するとの目的をもって、制度を編成したり個人の義務や責務を規定したりするように社会を導く」（四三一頁）ものと言う。ショーのヒギンズは劇の終わり近くでイライザに言う。「私の考えるような生活の冷たさや緊張に耐えられないなら、溝《どぶ》のなかへ帰るがいい。（……）結構じゃないか、溝のなかの生活。（……）科学や文学やクラシック音楽や哲学や美術とは違う[9]」。ショーや彼に共鳴する社会主義的思想家たちは文化への渇望が社会的政治的平等と矛盾するとは考えない。その反対だろうと思う。彼らの議論は筋が通っていないかもしれない。しかし『正義論』におけるニーチェの形象を問題にする観点から見るならば、重要なのは、議論ではなく、むしろ渇望であり、何を求めて議論しているかなのである。

しかしさしあたり、なぜロールズがわざわざニーチェの名と結びつく完成主義を排除するのかという問いに対する私の取り組みは、違った線に沿って進む。いかなる完成主義も――民主的であれ貴族的であれ、世俗的であれ宗教的であれ、哲学的であれ頽落的であれ――、自分の観点から見れば他のあらゆる生き方が物足りないと判断されるような生き方を見いだしたと主張するだろう。ところがロールズは、ひとつの生き方を別の生き方より有利になる、すなわち一方の生き方に権限を与えるのを望むような正義の原理の提唱にはことごとく（正義の力のすべてをもって）反対する

（要するにロールズにとって、それぞれの生き方が原初状態で選択された正義にかんする二つの原理にかなうことが大事なのだ）。私は〈エマソン的完成主義〉がそうした有利さを求めるものではないと言った。さらにいえば、この完成主義が判断の対象とするのは、他の完成主義とは違って、たとえば正義が俗悪さ（猥褻性、怪物性、盲信性と呼ぶこともできよう）に対して寛容であるといった点ではない。この完成主義が判断の対象とするのはむしろ、正義が剣を取る瞬間、つまり理想的な正義の理論（『正義論』の眼目のひとつ）が「現行の制度」を判断する（三三一頁参照）にいたる瞬間である。この瞬間は、「好ましい情況下の秩序立った社会を特徴づける原理」（同前）に制度が従うときの偏りの程度を判断するために理想的な正義の理論を利用する瞬間である。ロールズはさらに言う。「理想からの乖離を測る尺度はなにより直観に任されている」（三三一―三三二頁）。ほかの何が［直観に］任されている？　ここでいう「なにより直観に任されている」との観念は曖昧であると思う。すなわち一方で、こうした場合概して人はわざわざ自分の直観を点検したりはしない（自分の直観を原理に照らし合わせたりしない――この点についてはすぐあとで触れる）という意味にもとれ、他方で、こうした場合の点検においてできることなど基本的にほとんどないという意味にもとれる。また私はこうも思う。この曖昧さのゆえにロールズは、合理的な生活の設計図《プラン》において「非難の余地のない」生き方が可能であると主張できるのかもしれないと。私はなによりもまずこう思う。すなわちこの主張は、私の理解する〈エマソン的完成主義〉とは相容れないと。真っ先に私が考えるのは、ロールズがこの異論に対して検討の余地を残さなかったという点だ。彼はこの異論を拒絶するほかにやりようがないと私には思われる。この点についてはこのあと様々な仕方で論及される。とくに序論と第3講義で。しかしただちに若干補っておくことが有益であるかもしれない。(だれにとっても有益であるわけではないことは承知している。ここで興味が薄れてくるようであれば、まず序論を読んでまたここへ戻ってくるのをお勧めする。)

様々な社会的地位にある市民が地位に違いがあることの正当性〔justice 正義〕について何を「互いに言い合える」のかという観念は、ロールズの道徳理論がもつ説得力と独創性にとって根本的である。私は『正義論』全体を貫くこの観念を正義の会話と呼ぶ。しかしこの名称の曖昧さはそのままにしておく。すなわちこの会話が、正義の諸原理が選択される原初状態の正当性〔justice〕あるいは公正性〔fairness〕にかんする原理的判断に達するときに、来《きた》るべき市民がもたねばならない会話であるのか、それとも、自分がその一部である現実の社会あるいは系統的な制度にこうした〔正義の〕諸原理がどれほど具現されているかの判断を下すときに、現実の市民がもたねばならない種々の会話であるのかが曖昧であるが、その点を曖昧なままにしておく。ここでこの曖昧さに注意を促しておけば、何が「なにより直観に任されている」のかにかんしてロールズの与える定式的表現の曖昧さに対する私の感覚が明瞭になるかもしれない。正義の会話が原初状態の構成に適用され、直観が〔正義の〕諸原理に照らし合わされるとき、正義の会話は反省的均衡〔reflective equilibrium〕の状態で終わる。正義の情況〔circumstances〕(『正義論』二二節参照)にあれば、どんなときも、この会話に対する最善の解決がある(選択することで最善の同意に達するような〔正義の〕諸原理がある)ことを証明したのは、ロールズの特筆すべき達成のひとつである。私の知るかぎり、正義の会話は現行の諸制度の構成に適用されるとき、最善の――あるいはどのような解決であれ――解決をもつことを示すような証明は期待できない。私にはこう思われる。すなわちロールズは、原初状態のための解決にかんする証明に励まされて、「非難の余地がない〔選択〕」との定式的表現を、現実社会における生活の設計図を肯定する問題への合理的返答とみなしえたのだと。だがこの総決算的な表現は、さらなる会話への拒絶であって応答ではない。ときとしてそうした会話への招待を拒絶しなくてはならない場合がある。じっさい『人形の家』の大詰めで（第3講義で考察したように）ノーラの夫トルヴァルが、彼には非難の余地がなく、ノーラが彼に異議を唱える、あるいは彼らの社会制度に異議を唱える余地をもたないと主張するとき、彼は〔暗黙裡に〕扉を閉ざしている、そしてノーラは夫に対しもっと明示的な身振りで扉を閉ざす、まるで二人の身振りが鏡に映しだされるかのように。「直観に任されている」の曖昧さは、直観が原理に照らし合わされ、原理によって合理化され反省的均衡にもたらされることができるだけであるとの想定や描像や前提を覆い隠しているのだと思う。

理想からの乖離を測るときにもちだされる直観（三三一－三三二頁）が、反省的均衡に達するときにもちだされる直観（二七－二九頁）とどのように違うかを素描してみよう。後者の場合、私たちの下す「社会の基礎構造にかんする判断」（二八頁）は正義の諸原理に合致しなければならないが、合致するまえに、判断は「直観的に」なされている。「私たちはみずからにこう問うことができる。すなわち、こうした〔原初状態で選択される〕諸原理を適用すれば、私たちが最大の確信を有している〔社会の基礎構造にかんする〕判断と同一のものに辿りつくかどうか、あるいは私たちの現在の判断が疑わしく躊躇してなされたものである場合、こうした諸原理が提示する解決策に私たちが熟考したうえで賛同できるかどうか、と」(二八頁)。(「私たちはやがて初期状態のひとつの記述を見いだすだろう。その記述は、理にかなった条件を表すと同時に、私たちの(十分簡潔にされ補正され)熟慮された判断に合致するような原理をもたらすと思う。私はこの〔最終的〕事態を反省的均衡と呼ぶ」二九頁。)しかし反省的均衡をもたらすべく、諸原理と熟慮された判断とが合致する〔matching〕という事態は、カントが『判断力批判』において反省的判断力〔reflective judgment〕として記述するものとは違う。前者においては直観はおいてきぼりにされる。後者において直観は適所におかれる。どちらの場合にも、私には、合致する作用といった観念もしくは描像があると思われる。反省的均衡に達するとき、必要なのはこんな描像だ。すなわち、判断はある原理のなかに判断の導出過程を見いだす、この導出過程はより普遍的で合理的で客観的なものであり、いわば基準である。そこから出発して判断は正当化や根拠づけを達成する(同時に一方で、原理は典型的な仕方で、みずからをこの〔導出のために果たすべき〕役割に適合させるために、判断の直観力による異議と修正を甘受するだろう)。反省的判断〔力〕において必要なのは、むしろ、ある確信の表現という観念だ。その確信の根拠づけは依然として主観的に――たとえば私自身に――すぎないが、この根拠づけは、反省にもとづき、他のもろもろの主観による(普遍的な)意見の一致から出発して正当化を待望し要求する。これを合致すること〔matching〕の承認と呼ぼう。美的判断の場合、カントの有名な定式的表現によれば、ここで要求されるのは、「普遍的な声〔投票〕をもって語っている」ことである。[10] 道徳的判断の場合、私たちは「普遍的な声(守るべき道徳法則)を聴いている」と定式化できるかもしれない。(正義が盲目であるという事実――社会的立場や生得的資質という偶然が覆い隠されている状態――はロールズの「無知のヴェール」という比喩によって表現されている。私は正義の剣に言及したとき、（ロールズとともに）ある意味でこの覆い《ヴェール》がけっして破棄されないと考えていたが、また正義は剣を振りかざすときでさえ、その名を呼ぶ声が聞こえているとも考えていた。とすれば眼目は、正義がこの呼び声にどう応えるかにある、たぶん、天秤が公正であるのを再確認する、すなわち天秤皿の重りを調べ直し数え直すことにある。）

私はこう推測する。すなわち道徳的判断がときとして美的次元をもつとみなされるのは、ある事態〔state of affairs〕（この事態に直面してとる行為が［まだ］命法的な判断にはなっていない場合）に対する道徳的判断が知覚的次元をもち、快と苦を評価するからであり、またある事態が知覚や印象の様々な段階を有する感情に満ちているからであると。完成主義を信奉する人は、世界を判断し、そのなかにいる自分を判断しつつ、この次元あるいは領域のなかに住んでいるように見えるかもしれない。ロールズはなぜこの次元が反省的均衡（判断と原理とが合致するという事実）の道徳的必然性――正義の諸原理の原初状態における共同的選択のなかで表現される必然性――に影響を及ぼすべきではないかを明らかにした。しかしこのことは――私たちの生活それゆえ私たちの社会の生活が正義の原理からからどれほど隔たっているかを測るときに――反省的判断（私たちの判断と他者の判断が合致する要求、そして私たちがそうした合致に曝される事実）の道徳的必然性を危うくするものではない。

「私たちの生活それゆえ私たちの社会の生活」。この「それゆえ」の動きはとても速い。これは次のような考えを含意する。私たちの社会が正義の諸原理への厳格な順守からどれほど隔たっているかを測ることは、現行の諸制度のなかにある私たちの生活において、不正義あるいはむしろ不完全な正義に対する妥協の感覚を見極めることと相関関係にある。これは、私たちの生活が私たちの生活の設計図から隔たっていることを、自制心のなさ《アクラシア》（あるいは、たとえばノイローゼ）の事例として解釈する可能性を排除しない。私たちはむしろこの可能性を、歴史的状況にかんする直観にふくめ、世界の現状を考慮するなら、私たちの生活の振る舞いが本来そうであるべきものからこれほど劣化する必要があるのかどうかに対する判断にふくめる。いうまでもなく「世界の現状を考慮するなら」という挿入句は、完成主義的な次元における、私たちの生活の振る舞い（たとえば魂の状態）に対する評価にとってまさに的外れ〔非関与的〕であると見ることもできよう。（現状の）世界が的外れである〔非関与的である〕というこの点が、第一次世界大戦の前と後の、『論考』執筆時のウィトゲンシュタインにとって――この時期のヨーロッパの思想家や芸術家にとってそうであったように――このうえない重要性をもっていた。私はこう思う。すなわち『哲学探究』は世界が的外れ〔非関与的〕であるというこの感覚への拒絶としてではなく、いわば自己がそれ自身に対してもつ絶対的な責め〔responsibility 責任〕へ応答するさらなる仕方〔further way〕として理解することができると思う――この時期では、主張しえないあるいは説明しえない（「言い」えない）ことのなかで（あるいはそれにかんしては）沈黙せよとの勧告に対する忠実な実行としてではなく、（他者の、そして他者とともにある）世界のなかで、言葉を呼び求めているときに言葉がない場合を例示しながら果てしなく応答していくものとして理解できると思う。これを、自己がそれ自身を（偽装するのではなく）理解可能なものにする絶対的な責めと呼ぼう（この責めはたとえば、自己がそれ自身を表現しうる限られた方法を踏み越えることによって果たされる——しかしそうした方法が人間に固有な表現方法に属する以上、どうして私たち人間にそれを「踏み越える」ことが可能であろうか、単にそれを試みることすら可能であろうか、何が人間のなかにある、なにか極端なもの、あるいはなにか中核的なものを超過するように私たちを駆り立てるのか）。『論考』から『探究』への転回をこのように見る描像（自己がそれ自身に対してもつ責めは、他者を経由する、したがってそれ自身に対して他であることを経由するとの考えにもとづく描像）は、ウィトゲンシュタインの教えの宗教的次元を斥けない。この転回はその宗教的次元の内部における転回であると理解しうるから。転回をこのように表現するときに強調したいのはむしろ、『探究』における懐疑〔論〕の重要性であり、懐疑が恒常的に投じられている点である。懐疑は、その哲学的な営みがもつ質感《テクスチュアリティ》の一部、テクストのなかの語のすべてが日常的なもの（実際的なものであれ、将来的なものであれ）に投げかける影の一部になっている。「語を日常的な用法へ連れもどす」（これは『探究』を特色づける自己描写のひとつで、本講義では様々な仕方で繰り返し引きあいに出される）とは、慣行《プラクティス》においても神話においても、自己がそれ自身に対して（それ自身によって）問いかけ返答《アンサー》する（問いかけられ返答される）可能性の表現である。（「自己がそれ自身を理解可能なものにする絶対的な責め」についてはこう思いたい。すなわち、形而上学的に解釈することによって、それを非現実的なものとして片づけることはできないと。まるでそこで問われているのは「自己がそれ自身を絶対的に理解可能なものとする責め」であるかのように。それはたぶん空虚な、それゆえ魅惑的な勧告である。絶対的な責めから解放されるのは、ある特定の場合において、たとえば予言者がそうであるように、口ごもることを厭わないときである。エッセー「アメリカの学者」によれば「学者は長いあいだ口ごもりつづけ（……）ねばならない。（……）旧来の道を気軽に楽しく進んでいく代わりに、社会の流行や教育や宗教を受け入れる代わりに、彼は自分自身の道をつくるという十字架を背負う。もちろん自責の念、弱気の虫、確信の喪失（……）に見舞われるが、これらはどれも、おのれを頼りおのれに導かれる者の道を妨げる茨《いばら》や蔓草《つるくさ》である」。反対に、この責任〔責め〕に向きあい私たちの偏りに応答するために必要な方法や手段あるいは立場を恒常的に奪われているという事実は、たぶん、現状の世界に怒り狂う自己の無責任さ――それゆえそれは自己を与えられずにいるという絶対的不正義であり、他者のただなかで私たちの偏りを担う務めであり、だから無防備な人間的条件に向かって、そしてその地点から声をからして叫ぶ運命であるが――を明らかにするときに表現される。こうしたことは「夜の女王」を想起させるかもしれない。［ここで『魔笛』に言及するのは、最近英訳されたカトリーヌ・クレマンの『オペラ、あるいは破滅する女たち〔*Opera, or the Undoing of Women*〕』に対して称賛の念を表したいからである――一読しての予備的なものであるが。］)

道徳的判断と美的判断の両方において、私たちは他者から（他者によって）孤立して（孤立させられて）いる自分を見いだすかもしれない（カントの「小径」[11]は「いまも、どんなときも」伸び広がらないかもしれない）。私たちは美を共有する者の同伴がなくてもやっていけるように見えるが、完成主義を奉ずる者はそうした孤立がどれほど破滅的なものになりうるかを明らかにしたいと思う。そのような考察に導かれて、私たちは、美的なものの領域と芸術の事実との関係とは何であるかを問い直したくなる。この問いに対する答えは、芸術の事実とは何であるかに対する答えと同じように明白なものではない。あるいはこう言えるかもしれない。すなわち美的なものと芸術の事実との関係は、美的なものと哲学の事実との関係と同じように明瞭なものではないと。

＊

美的なものと道徳的なものの交差は、エマソンのエッセー「経験」のなかの一文（エマソンの文章ではよくあるように、とくに目立つわけではないが、注目に値する仕方で書かれた文）――「あなたは彼［つまり本当の人間］の基準を受け入れるように制約されている」――において表現されていると思う。この点については後述する。私はさしあたり、この文を試金石あるいは（十分に準備期間のある）警告として受け取る。私はある種のテクスト――他の哲学的気質が遺憾を表明するような、あるいは哲学として認知しないようなテクスト――が解釈を要求していると強調するが、この文はまさにそのような解釈を要求する。端的にこう言うほうが有益だろうか。すなわち完成主義とテクスト（他人が秩序づけた語）の関係は、完成主義が探求する他の人との関係の紋章《エンブレム》であると。あたかも私たちの生活の行路に向ける注意には一息つくいとまもないかのように。これが道徳性というものなのか。（『正義論』七〇頁と比べて見よう。「もしも、ひとりの（教育を受けた）人の正義感覚を特徴づけることが可能になったならば、正義の理論のひとつに向かう望ましい端緒となるだろう。私たちはこう考えていいかもしれない。すなわち、だれもが道徳の構想のひとつをそっくり自分のなかに所持している。したがって本書の狙いにとって重要なのは、ただ読者と著者の見解だけであると」。）いましがた引用したエマソンの文は、カントの『道徳形而上学の基礎づけ』における二つの根本概念をエマソン的な仕方で考え直す――第1講義で私はエマソン的な思考が概してある種の考え直し〔rethinking 再考〕であると特徴づけた――ための文である。エマソンの「基準〔standard〕」はカントにおける二つの「観点〔standpoints〕」を暗示する。カントにおいて、二つの観点を（同時に）取る能力が人間的なものを規定している。またエマソンの「制約〔constraint〕」は、道徳的（したがって人間的）な領域がなんらかの「べし〔ought〕」が表す制約によって特徴づけられると考えるカント的な規定を暗示する。（私はこうした結びつきを無造作に主張するが、それは別のところで、エマソンの「自己信頼」とカントの『基礎づけ』とを結びつけるような予備的な例を数多く挙げることができなかったからではなく、むしろ、そうした結びつきを示すのに端的に必要な哲学的準備が存在しないと言いたいからである。エマソンの暗示――それが有効に働いているとして――が、文学的であるよりはむしろ哲学的である、パロディ的であるよりはむしろまじめである、反語的《アイロニカル》であるよりはむしろ論戦的《ポレミカル》であることを明示するための哲学的準備は存在しない。こう言ってもいいかもしれない。すなわち道徳性の根拠が理性にあるかどうかとの問いは、エマソンの場合、次のような偏向をもって答えられる――〈完成主義〉の根拠は考え直し〔再考〕にあると。）エマソンの教え――エマソンからみて、道徳は全体から切り離されたひとつの領域でも、哲学的研究の全体から切り離された個別部門でもなく、あらゆる主張が道徳的行為であるような領域であり部門である（その行為が、おこがましいものかどうか、高尚なものかどうか、衷心からのものかどうか、寛大であるか辛辣であるか、忠実であるか背信的であるか、喜びをもたらすのか悲しみをもたらすのかとは別に）――において、制約は、カント的な「べし」の代わりであり、ある種の惹きつける力〔誘引・魅惑〕、友人への関係を命名するものである。また判断は基準（道徳法則、正義の原理）が支えるのではなく、判断する人の品格《キャラクター》が前面に出て〔判断を〕代表するものなのだ。命法的な「べし」の要請も（非主観的な）基準もないままに、変化への訴えを表現する判断が道徳であるとみなしてよいかどうかは、変化が道徳的な仕方でもたらされたかどうかに懸かっている。あなたの（いまの）生活がもつ困難が、あなたが数ある生活の行路から正しい行路を選択しにくくなったという事実ではなく、生活の行路において自分の道を見失ったという事実にあるとき、変化への訴えは特定の命法によっては表現されないだろう。

　そのとき必要なのが（自己への、自己による、自己からの）転回《ターン》あるいは回帰《リターン》であるという事実――ダンテはある程度まで、この旅のための不断の指針を提供するが、エマソンはこの継ぎ目の瞬間にかんし、私たちの思想が指針を経由して私たちに回帰するものと特色づける――、そしてそこにこそ哲学のあるいは思考の課題《ビジネス》があるという事実は、プラトンからウィトゲンシュタインやハイデガーまで、哲学の手法が（方法的な）想起にあるという事実によって表されている。記憶〔memory〕とは、転回（回帰）として表現される変化への訴えを構成する知識への通路である。エマソンのエッセー「経験」は、拙論「樹立としての発見」で論じたように、本質的に、変化には暴力が伴うとの描像を提示する試みである。ここで問われている精神の歩みは、いわば私たちが座礁した国家〔state〕を構成しそこに帰属する成員〔member 器官〕であることを想起〔remembering 再統合〕し、再構成し、こういってよければ反断片化しつづけることである。[12]（個別の魂による社会的なものの寓意《アレゴリー》を際立たせるために、それゆえはなからエマソンが社会的なものによる魂のプラトン的寓意を逆さにして取りあげ直していると主張するために、私はあえて「state〔国家・状態〕」という語を使うことでこの記述に陰影をつけている。）かりにいま序論「針路を堅持して」を書き継いでいるのだとしよう。私はプラトンの『国家』から一連の特徴を引いて完成主義の主題系を構成する項目の一覧をつくったが（序論、六二―六四頁）、ここで、もうひとつ項目を加えるために、こう考えてみることができるだろう。すなわちプラトンにとって知識は太陽の形象が有する記憶でありヴィジョンである。それは善の魅惑的性格を表象し、私たちの現実の条件が有する最初のかすかな光を暗示する。（あるいはワーグナーの『ニーベルングの指環』を話題にしてもいいかもしれない。そのなかでは、ひとつの物語がたえず思い起こされ語り直される、あたかもその物語の意義が忘れ去られるのは不可避であるかのように。また完成への動機――完成を可能にする一揃いの諸条件――は、神々としての父親たち〔その逆も成り立つ〕の呪いを解く必要件にある。）

何が変化（それが可能だとして）をむずかしくさせるのか。なぜ変化は暴力を暗示するのか。いいかえれば、なぜ完成主義は（一見）稀なのか。完成主義的なものの見方は本質的にエリート主義的ではなく、社会財や生得的資質の特別な分け前を必要としない（分け前をもらうに値しない）と主張するとき、完成主義を奉じて生活する人がこれほど少なく、ソローが「静かな絶望」と呼び、エマソンが「沈黙する憂鬱」と呼ぶような生活を〔大半の人が〕選ぶという明白な事実をどう説明しうるのだろうか[13]。転回に伴う苦痛よりもこの恒常的な苦痛を選ぶのはなぜか。こうした直観から育つ完成主義的な教えは、個別的な不幸や社会的な不幸へのヴィジョンを、貧しさの観点からではなくむしろ獄に繋がれた状態や声を喪った状態として見る観点から描く傾向がある。政治的な観点から見て、このヴィジョンは現実の貧しさがもつ系統的性格を軽視することに繋がるとしても、貧しさを社会的暴力として暴きだすことに繋がるとも言えるのではないだろうか。

知識が転回という変化を引き起こす、あるいは構成するとも考えられるから、私の〈エマソン的完成主義〉理解における自己という観念——つねに到達していながらつねに未到達なものとしての自己という観念——を固定した形而上学的な仕方で解釈する危険があると警告しておきたい。自己という観念は次のような事情にあるはずだ。すなわち自己という観念は、こういってよければ自己が偏った仕方でそれ自身に服従する、それゆえそれ自身から隔たっている、それ自身を意識する余白《スペース》（あるいは否定された意識）をもつといった直観をふくみうると。社会に随伴する概念はこんな事情にある。すなわち偏った仕方で正義の諸原理を順守することは、かならずしも私たちが社会から隔たりをもつということではなく、社会による妥協や社会との共謀という感覚として立ち現れるかもしれない。（補足しておこう。妥協や共謀に類似したものが自己とそれ自身の関係にもある。「沈黙する憂鬱」は政治的に落胆した感覚として理解されるかもしれない。）

〈道徳的〉判断のもつ美的側面に注意を促すことで示唆したいのは、なぜ私が〈道徳的完成主義〉を競合する道徳理論（たとえば正義の原理や、ロールズの提唱するものとは異なる諸原理の序列化を要求するような理論）として語らずに、道徳的生活のひとつの次元（いかなる道徳理論であれ、おそらくそこに照準を合わせたいと願うような次元）として強調するのか、その理由を説明するひとつの仕方である。私はこう思う。いかなる理論も道徳的な生き物とは、自分にとっての他人の理解可能性や、他人にとっての自分の理解可能性を要求し認識する生き物であるとみなさなくてはならないと。だから道徳的な振る舞いは理性〔理由〕にもとづいていると言うことができ、哲学者はときにこの点にかんし、道徳的な振る舞いには問いがついてまわり、理由を与える形式によって答えられると解説することになる。自分自身を（自分の行為、自分の苦しみ、自分の立場を）理解可能なものにするという道徳的必然性についての思考に対して〈道徳的完成主義〉がもたらす貢献はなによりもまず、こう言ってもいいと思うが、私たちにとって理解可能になるという点を強調したことである。あたかも私たちの道徳的一貫性にとっての絶えざる脅威は、その方面に由来する、すなわち私たちにとって不可解であること〔obscurity 蔽い隠された暗さ〕の感覚に由来するかのように。あたかも私たちは明確な仕方では言い表しえない要求を余儀なくされ、だからこそ私たちには正当化が与えられないままであるかのように。あたかも私たちの生活がおのずと責めを負うかのように。完成主義が文化や陶冶を強調するのは、私の考えでは、この理解可能性への探求と結びつけて理解することができる。あるいは、道徳的混沌の場面つまり私たちが道を見失っている暗冥の場面と思われるようなところで進むべき道の探求と結びつけることができよう。この点でも完成主義にとっては友人が重要なのである。友人という形象は、私たちのもつ道徳的理解可能性を確信し、それによって私たちを導き私たちにその可能性を発見させ、その可能性を表現するための言葉と行為を発見させ、そういうふうにして正義の会話に参加させるのだ。徳が知識であるかどうか、徳を教えることができるかどうか、道を知ることが道を選ぶことであるかどうかの問題にかんし、完成主義はつねに教育を優先することにこだわる、すなわち私たちにあるいは他の人に道を選ばせるというよりはむしろ私たちの道を発見することに最大の関心がある。

＊

すでに述べたように、正義の会話《カンバセーション》という考えを練り上げたのは『正義論』に繰り返し現れる本質的な瞬間に注意を促すためである。しかしそこにはまた、プラトンの創始的な『国家論』が正義を論じながら、あたかも哲学的散文は正義の会話として創設されると宣言するかのように、（報告された）対話《ダイアローグ》として書かれているというお馴染みの事実のもつ含意のすべてに伏線を張るとの狙いもあった。さらにはイプセンの『人形の家』や〈道徳的完成主義〉講座の針路を示すつもりで挙げた映画作品における対話を暗示する狙いもあった。そこにおいて継続されたり断ち切られたりする会話は、結婚としての関係を構成したり解消したりする。そして友愛の重みを担うのはこの関係なのである。アリストテレスは友愛が「国をひとつにまとめるかのようだ」と言う[14]。

本講義で心ならずも言い落とした点があるのは辛いことであるが、ここでは、理解可能性への道徳的要求（あるいは健全さへの要求）と正義の会話との関係についてだけでなく、私たちの（人間的、道徳的、合理的）自然本性を表現するという観念にも注意を促しておこう。ロールズが彼の理論の試金石のひとつとして私たちに提示するのは、彼の理論が「現在知られている他のどんな理論よりも優れているもの（……）、〔つまり〕私たちが肯定したいと思っているものごとを表現する様態」（五九三頁）を提供するかどうかという点である。（ここには、『正義論』の叙述が［主にその理想的な部分は］正義の会話の一部として書かれている、そして読者のひとりひとりとそのような市民的《シヴィック》ないし前市民的な関係をもつように書かれているとの解釈を正当化する理由がある。）道徳的試金石としての表現という観念は、道徳律による刺衝から行為するというカントの観念を想起させる。たとえば「自由かつ理性的な存在者として」「私たちの［本当の］自然本性に表現を与える」（『正義論』三四〇―三四一頁）と言われている。『正義論』における、理解可能なものにする能力としての表現というこの観念の重要性に強い印象を受けるがゆえに、私にはこの本をとおしてずっと、その印象がなければ聞こえなかったような、描像や寓意へ注意を喚起する警告が聞こえる。だから私はこう言わざるをえないだろう。すなわち私はロールズが自著の読解のために与えた指示のもつ文学的意義を（他の哲学者からは不適切だと思われるほどに）重視すると。たとえばこんな一節である。

契約を結ぶ状態の各側面には支持しうる根拠がある。だから私たちの任務は、諸原理にかんする複数の条件（十分に考慮したうえで、それらの条件が理にかなっていると承認することに、私たちはやぶさかではない）をひとつの構想へとまとめあげる点にある。そうした制約は、社会的な協働の公正な条項に対する歯止めとみなしうるものを表現している。したがって原初状態の理念は、当該の条件の意味を概括しそれらの帰結を引き出すのを助けてくれる、解明の仕掛け［expository device］のようなものとみなすことができる。他方で、原初状態の構想とは直観的な観念でもあり、私たちはこの観念を練り上げるよう促され、その結果それに導かれて私たちは道徳的関係というものをもっともうまく解釈しうる観点をより明確な仕方で定義するようになる。私たちには、自分の目標を遠方から見渡せるような構想が必要である。原初状態の直観的な観念こそがこの作業を私たちに代わって実行してくれる。［『正義論』第四節の結び］

契約という観念、契約と対立する自然状態という観念、合意という観念、道徳的関係が私たちに強要し強制する会話という観念、迎合としての協働という観念、こうした観念に対する私の直観的な応答を構想しなおす、あるいは表現しなおすときに、私が励ましを見いだすのは、ロールズのこうした一節であり、原初的契約という神話と結びつく様々な観念を直観的な仕方で彼の体系的構想に関連づけるときにロールズが見せる用意周到さである——この励ましがあればこそ私はこうも考えるのである。すなわち私のいくらか批判的な表現が、どれほど煮えきらないものであれ、『正義論』を書くときに有していたある種の精神に対立するものではない（その欠点は別にして）と。

私たちの自然本性を表現するという観念は、ヘンリー・シジウィックのカント批判——「カントの見解では、聖者と悪党の生活は、等しく（叡知的自己《ヌーメナル》の側の）自由な選択の結果であり、かつ等しく（現象的自己《フェノメナル》として）因果法則に支配されている」（『正義論』三四三頁）という趣旨の批判——に対するロールズの返答のなかでも考慮されている。ロールズはカントにおけるこの「欠陥」を認め、それが「原初状態の構想によって修復される」と信じ、「原初状態」を「叡知的自己が世界を見る観点」として理解する。そしてこう考える。すなわち叡知的自己は原理にかんする選択の自由をもつが「叡知界の理性的で平等な成員としての、自分の自然本性を表現する欲望」（三四四頁）ももつと。しかしこれは、悪党（あるいは聖者）の種類を制限するものではないのか、とりわけ悪魔性を帯びた人などいない、知性界（あるいは他のどの世界であれ）における互恵関係や成員身分に対し不寛容な人などいないと前提するものではないのか。（『O侯爵夫人』のなかに、こういう人物が存在する可能性に対する不安-否定と、したがってその可能性に対する不安-親近感とを見ることができる。)

こうした考えは、私たちの「本当の自己」(三四三、三四四頁)としての叡知的自己という観念や、この存在者が欲望をもち表現を要求するという観念からもたらされると思う。私たちの本当の自己としての叡知的自己というこの幻想は、私にはむしろ、無私無欲〔selflessness 自己不在性〕——カントの「聖なる意志」、盤珪禅師の「不生のもの」(序論、六〇頁に引用)——という幻想に対するある種の表現や解釈であるように思われる。この観念からすれば、すべての到達した自己の終わりとは自己の不在、偏りの不在であろう。エマソンは様々な仕方でこの可能性を否定する(「あらゆる円のまわりにさらに円を描くことができる」エッセー「円」〔第一パラグラフ〕)。しかし彼が(哲学的な観点から)唯一否定する資格のあることは、そういう状態に到達しうる(自己によって、その次なる到達をめざすのはつねに自己である)ということだけである。おそらく宗教的完成主義からすれば、物事は違ったふうに起こりうると見えているだろう。途上にある(あるいは道を見失う)ものとしての自己、ある定まった目標に向かう道筋としての自己という観念は、別途に研究する必要がある。私はこうも思う。すなわち人は無私無欲〔自己不在性〕それ自体を目標として表象する、あるいは(怠惰として皮肉られるような)無目標〔目標不在性〕を構成するものとして表象するかもしれないと。不連続な仕方で限りなく円を描いていくというエマソンの思想は、あるいは階段《ステップ》の登り降りという彼の思想がそうであるように、唯一の方向づけを(あるいはいかなる方向づけをも)含意しない、それゆえある意味で、(旅の外側から辿れるような)いかなる道も含意しない。（エッセー「自己信頼」では「もし私が悪魔の子なら、そのときは悪魔を糧にして生きるまでである」〔第七パラグラフ〕。この一節の含蓄はこうだ。そのような生き方をすることで、世界をあなたの悪魔から守ることができるだろうか。たぶんその逆であろう。いうまでもなく、あなたが到達したものに逆行するように生きるならば、あなたは他人の悪魔に服従する――迎合する――ほかはない。）

叡知的なものという観念が私の理解する〈エマソン的完成主義〉においてある役割を果たし（たとえばエッセー「経験」においてエマソンが「私が都会や田園で交わる世界は、私が考える世界ではないことを私は知っている」と言って彼の思想のなかへ押し入っていくときのように）、そして〔その観念が〕自己自身にとって真（あるいは偽）であるものとして表現される観念に関連づけられる場合でも、私の考えでは、真（あるいは偽）の自己という観念はなんの役割も果たさない。そうした観念はむしろ、なにか自己自身の外側から課せられたもののように思われる。それは私たちが欲望を超え変化を超えているという条件で私たちを利用する他人に由来する観念でもあろう。だがいうまでもなく、これはその他人が場合によっては私たち自身であることを否定しない。似たような領域において、私はこのあと、自分自身への義務という観念に訴えようとも思わない。その義務は、その意味が何であれ、他人への義務と天秤にかけうるものではない。私は、私があなたに返すべき金や時間や配慮を用いては、私が私自身に負っているものを消し去ることができないのと同じように、私が「私自身への約束を守ること」と呼ぶものによって（他人への）約束を消し去ることはできない――たぶん私にはもっと深い負い目の下であなたとかかわる資格があるとは考えないかぎりで。いいかえるなら「私自身への義務」は、次のような道徳的かつ知的危機から逃れるためにもちだされるべきはない。それはすなわち、約束を破る根拠としては——気まぐれ（私の感性的本性の主張、ここでは私の知性的本性に全面的に対立する）が論外であるのと同じように——道徳的な意味で（道徳という大きな観点から見て）取るに足らないものに（道徳的錯乱に陥ることなく）すがりつくときに直面する危機である。

バナード・ウィリアムズの論考「個々の人、性格、道徳性〔Person, Character, Morality〕」（彼の著書 *Moral Luck* に収録）を読み、その議論から触発されて——自己についてのエマソンの考え方に対する記述や分析が不十分であったとあらためて認識させられて——、到達可能な自己の観念に連動する「次なる」自己の観念を先取りするかたちでもうひと言述べておきたい。エマソンは彼が交《カンバース》わる世界と彼が考える世界とは同一のものではないことを知っていると表現するが、それは私がさきほどエマソンにおける自己の二重性の描像と呼んだものの表現なのである。二重性という表現は、人間が自分に対して「二つの観点」を取りうる能力をもつというカントの人間解釈に対してエマソンが継続的に行なう解釈の一部である。この二重性という表現は、私が「次なる」（あるいは「さらなる」）自己と呼んでいるものに対する考えがウィリアムズの議論——デレク・パーフィットの研究「後の自己と道徳原理〔Later Selves and Moral Principles〕」（A・モンテフィオール編集の *Philosophy and Personal Relations* に収録）が提案する「未来の」あるいは「連続的な」自己という考え方に対する議論——に耐えられることを示すのに役立ってくれると思う。主な問題のひとつはこうである。過去の自己と未来の自己の関係をどのような仕方で想像するか。そういうふうに構想されている物事のあいだの関係が、ウィリアムズのいう「ひとりの個人の生活がもつ固有な統一性〔unity 単一性〕」を表現しうるかどうか。「次なる〔nextness すぐ隣〕」という観念はそのなかに未来性の観念をふくむ、しかし「(……の)次に〔すぐ隣に〕」あるというとき、時間的な暗示(隠喩?)と同様に、空間的な暗示がもくろまれている。だから次なる自己が(すでに)そこ《プリゼント》にあるという言い方ができるだろう。(到達しうる仕方でよりよい世界「の状態」がそこにあるように。)「何に対して(そこにある)?」と問うならば、おそらく「それ自身に対して」と答えるのではないだろうか。ここに、それ以上その考えを推し進めてはならないという断固たる警告を聴き取る哲学者もいるだろう。しかし私にとって、そこで問われているのは自己の再帰性〔reflexiveness 反省的様態〕であり、それは自己性〔selfhood〕という事実、人間的なものという事実を表しているのだ。自己にかんするどんな見方も、この事実を説明しようとするだろう、あるいは説明したいと思うだろう。カントのいう二つの観点や二つの世界(人間が取る、あるいは住まう)は、私の考えでは、再帰性の投影として理解できる。知性界とは人間の能動性の場面であり、感性界とは人間の受動性の場面である。とすればカントのいう道徳的命法、すなわちカントの「べし」――人間が〔世界に〕住まう仕方の二重性がこれを説明する、あるいは描出する――もまた、自己の同一性を説明し、同じひとつの自己が能動的であり受動的であるという事実を説明する、あるいは説明のための場所を示す(知るもの《ひと》〔the one who knows〕と知られるもの《ひと》〔the one who is known〕とがひとつ《ひと》〔one〕でなかったら「one とは何?」、自己―知とは何「についてのもの」であろうか)。私はエマソンをこう読む。すなわちエマソンはとりわけカントの洞察を(建築的体系抜きで)引き継ぐことに全力を注ぐ（彼だけではないが）と。たとえば命法的な「べし」の条件なしに「制約」を説明しようと努める。しかも、知性的領域と感性的領域、諸カテゴリーの要請とそれらに対する直観の受容というカントにおける不動の区別なしでそうする――こうしたカントからの隔たりがエマソンに要求するのは、自己性のもつ能動的次元にも受動的次元《パッシヴ》（忍耐《ペイシャンス》、受苦《パッション》）にも自由と知識を見いだすことである。

ここで、悪党についてどんな描像をもちうるか（たとえば彼や彼女は自分の本性が、だれとも共有されない共有されえない原理のなかに表現されていると思うかどうかと問うとき、不正な人が幸福でありうるかどうかと問うとき）という問題に立ち帰って、こう補足しておこう。この問題に対して完成主義が果たす役割は、人間的本性の表現を私たちに要求すれば、どういうわけで、この人間的要求を他者に差し向けることになるのかを問う点にあり、ある時点で悪党が知性的領域から離脱し自分の生活の原理（あるいは、たとえば理念）を選択するとき他者から表現や声を奪いとろうとしないではいられないことを示す点にある。ここでは私たちの声を（再）要求するという観点から、自己にとっての自己の不可解さ〔self-obscurity〕、理解可能性への要求、私たちの人間的本性の表現への欲望などに対する解釈がさらに推し進められている。こうした解釈は、第3講義における『人形の家』の読みが示したとおり、ノーラが自分の声を見いだすことを道徳的賭け金とするイプセンの作劇術のなかに刻印されている。トルヴァルはいかにもトルヴァルらしく、彼女へ、彼女についてこう言う。「小鳥は澄んだ声で歌わなくてはならない」[15]――八年の結婚生活をとおし彼はこんな言葉で、彼女の声を支配し、声が発するものを命じ、声がそれをどう発するかを決定づけようとしてきたのだ。

したがって自己自身にとって〔自己が〕理解可能になることは、あなたの本性を表現しようと競い合うもろもろの声のなかから、いまここで、あなたの責任で、所有すべき声を発見することであるかのように立ち現れるかもしれない。(声の競い合いは最終的な決着をみずに推移していくこともあろう。声とは自己を表す述語であるならば、声の競い合いはこう示唆する。すなわち自己が世界をもつとすれば、自己の世界という特異な統一性は、たとえば退位や分割や追放や戦争や監禁という不協和音もしくは場面として表現されるかもしれないと。)エマソンのいう迎合〔conformity〕の状態を、カントのいう道徳法則の順守〔conformity〕の状態に結びつけることができる。道徳法則の順守は法則を目的とする行為ではないが、エマソンの考えはそれへの解釈なのだ、私はそう確信している。エマソンが自己信頼と呼ぶ状態にある人にとって、迎合状態にある人から発せられる言葉はすべて口惜しさ〔chagrin〕を引き起こし、私たちに空虚な声を押しつけることで、私たちの本性の表現を侵す、それゆえ私たちから正義の会話への参加を奪うだろう。この空虚さはマルクスが「ヘーゲル『法哲学』批判序説」の終わり近くで「あらゆる身分の解消であるような一身分、その普遍的な苦しみのゆえに普遍的な性格をもち、なにか特定の不正ではなく不正そのものを被っているがゆえにいかなる特定の権利をも要求しない一領域」について論及するときに、空想しているようななにかであると私には思われる。「この階級が要求しうるのはもはや歴史的な地位ではなく、ただ人間的な地位だけである」[16]。ジョン・スチュアート・ミルは『自由論』の一節でこの空虚さに発言権《ヴォイス》を与えている。第1講義の終わりで引用したこの一節は、私たちの時代を「社会の最上層から最下層にいたるまで」だれもが、趣味を嗜むにせよ行動方針を決めるにせよ、真っ先に迎合を考えるような時代として描く。「自分自身の本性に従わないでいると、従うべき本性が自分のなかからなくなる」。

ここに正義の会話から声が奪われているのを見ることができるとしても、それは悪党の仕業ではない（だから私は他の人ほど、道徳理論の価値が確信犯的な悪党の確信を翻させる〔確信しなおさせる〕ことができるかどうかに懸かっているとは思わない。私の気がかりはむしろ、なぜ悪党を軽く見ることが可能であり、そして不可避であるかを明確化する点にある）。ここでの〔声の〕剥奪は、道徳的コンセンサスそのものの仕業である。（私たちのなかにある）世間体の良いトルヴァルたちがそれを代表する。私は『正義論』の文言のいくつかを間欠的な仕方で読んだ。そこで私が表明し提案した留保や再解釈がいつか、そうした文言に対する局所的な補足や掘り下げとは別のなにかに到達し、そのうえでどこに解決の道があるのか分からないこの作品との不和を発見するならば、問われるのはこうであるにちがいない。すなわち、さきに違ったかたちで出会ったことであるが、どのようにしてどこで正義の会話が停止するのかと問わなくてはならないのだ。さきにおいて会話が失敗する瞬間は、会話の拒絶として立ち現れた。ここではむしろ、会話の申し出があったという事実の否定として立ち現れる。（「原初状態の当事者たちは平等／対等であると仮定するのが理にかなうだろう」『正義論』二七頁。しかし不平等だが公正な闘争に敗れたというのではなく、初めから〔闘争の埒外に〕置き去りにされていたという感覚を表現するような正義の叫び声があるとしたら、どうだろうか。こうした直観は原初的契約の神話を裏切るだろうか。）ロールズが「憤慨を表明する人々は、なぜある種の制度が不正なのか、あるいはどのように自分たちは他者によって傷つけられたのかを説明する用意ができていなければならない」（六九九頁）と言うとき、彼はまさに、「なにか特定の不正ではなく不正そのものを被っている」（マルクスの言葉を借りれば、ただしマルクスのいう社会階級の区別〔differentiation〕は抜きに）ことからくる苦しみを主張する表現のもつ適格性〔competence 能力〕[17]を否定しているように思われる。あるいは社会を構成する個々人の大多数が歴史のなかで声を奪われてきた（ミルの考えを借りれば、ただし社会階級への、あるいはたとえば社会的「地位」への無関心〔indifference〕は抜きに）ことを証する表現のもつ適格性を否定しているように思われる。ここでいう否定を吟味するにはノーラの場合を扱った第3講義の議論が役に立つ。

*

ケーラス記念講義のテクストにはいくつか言い落としがあったという感覚を述べてきたが、そのテクストには系統的な欠落があって完全なものにならないとの悔いを表明したいわけではない。いうまでもなく講義で述べたことは素描でしかない。そしてこの素描をさらにつづけようとする誘惑はある策略に見えはじめる。すなわち、こうした問題にさらなる考察の余地を与えるに足るほど堅固なあるいは興味深い仕方で出発していないのではないかとの不安から私をそらす策略である。だから講義で告知した目標、すなわちある種の形象やテクストや主題を連れもどし、ひとつにまとめ、それをより広い哲学的制度の注視にさらそう、そして、哲学界《サークル》に生活を賭ける人のもとにも、みずからの円《サークル》が、好むと好まざるとにかかわらず、哲学の円〔哲学界〕と交差する人のもとにも届けようという目標をここで改めて確認しておこう。

言い落としたとの感覚については以上にとどめよう。私はちょうど、ハーバードのコアコースのひとつ「道徳的推論」クラスとして担当した〈道徳的完成主義〉にかんする講義の二年目を終えたところでもある。この年度は、ジェイムズ・コーナントが六回講義を受けもってくれ、スティーヴン・アフェルトが、このコースの最高責任者の立場という途方もなく複雑な仕事を非の打ちどころのない仕方で引き受けてくれた。またダニエル・ローゼンバーグとチャールズ・ウォーレンがコースのまとめ役として指導的な役割を果たしてくれた。それにナンシー・バウアーとエリ・フリードランダーとアラタ・ハマワキが加わった。さらにまた私たち全員が少なくとも週に一度は会合をもち、この試みの知的・教育的な抱負と帰結について議論した。こうした議論はいつも、さきに述べた言い落としや限界にかんする感覚をさらに増幅したものだった。しかし同時に希望の感覚をも増幅してくれた。というのも私は新たな約束の道を認め、他日そこを通るときのための道標を設けておかねばならなかったからだ。その道を視野に入れつつ、ハーバードの講座やケーラス記念講義を導く針路として活かすことは叶わなかったけれど。

本書の書誌〔訳書では割愛〕はウィリアム・ブリストウが手際よく編集してくれたが、本文で引用された作品のいわゆる決定版とは、種々の点で違いがある。本文で引用した作品の典拠はすべて書誌で確認できるようにした(このおかげで脚註において典拠を指示する必要がなくなった)。また本文において単に言及したり列挙したりしただけの作品も書誌に明記してある。そして賢明にも、現在利用しやすい書籍が選択的に明記されている。この措置は私の夢想と相性がいい――この本は読者を求めて様々な行き先を見つけるにちがいなく、たまたま本書を手にした読者が、どんなときも、その人が現在享受しつつある教育のあらゆる水準や方向から出発して、本書の背景をなす様々な方面を辿り尽くしたり、本書の横窓から見える導きの糸を辿ったりするという夢想と。

「道徳的完成主義」コースが必要とする膨大な後方支援に協力していただいたことに対し、このコースに携わった教員一同を代表して、ハーバードのコアカリキュラム事務局、とりわけスーザン・ルイス学部長に謝意を表したい。また「ハーバード・フィルム・アーカイヴ」の管理員である友人のヴラダ・ペトリチに、そして彼の助手であるロベルタ・マーフィーに、今年はジェイムズ・レインに感謝する。皆さんのおかげで、数百人の学生が十数本の映画をスクリーン上で見ることができ、個人的視聴のためにビデオ録画することができた。

私の書く作業と一体化する不在と現前の経済《エコノミー》のなかで、いつものように私の家族はただちに不在の犠牲を分かちあう。しかし私は知っている、キャスリーンとベンジャミンとデイヴィドが、数ある喜びのなかでも、本書をカート・フィッシャーに捧げる喜びを私と分かちあうことを。

ケーラス記念講義はポートランドで行なわれた。結びとして、そこに滞在した日々を感謝の念とともに思い起こすとともに、講義のまえに賜った丁重な紹介の言葉に謝意を表したい（講義の順にそれぞれジョエル・ファインバーグ、ジュリアス・モラフチーク、ジョン・オコナーの各氏に紹介の労を賜った）。

一九九〇年六月　ブルックラインにて

序論

針路を堅持して

〈道徳的完成主義〉とは本質的にエリート主義的であるのか。自己に――あるいは自己のなかの人間性に――忠実であるという観念、あるいはまた（上昇する、もしくは下降する）旅の途上にある魂は初め世界のなかで道を見失うが、やがて、しばしば文化〔教養〕と呼ばれるものの名において、社会に対し、おそらくとりわけ民主的な水平化した社会に対し、拒否を要求するという観念は、プラトンの『国家』からハイデガーの『存在と時間』やバナード・ショーの『ピグマリオン』のようなきわめて異質な作品にいたるまで、私たちには馴染みのある観念である。冒頭の問いが何を意味するかを明確にし、そして、喜ばしくも民主主義に同意する完成主義が存在する、民主主義が切望する完成主義、その批判に耐えるだけでなくその批判を称えることが民主主義の名誉となるような完成主義が存在すると主張するとき、私が何を言いたいかを明確にすることに、このケーラス記念講義の主眼をおく。

エマソンは（当然であるかのように偉大な精神に求められる）精確さと首尾一貫性とをそなえた思想家である、しかも私たち自身を読み解くのに必要とされるような注意深さをもって随《したが》うに値する思想家であるという事実に、私はここ数年来（大方の人がこの事実を絶えず否定してきたのとは逆に）確信を深めてきたように思われる。それが理由で私は、なぜその事実が（現行の大学内的な哲学や文学の感受性にとって）突拍子もないかのように思われるのかを理解しなくてはならないという圧力がますます増大するのを感じる。明らかにその原因のひとつはエマソンの書きぶり《マナー》にある。あたかもその書きぶりにおいて問われているのが哲学であることを証明するには、そこで問われているのが思考の様式《モード》（の表現）であることを証明しなくてはならず、また同時に、そこで成し遂げられるものがなぜもっと標準的な論証形式において成し遂げられえないのかを説明しなくてはならないというふうなのである。エマソンの書きぶりがもつこの困難（あるいは抵抗）の向こうに、あるいは背後に、もうひとつの抵抗があって、それは別個に主題化できることも分かってきた。すなわちエマソンの散文はある道徳的展望に資するように（あるいは、いずれにせよ、それを念頭に入れて）書かれているが、大学における道徳哲学は（まったく無自覚なままに）エマソンの考える道徳的展望の大半を軽んじてきたのである。現代の道徳哲学はヒュームとカントの著作が設定した針路に沿ってとても秩序正しく発展してきたが、その歴史においては、競合する二つの理論が主流となっている。すなわち功利主義（善の概念にもとづき、目的論的な考え方として広まっている理論）とカント主義（独立した正しさの概念にもとづき、義務論的な考え方として広まっている理論）である。こうした理論のもつ観点からすれば、〈道徳的完成主義〉はいわば自己への忠実という概念にもとづくように見えるかぎり、他の人格を自己と同じ重みで道徳的に判断するという観念に達していないように見えるかもしれない。それゆえ道徳性の概念がそっくり欠けているように見えるかもしれない。

〈完成主義〉は、私の考えでは、道徳的生活についての競合する理論ではなく、なにか道徳的生活のもつ次元や伝統のようなものである。これは西洋思想の針路全般に亘って見られるものであり、かつては魂の状態と呼ばれたものにかかわる。この次元が極度の重要性をおくのは人と人との関係であり、自己が（そしてその社会が）変様する可能性や必然性である――その系譜はプラトンやアリストテレスからエマソンやニーチェにつづき、カントやミルのような対立する契機を経て、クライストやイプセンやマシュー・アーノルドやオスカー・ワイルドやバナード・ショーのような様々な人物を加えながら、やがてハイデガーやウィトゲンシュタインとともに私の玄関先にまで達する。（ハイデガーとウィトゲンシュタインは私が完成主義と考えるものの実例であるという事実は、私がこの主題にかんする考察を始めようという動機において――いうまでもなく、とりわけハイデガーの伝記の経緯を考慮して――、本書で論じている以上の重要性をもつ。ハイデガーの場合、私は当然のごとくこう考えている。すなわち『存在と時間』において「本来性」を強調したり、彼の書きものが倫理にかんする別々に孤立した言説の内部においては理解されえないと抗議したりすることから、彼が完成主義の主題圏に属することが直観的に証明されると。ただしハイデガーの経歴《ヒストリー》と折り合いをつけるときにこの主題がどの程度役に立つかは今後の課題として残る。ウィトゲンシュタインの場合、私がここで言うことは、彼と完成主義の関係を間接的な仕方でしか提示していない。だからこう言おう。私は、拙論「没落に抵抗すること――文化の哲学者としてのウィトゲンシュタイン」[1]で提起した『探究』の読みを広げつつ継続しているのだと。）

ただちに完成主義的なテクストの一覧表をつくることに取りかかろうと思うが、そのまえに早くも、その一覧表に女性の著述家の名がないことに対する問いが生まれるであろうし、生まれるべきであろう。完成主義の考え方のどこに女性の声があるのか。どこにもない？　それとも、あらゆるところに？　この問いにこのうえなく直接的で系統立てた仕方で近づいているのは、映画にかんする私の考察である。私の考えでは、ある種のコメディ（再婚コメディ）は道徳的に有意味な関係（本当に幸福な関係であるかぎりで）の典型的な例となっている。この道徳的関係を考えるときに重要なのは、功利主義やカント主義ではなく〈エマソン的完成主義〉（私はこう呼ぶことを学びつつある）の観点である。したがって再婚コメディから派生した（あるいは再婚コメディの起源となる）ある種のメロドラマもやはり道徳的関係を描いているが、それはこの関係の終わりであって、道徳的な意味を否定している。二つのジャンルにとって、女性の声の地位いわば女性の同意こそが最大の眼目なのだ。

「エマソンの思考」と「エマソンの完成主義」は相補的な主題である以上、第1講義はそれぞれを講義の前半と後半で取りあげる。第2講義は「エマソンの思考」を練り上げるが、そのさい、規則と私秘性《プライヴァシー》についてのウィトゲンシュタインの考えに対するクリプキの議論が実例となる。第3講義は「エマソンの完成主義」を練り上げるが、そのさい、映画と演劇に現れた例が主題になる。完成主義の問題は初めにもっと入念な考察を必要とする。というのもこの問題はジョン・ロールズの『正義論』が提示するような完成主義に対する特定の見方と矛盾するからだ。ロールズの著作は、この二十年間に発表された他のどの著作にも増して、（少なくとも）哲学の英米的な異型《ヴァージョン》あるいは伝統において道徳哲学の領域を確固たるものにしてきた。私がロールズの仕事を称賛する理由のひとつは、立憲民主政を内部から批判する系統的な枠組みの確立に成功した点にある。そのような批判を明確な仕方で述べること以上にまじめで喫緊な政治的課題があるだろうか。この課題にかんする私の考えは次のような感覚から出発している。すなわち（人間であるがゆえに不完全であるが、しかし）いわば十分に善い正義の状態を保つために民主主義は自己を知らねばならないという直観を説明できるような正義の概念をロールズが明確化したとの事実から私が受ける安堵や正しさの感覚である。この状態から離れた地点にも、たしかに、様々な完成主義がある。しかしその種の完成主義が果たす役割は、当然ながら、民主主義を内部から批判するとの役割ではありえない。

　私と『正義論』とが端的に不和である理由はこうだ。『正義論』は私が〈エマソン的完成主義〉と呼んでいるものを本質的に反民主主義的であるかエリート主義的であるとして暗黙裡に斥けている。それに対し私の考えでは、民主主義を内部から批判するとき、完成主義のエマソン的異型《ヴァージョン》が不可欠なのだ。ここから引き出すべき結論はこうなる。〈エマソン的完成主義〉は完成状態を含意しない——エマソンが自己と呼ぶものの状態を（それがどういう状態であれ）最後《ラスト》の状態とみる考えほど、彼が絶えず軽蔑してやまないものはなかった。にもかかわらず私が「完成［perfection］」という時代遅れの言葉を使いつづけるのにはいくつか理由がある。私にとって重要なのは、自己の状態のひとつひとつがいわば完結的《ファイナル》なものだというエマソンの感覚——そしてフロイトの感覚、いうまでもなくプラトンの感覚——をこの語が表している点だ。それぞれの状態がひとつの世界（エマソンのいう円）を構成する。そしてその状態はそれぞれが欲する状態でもある（内部や外部の破局を阻みながら）。こうした自己の描像から二つのことが言えるだろう。意義性はつねに遷延されるが、それと同じように、意義性はけっして遷延されない（後につづく円はそれが描かれないかぎり存在しない）。『正義論』が完成主義に論及する節（五〇節）はニーチェのなかにロールズが完成主義の強硬な〔極端な〕見方《ヴァージョン》と呼ぶものを見る。そのうえでロールズはこの見方を斥けるが、それはこの見方が正義の民主主義的理論の論戦の場においてまじめな役割を演じないとみなすからである。しかしそれは——第1講義においてある程度詳しく述べたように——ニーチェの文の一式に対する読み違えや一枚岩的な読解にもとづいてなされている。ニーチェ的な行き方を斥けることがとりわけ私の興味をそそるのは、ここで問われているニーチェの一節が実質上エマソンの一節の書き換えであるからだ。したがってロールズの本のある地点で、アメリカ哲学において繰り返されるエマソン思想の排斥（私はこれを抑圧と呼ぶこともある）の継続が起こっているのだ。なぜこうした身振りが哲学に必要なのか。

　以下の論述において私のいう完成主義（エマソン的なものであれ、別のものであれ）に定義が与えられることはない。私はこの語を使用するための必要で十分な条件を列記した完全な一覧表をもたないだけでなく、完成主義の定義が有益な役割を果たすような理論をもたない。したがって私はこう強調する。私はこのあと完成主義の主題系を素描しようと思うが、それは、私の考えでは、ここで企てている読解や主題化を超える概念に必要ないわば想像上の定義の単なる粗悪な代用品ではない。この企ては（継続できるかぎり）それ自体がそうした概念に対する私の関心を表現する。完成主義を構成する特徴の一覧表の記載に終わりがないという事実は、広く西洋の文化圏にまたがる一連のテクストにおいて具体化され展開された思想がもつ展望や次元として完成主義を捉える発想からの帰結である。こうした発想はたしかに、その発想がなければ考えも及ばないような仕方で様々なテクストを結びつける点が風変わりである。またこの発想には二つの方向が開かれている。すなわち、ひとつはしかじかのテクストがこの一連のテクスト群に属するかどうかが未決である点、そしてもうひとつはテクストのなかの（いくつかの）特徴が一連のテクスト群へ帰属するのに必要な構成要素になるかどうかが未決である点だ。

ここに挙げるテクストのあいだに働くある想像上の相互作用によって、ひとつの展望が直観的に（ときには否定的に）素描されると仮定してみよう。（この相互作用という観念が頼りになるとはほとんど思わない。この作用はつかの間ある空想を生み出すが、その空想はたぶんすぐにも雲散霧消するだろう。その空想とは、精神のなかにはひとつの場所があって、そこでは良い本どうしが会話をし、別々の源泉をもつ思想や悦楽を交わしているというものである。私の耳にはこう聞こえる。良い本がそれを書いた人よりはるかに良いものでありうる、あるいはそう思われるのはいったいどういうわけなのか。良い本が、善良という点において、それを書いた人がもつ以上の力をもたないのはなぜなのか。）まずテクストを挙げておこう。その大半は本書で言及されている、あるいは暗示されている。プラトンの『国家』、アリストテレスの『ニコマコス倫理学』、マタイによる福音書、アウグスティヌスの『告白』、シェイクスピアの『ハムレット』と『コリオレイナス』と『テンペスト』、パスカルの『パンセ』、カントの『道徳形而上学の基礎づけ』、フリードリヒ・シュレーゲルの『アテネーウム断片』と「難解ということについて」、クライストの『O侯爵夫人』、ミルの

『自由論』と『女性の解放』、イプセンの『ヘッダ・ガーブレル』と『人形の家』、マシュー・アーノルドの『教養と無秩序』と「ドーヴァの渚」、エマソンの「アメリカの学者」と「自己信頼」と「経験」、ニーチェの『反時代的考察』第三篇「教育者としてのショーペンハウアー」、マルクスの『ヘーゲルの「法哲学」批判序説』、ソローの『ウォールデン』、オスカー・ワイルドの批評的著述（いうまでもなく孔子にかんする本への書評をふくむ）、フロイトの『夢解釈』と『文明とその不満』と「イェンゼンの小説『グラディーヴァ』にみられる妄想と夢」、ショーの『ピグマリオン』、ウィリアム・カーロス・ウィリアムズの『*Selected Essays*』、ジョン・デューイの『経験と自然』、ハイデガーの『存在と時間』と「芸術作品の根源」と『思惟とは何の謂いか』、ウィトゲンシュタインの『哲学探究』、ベケットの『勝負の終わり』、そして（ジョージ・キューカーの映画）『フィラデルフィア物語』。他の作品もここで言及しておいたほうがいいかもしれない。その大半は本書に関連して書かれた私の他の著作に登場する。オウィディウスの『変身物語』、ダンテの『神曲』、モンテーニュの『随想録』、スピノザの『エチカ』、ミルトンの『失楽園』、モリエールの『人間ぎらい』、〔ノーマン・ワデル英訳・解説の〕『不生のもの――盤珪禅師の生涯と教え』、シラーの『人間の美的教育について』、ルソーの『孤独な散歩者の夢想』、ゲーテの『ファウスト』と『ヴィルヘルム・マイスター』、ヘーゲルの『精神現象学』、ワーズワスの『プレリュード』、コールリッジの『文学的伝記』、キルケゴールの『反復』と『結びとしての非学問的あとがき』、ホイットマンの『草の葉』、メルヴィルの『ピエール』、ディケンズの『ハード・タイムズ』と『大いなる遺産』、ペイターの『ルネサンス』、ドストエフスキーの『白痴』、トウェインの『ハックルベリー・フィンの冒険』、ウィリアム・ジェイムズの『宗教的経験の諸相』、ヘンリー・ジェイムズの「密林の獣」、ヴェブレンの『有閑階級の理論』、D・H・ロレンスの『恋する女たち』、そして（アーヴィング・ラッパーの映画）『情熱の航路』。

大半が意図して明白なものであろうとしている一覧表になにか補足的な説明をする必要があるだろうか——とくに完成主義の問題に関係するのが、ここに挙げた作品のなかの断片部分にすぎない場合。私としてはこの一覧表がすぐにも、私たちの生き方にかんするいかにも哲学的な議論のなかで除去された（「忘却された？」）声の破片を呼び起こしてくれたらと思う。この声は、私たちの生き方にかんする別の会話、私の考えでは、もっと差し迫った会話に加わるだろう。とすれば哲学がこれらのテクストを除外したということは、声の作用の壊れやすさを表すしるしであるのだろうか。その反対に、私には、その除外が忘却のようなものであるかぎり、それは声の作用への抵抗がいかに巨大なものかを表すしるしのように思われる。「文化」への回心を呼び求めるのは完成主義に特徴的なことである。それが恣意的で排他的な印象を与えるかもしれない。私はこの一覧表がそれを防いでくれたらとも思う。二つの映画作品を挙げたが、単にこう示唆しておこう。いわゆる大衆文化から生まれる作品の扉は開いていると。私としては、贅言を慎んで、哲学者たちにこう尋ねてみたい。彼らは、上位文化に属する（他の）作品が威厳をもってそうしている以上に、教養のない人々を代表して語ることができると思うだろうかと。一覧表にテクストが記載されるか記載されないかの議論に終わりはない——いずれにせよテクスト群と継続的に会話しなくてはならない——、聖なるテクストであれ一覧表に記載される保証はなにもない、会話を継続させるには、他のテクスト群がそれを聴聞しなくてはならないのだ。一覧表をつくる過程は、理論を構築するために語の意味を定義によって限定するというよりはむしろ、事柄を明確にするために新たな分野《ジャンル》を開拓することに似ている。(この背景には、たとえば拙著『この新しくもいまだ近づきえぬアメリカ』の序論における様々な試みがある。私はそのなかで読みに対する哲学の不安を特徴づけようと試みた。この不安はすべてを読もうとする願望か、あるいはなにも読もうとしない願望によって表される。この背景には、私たちの手本《モデル》を列挙するというエマソン特有の身振りに敬意を表したいとの願望もある。手本がもつ「偉大さ」の意味は、〈エマソン的完成主義〉においてあらかじめ決まったものと考えるべきではない。まさにその反対である。古い文化においてだれの目にも優良な本の一覧表は、もったいぶったように見えたり滑稽に見えたりするかもしれない――ちょうど紳士と自称する紳士のように。新しい文化における一覧表は、人間のもつ崇高な性格というより――ホイットマンの場合、人類の作品はそれほど重要性をもたない――むしろ崇高なものがもつ人間的性格を呼び覚ますための覚え書きである。)

ある作品が完成主義を明確化するものとして受け入れられるとしても、その作品が完成主義の概念にもたらす特徴はどのようなものか、あるいはその作品によって確証されたり修正されたりする特徴はどのようなものかという問題に決着はつかないのである。たとえばプラトンの『国家』を例にとって、完成主義の概念を明確にする特徴を挙げてみよう。(1) 会話の様式、(2) 友人どうし(年長者と若者)の会話、(3) 一方が知的な意味で権威をもつ。なぜなら、(4) 一方の生活はどことなく他方を惹きつける生活の模範や典型になっているから。そして、(5) この魅了において自己は鎖に繋がれて拘束されていることに気づき、(6)現実からの隔たりを感じる、そこで(7)自己は向きを変える（回心する、変革する）ことができることを知る。また、(8)教育の過程が着手される。その一環として、(9)教育の議論が行なわれる。その議論において、(10)それぞれの自己は上昇の旅へと導かれる。ここでいう上昇の旅とは、(11)自己のさらなる状態〔further state〕を表す。このとき、(12)どちらが高い状態にあるかは、生まれつきの才能ではなく、あなたが何によってあなたであるのかを知ろうとする努力や、あなたがなすべきことを弁える教養によって決まる。それは自己の変様である。この変様は、(13)社会の変様を想像することのなかで表現されるが、社会の変様は、(14)なにか貴族制のようなものへの変様である。そこにおいて、(15)社会にとって最善のものは、個人の魂にとって最善のものの手本《モデル》であり、また後者を手本とする。最善のものに踏み出すのは、(16)新たな現実を展望するとき、すなわち彼方の王国、真なる世界、善の世界を展望するときである。それが、(17)善い国《シティ》あるいはユートピアの土台となる。ソクラテスによる哲学的対話の再現（叙述）を再現する（共有し参加する）ことで実現する魂の探求は、(18)社会の退化〔devolution〕への想像力を生みだし、現行の社会の諸制度を叱責する。(19)それは生活の必需品とみなすもの、つまり経済の観点からなされる批判であり、また、(20)結婚の有用性とみなすものの観点からなされる批判である。これは、(21)性現象や子供を産み次世代をつくることにかかわる。また、(22)魂の探求は、退廃した文化のなかで無節操な満足を求める社会を叱責する。(23)堕落した哲学がまっさきに叱責される。(24)魂の探求は、哲学的生活がもっとも正しく幸福な生活であるとの認識に達する――これは大学の哲学とは正反対であるような見方ができるかどうかに懸かっている認識である。(25)道徳性とは、ばらばらに切り離された哲学研究や哲学分野が対象とする主題ではない、すなわち道徳が重きをなしている善い国《シティ》への想像力を離れて成り立つものではない。(26) 他の選択肢として道徳主義がある。(27) この会話の作成において書くことに課せられる任務は、ある公的な表現を達成することにあると言えるかもしれない。すなわち、現行の社会の恥ずべき状態に対する軽蔑の表現、現行の恥ずべき状態へ全面的に加担することに対する拒否の表現、いやむしろ社会にその恥を示すことによって加担するような表現を達成しなくてはならない。そして同時に、有徳の異邦人《ストレンジャー》を惹きつけて言葉の国《シティ》の区域に入らせることができるような表現の約束を達成することもまた〔書くことの〕任務であろう。したがって、(28) 哲学の筆法（あるいは散文の領域）は詩の領域と争いを始めるが、それはあらゆる詩を正しい国《シティ》から追放するためではなく（詩はそうは思わないだろうが）、詩に代わって、詩の仕事すなわち事物を魂に到来させる仕事の特権を要求する――この仕事がもつ権利の範囲内で――ためである。

『国家』第九巻の終わりでソクラテスは「私たちの言葉の国《シティ》」を理想の国家《ステイト》として語る。とすれば私たちは当然ながら、この国を完成主義的な書きもの一般の特徴のひとつとして数えるべきかどうか問いたくなる。この言葉としての国《シティ》という記述は、単にプラトンが哲学をするために用いた対話形式という媒体の産物にすぎないのだろうか。プラトンはそうすることで、互いが互いに善の世界への夢を吹きこむという私たちの能力と（エマソンがエッセー「経験」のむすびで言うような）市民として「その世界を実現する」（無）能力とのあいだの隔たりに特別な注意を向けさせようとしているのだろうか。

「私たちの国《シティ》」への言及は読者や傍らの聴衆に対する恒常的な身振りであって、それによって議論に参加し、論じられていることに対し自分の立場——同意するのか、思案中なのか、しぶしぶ合意するのか、議論を進めるための容認なのか、など——を決めるように促しているのだと考えてみよう。そのとき(こういう読み方をするかぎり)その国には、プラトンの(あるいはウィトゲンシュタインの、あるいはエマソンの)対話において描かれている登場人物のほかに、もうひとりの人物がいることになる。(エマソンの散文がそれ自身と交わすある種の会話、ある種の対話として存在するという事実は、この散文にかんする私の最初の試論「エマソンの思考」[2]の主題のひとつである。)ソクラテスはつづけて「それ[理想の国、言葉の国]が現在どこかに存在するかどうか、あるいは将来存在するかどうかは、どちらでもよいことなのだ」と言う。しかし読者の参加があってこそ、ここに呈示された言葉の国を分かちあうユートピア的な展望は、まさに私がすでに読み取りつつある、分かちもちつつある——あるいはそうするように招かれている——ものであるという考えが根づくのだ。その含意はこうなる。私がすでに私自身の変形に参加している、変形された国、善い国はその事実を表す形象である。ソローが『ウォールデン』の第五章(「孤独」)でいうように、私たちのすぐ隣に大いなる法則の世界が生起している。あたかも私たちの世界と隣り合わせになっているかのように。とすれば、あらゆる完成主義的作品がもつ特徴のひとつは読者の世界とこの関係を築きあげる点にあるかもしれない。私のすぐ隣にあるものは、とりわけ、私が聞くものである、おそらくそれは、たとえばソローのテクスト『ウォールデン』を読む私の目の前にあるだろう。それはウォールデン池の近くにあるというより、むしろ読む者の近くにある。それは読む者を惹きつつけて、自分のウォールデンを見つけるように誘うが、読む者はそれがどこにあるか、それがどのようなものであるかをまえもっては知らないのだ。私のすぐ隣にあるものとは、おそらく、こうしたことの一部があるいはすべてが死んだとの事実であるかもしれない。

　ソローと同じようにエマソンは数えきれないほど多様なやり方で、彼の書くものとそれを読むことの関係を論じ説明している。たとえばエッセー「歴史」の第五パラグラフにはこうある。「これと同様に、ストア哲学者や東洋人や現代の随筆家《エッセイスト》が賢人について言っていることはすべて、ひとりひとりの読者に対しその人自身の考え《アイディア》を述べているのであり、その人の到達してはいないが到達可能な自己を述べているのである」[3]。ここでの「考え」は、賢人についての私たちの考えをも、また、その考えが私たちに適用されるという考えをも意味するというのがエマソン流なのである。彼からこう指摘されるまで、私たちはたぶん、私たちが内にそういう理解の仕方を蔵していることを知らなかったかもしれない。私は当然にもエマソンが自分を「現代の随筆家」とみなしていると考えるので、彼はここで私たちの到達していない自己へ通ずる道たろうとしているとも考える。私はそれを次なる自己〔next self 隣の自己〕と呼ぶ。というのも私から見るなら、エマソンが注意を喚起しようとしているのは、ソローが「私たちのすぐ隣にあるもの」を指摘してから数パラグラフあとで注意を喚起していることと同じだから。ソローの考察によれば「私たちは思考することにより、健全な意味でわれを忘れる〔beside itself〕ことができる」。こうしてソローは思考をある種の忘我《エクスタシー》とみなすのだ。その含意はこうなる。あるがままの自己は、たいていの場合ただ単に正気を失ったという意味で、つねにわれを忘れている。（思考はゼロからは始まらない。思考はいってみれば現にある自己の側についたり〔side with〕反対側に回ったり〔side against〕しつつ、自己を構成する。では、敵味方の側に分かれる〔sided〕、傍白〔asides〕をいう、幕間〔parentheses〕を要求する、といったことが可能なのはどうしてなのか。）「すぐ隣にあるもの」に対するソローの解釈は超越論主義の中傷家たちに対するパロディをふくむ。超越論主義はこの世界の彼方を夢想し、彼岸の世界に興味をそそられているというのが中傷家たちの言い分である。（『ツァラトゥストラ』第一部第三節にこれと同種のパロディを見いだすことができる。ニーチェが語呂合わせで付けた題名は「Von den Hinterweltlern」、意味は「背後世界論者〔afterworldsmen 来世を信じる者〕」である。これは「afterwoodsmen〔Hinterwäldler 田舎者〕」のもじりで、なにか別の場所があると信じるのは田舎者ばかりだとの含意がある。）ソローのいう私たちのすぐ隣にあるものは、この世界の一部である。「すぐ隣に」とはこの世界の内に存在する仕方である。私たちは絶えずこの世界の縁に身を持している。

　こう言ったほうがいいかもしれない。『国家』における魂の旅という描像（貴族階級に属するほんの少数の人だけが哲学の極致《ピッチ》に達しうるという描像）と、完成を必要とする民主主義という描像とを繋ぐ道〔path〕は、とりもなおさず、私たちを代表して旅の極みを表象する人（その人をソクラテスと呼ぼう）が存在するとの観念と、私たちひとりひとりが私たちひとりひとりを代表〔代理表象〕するとの観念とを——好機であると同時に脅威でもある観念とを——繋ぐ道である。エマソンの研究はこの（民主主義的、普遍的）代表性〔representativeness〕に眼目があり——この考え方は第1講義で「代表する〔standing for〕」との題目で論及される（「私はここで人類を代表する〔standing for〕[4]」）——、それは私たちが担う他者との（同時に）私たち自身との関係を代表しているのだ。かりに私たちが〔現在における〕みずからの可能的なありかた（あるいは私たちの過去の生活――プラトンのいう、あるいはワーズワスのいう――における私たちのありかた）を代表していないとすれば、私たちは互いの可能性のなかに呈示《プリゼント》されている私たち自身を認知することもないだろう。とすれば私たちはいかなる「未来《ポテンシャル》」ももたないだろう。しかしいまそう言ったところでほとんど意味はない。なぜなら、初めのところ私たちは、この道という観念が、たとえばプラトンとエマソンの隔たり、あるいは互いのなかに自分の自己を見いだす存在者どうしの隔たりを考えるのに資するかどうかを知らないからである。この隔たりは、プラトンによる会話の進展と、エマソンによる「アメリカの学者」の覚悟との違いによって測られる。プラトンの場合、この会話は討論的な問答や弁証術的な展開という形式において行なわれ、ついには神話的地層になる。他方、エマソンの場合、「アメリカの学者」は長いあいだ「口ごもり」と貧しさと孤独に耐えたあとに、たぶん次のようなテクストを生みだす。「私たちは私たち自身の捨てた思想が（……）疎外を被り一種縁遠い威厳をそなえて立ちもどってくるのに気づく」（「自己信頼」の冒頭パラグラフの文言であるが、私はこのあと繰り返し引くつもりである）。

第1講義はエマソンの思考の作法《マナー》を彼が変形と呼ぶものによって特徴づける。私の考えでは、その眼目はカントの用語の変形にある。この変形の過程については講義においてかならずしも十分に触れていない。またこの時点ですでに、私たちは、エマソンの散文のなかにある数えきれないほど多くのプラトン的な用語や比喩の変形について熟考すべきであることを理解する。たとえば鎖について（エマソンによれば私たちは牢獄に閉じこもる、見苦しく恥じている自分を他人に見られないために）。非現実的な感覚について（じっさいエマソンは私たちが実在していないと主張する、私たちは「私はある」と言うことを恐れている、[5]だから私たちは世界に取り憑いているのだと）。魂がその旅に「魅了」されることについて（カントはそれを命法と読み、「べし」と表現する、これはエマソンと決定的に違う点）。その旅を構成するものをどのように描写するかについて（エマソンの使う言葉は、歩み《ステップ》始めることや、歩くことや、ある種の成功-相続〔success-ion〕であるが、[6]それは上昇ではなく、つねに途上にあるとの様態で進む、またその目標はたとえば太陽のような図像的な表象によっては決定されず、旅そのものが歩む道によって決定されるとしか言いようがないのだ――拙論「樹立としての発見」のなかで見たように、これがエマソンのエッセー「経験」の主題である）。そしてエマソンが「文化」をどう見るかについて（エッセー「円」にはこうある。「文化が新しい段階に達すれば、人間が追求してきたあらゆる営為に革命をもたらすであろう」[7]――これはニーチェが「教育者としてのショーペンハウアー」の結び近くで引用した一節である）。エマソンは私たちの生活にもっと書物や音楽会や美術館を増やせと言っているのではない。一般の人に等しく割り振られているわけでもないある種の天分や才能をもつ人だけが享受するものが問われているのでも、公益に貢献した見返りを要求する特別な作品が問われているのでもない。私たちが追求してきた営為は人から強いられたものでも見返りを得られるものでもないが、そうした営為に対する態度にこそ、エマソンの眼目がある。私たちはみな、ただ向きを変え、私たち自身に革命を起こすことができるならば、ただちにその態度の価値を理解するだろう。こうして代表性や例示（「模倣」）や完成というエマソン的な問題はプラトンのそれより早い時点で生じてくる。なぜならエマソンの場合、太陽が欠けているからであり、またそこにいたる道を恒常的に代表するものがないからである。エマソンは私たちを代表する人間として彼自身を選出する（この選挙に立候補する〔stand for〕資格はだれにでもあるが、まただれにもない）。そしてこう警告する。私たちは私たちの（私的な）代表を選ばなくてはならない――じっさいそうしている――と。ある意味でエマソンの教えは、私たちが代表性のさらに向こうを見なくてはならない、あるいはむしろ代表性を個人化の過程として見なくてはならないという点にある。エマソンは「私的な人間の無限性」を称賛するが（一八四〇年四月の『日誌〔*Journals*〕』によれば[8]）、それは現に存在する人間（それがだれであれ）に向けたものではなく、個人化の過程を告げるためのものだ（完成主義に対する解釈のひとつとして）。この過程よりまえには、いかなる個人も存在しない、したがっていかなる人間も存在しない、したがっていかなる社会も存在しない。「自己信頼」の第七パラグラフでエマソンはこう述べる。彼はときどき慈善活動の呼びかけに屈するけれど「それは有害な金であって、そのうち男らしく断ろうと思う」。ここで私たちは次のように考える必要もないし考えるべきでもない。すなわち彼は、彼ひとりで、人間のさらなる状態を達成したとみなしていると。

　エマソンは「代表」や「選挙」といった語による実験、あるいはそうした語の変形の重要性を教える。この点から、彼がなぜ特徴的な仕方で「私の憲法」と言うのかが見えてくる。彼にとって、この言い回しは、彼の身体の条件と同時に彼の個としての健康（彼の散文の本体《ボディ》ないし器官《システム》を表す比喩形象）を含意するだけでなく、特筆すべきこととして、国家の憲法の起草（あるいは改正）をも含意する。したがって「彼の憲法」という観念は、国家の正義というプラトン的描像を魂（大文字）〔9〕の正義として記号《モード》化し変形している。ここにこそ哲学的筆法あるいは哲学を起草することの眼目がある、古代であれ、現代であれ。それが、いつも、どこにでも、あるとは言わない。それは終わったのかもしれない、おそらく終わったのだろう。これもまたエマソンの問いである。

　エマソンが代表性によって提起した問題を、おそらくもっと形而上学的な仕方で例示しているのが『国家』における範例（あるいは「模倣」）であり、こちらのほうがよく知られている。（第1講義では、エマソンにおける「例証するもの〔illustrativeness〕」から「輝き照らすもの〔illustriousness〕」への変形は、エマソン的な代表性の観点からなされている点を強調した。）しかし〔エマソンが提起した〕この問題は、完成主義の古代的な経済《エコノミー》においても近代的な経済においても重要性をもたない。エマソンは代表〔representation 表象・表現〕ということに絶えず注意を喚起する。エマソンは私たちにこう注意を促す。すなわち彼自身、彼の権威〔authorship〕、彼の言葉の憲法を、読者とともに（互いが互いを照らすように）呈示する仕方に注意しなくてはならないと。とすればエマソンは、芸術や詩にかんするプラトン的な見方は、プラトンの権威にうっかり無自覚に引きずられてできた産物だと考えるべきではないと警告していることになる。あたかもプラトンの巧妙さを高みから見下ろすならば、プラトンよりそれを的確に位置づけることができるかのように。あたかも彼の共和国《リパブリック》から――しかし彼の『国家《リパブリック》』からではない、つまり言葉の国《シティ》、哲学的な参加や例示の国《シティ》からではない――「詩」を「追放」したことは、とりもなおさず、彼は哲学生活の営為における創造や模倣や改竄の問題圏から袂を分かち、彼の作品からそうした問題圏を追い払ったのであって、そうした問題圏を哲学的な俎上に載せたのでも、載せつつあるのでもないということを意味するかのように（読者がその問題圏に応答するかどうか、それを選択するかどうかは別にして）。

到達していないが到達可能な自己を名指した一節は、私の流儀で読めば、二つの読む（まずは彼エマソンを読む）仕方を示唆している。ひとつは、私たちが彼のテクストのなかに私たち自身の考えを認知するように仕向けられる読み方である（私たちの到達していない自己とともに）。もうひとつは、そうではない（私たちは自己に到達し、所与の意見を評価するが、新たなものをなにも学ばない）読み方である。到達していない自己を認知することは、私の考えでは、それに到達するための一歩である。（第1講義はこのような読み方について詳しく述べた。）私の読みでは、エマソンは、ただひとつの到達していない／到達可能な自己があって、私たちはいつまでもそこに達することがないと言っているのではなく、むしろ「ひとつ」の自己を「もつこと」は次なる自己へ向かって動いていき、そこから離れていく過程であると言っているのだ（私はそこに私の到達していない自己が姿を現しているのだと思う）。「すぐ隣」あるいは参加すべき言葉の国を提示することそれ自体が、（エマソンの）筆法が生む「作品」――ロマン主義的な言い回しを借りるなら――なのである。少しまえ通りすがりに暗示したことであるが、その含意にあらためて言及しよう。私たちの立場はつねに（すでに）到達した自己の立場である。私たちは、初めから、つまり私たちが自己をもつ、すぐ隣をもつというふうに記述しうるそのときから、絡まってほどけぬ結び目をもつ。この観念に対する警句としてエマソンはこう言う。私たちは（私たちの思考は）偏っていると。（この観念については第1講義で詳しく述べる。）自己は到達すべきであるのと同様にすでに到達しているとの事実は、エマソンの自己信頼という概念に問題を生じさせる。彼は（かならずしもこういう言い方ではないが）こう強調する。あなたにとって到達したものは、到達していない／到達可能なものへの信頼のうえに成り立っているのでないかぎり（すなわちこちら側につくのでないかぎり）、あなたはまさに、エマソンが求める立場を否定している、つまり迎合のなかに埋没しているのだと。いずれにせよ自己の片側が否定されている——到達可能なものが到達したものを否定する、あるいはその逆——という点を含意しながら、私はさきほど、自己の状態のひとつひとつが完結的《ファイナル》なものであると言った。その状態は私たちが欲したのである、その意味で［その状態は］完全であり、私たちはそれを、どれほど苦しくても、完全な場所において保守する。すでに言ったように、厳密にこの意味で——この意味でのみ——完成主義は完成状態を含意する。（ハイデガーのいう存在論的なものと存在者的なものとの区別によって、互いに惹きつけ反発しあう様態が明確になり、たとえば「本来的な自己存在は（……）本質上の実存範疇としての《世人》のひとつの実存的変様なのである」［『存在と時間』二七節］という事態が明確になるとするならば、エマソンの到達していないが到達可能な自己という観念はハイデガーの区別に取って代わる、あるいはその逆、というふうに考えることができるかもしれない。）

しかしここでまたこう問われるかもしれない。これまで主題化してきた直観がなにかを言いあてているとしても、私はなぜそれを完成主義と呼び、みずから避けたいと言っている形而上学的な連想を呼び起こし、それをもてあそぶような危険を冒すのかと。肝腎な点は、自己が達すべき（万人に同じ）状態を示唆すること、どのみち自己がふたたびおのれを見いだすための確固たる場所を示唆することである。自己の状態のひとつひとつは完結的であると言うためならば、（逆説ひとつで形而上学的なものを遮れるかのように）危なっかしくもこのような示唆をあえてする価値があるというのだろうか。なぜこういう考え方を〈到達可能論〉とか〈代表の倫理〉とか〈卓越性の倫理〉とか〈有徳の倫理〉とか呼ばないのか。それにはこう答えることができるかもしれない。〈エマソン的完成主義〉の使命はまさに、偽装したあるいは頽落した完成主義に抗して闘う点にあると。またこの使命を際立たせる点にこそ、〈完成主義〉という名称を使いつづける十分な理由があると。この点も、道徳主義的なものに抗する〈エマソン的完成主義〉の闘いにふくまれる。私たちの文化における種々の理想にこだわり、こだわりすぎて許しがたい不正義から目をそらしてしまうような道徳主義は斥けられる。（したがってイデオロギー批判はある種の反道徳主義である。私の経験では、それは非哲学的な形式になる場合があまりに多い。それは不十分にイデオロギー的な形式のイデオロギー批判、つまり（それ自身の）観念に対する不十分な研究である。）〈エマソン主義〉にとって、これとは別の道徳主義ですぐにも対処しなければならないのは、不道徳な手段による道徳規範や道徳習慣の強要である。これを代表するのは神政国家であるが、改良途上の国家（最良の場合で）にも見られる。

ジョン・デューイが道徳主義の二つの形態（理想主義的なものと反改良主義的なもの）に対して容赦なく闘ったことは——私には哲学的にも文学的にも適切な手法によってなされたとは思えないのだが——永く称えられるべきである。このケーラス記念講義をきっかけに、私のなかで古い記憶が呼び覚まされる。ほかの人が哲学と呼んでいたものを読みはじめたころの思い出である。私はデューイの本――彼が書いた本は数えきれないと思われるほど多かったが――を読みながら、彼の作品に対しこんな印象をもった。すなわちデューイはなにか哲学がそうであるべきものを覚えている、しかし彼が応答している（そしてその応答を生み出している）世界は、私がふだん住んでいると思われる世界を逸していると。それは、芸術におけるモダニズムの高みを逸し、精神分析による発見の深さを逸し、私たちの世紀で起きている政治の荒廃を逸し、アメリカの大衆文化がもつ野生《ワイルド》の知性を逸していると。なによりも、哲学は、それがどのように再建されようと、これ以上この世界において可能であり必要であるのかという問い（そしてこの問いを投じているのが哲学であるというアイロニー）を逸していると。実証主義の返答、すなわちアメリカの大学（私はそのなかで哲学を読みはじめたのだが）の哲学において支配的だった返答は、哲学の問いがもつアイロニーに欠ける点を、プラグマティズムと共有していた。どちらの場合にも、哲学が哲学を終わらせなくてはならない、それだけがある意味で哲学を救いうるのだというアイロニーに欠けていた。そしてデカルトやロックやヒュームからニーチェやハイデガーやウィトゲンシュタインにいたる現代の偉大な哲学者たちが哲学を哲学的な仕方で乗り越えようとしたという事実のもつアイロニーにも欠けていた。（自己‐超克のアイロニー、すなわち自己を「もつ」、同一性を「もつ」、つまりはあなたがあなたであって他ではないことを「もつ」と同時にそうしたことを超克するとのアイロニーが哲学において生起している、たとえ哲学が完結的《ファイナル》なものであり個人のなすがままであると主張するときでも。）しかし当時実証主義は、論理学と科学との関係を除けば、哲学がもつべき文化的ないし知的な役割を果たしたいという特別な願望をもつことがなかった。

私は自分の反応をあまり信用できなかったし、そこから良識的なものを生み出すこともできなかった。しかし私には、ヘンリー・エイキンやエイブラハム・カプランやモートン・ホワイトといった当時私の身近にいた若き教師たちはみなデューイをまじめに受け止めたけれど、デューイの作品が哲学に求めたものの重要性を認識すると同時に彼の作品には力が欠けているとも感じていたように思われる——さらに私はこう確信する、すなわち彼らはデューイの著作にはぞくぞくするような瞬間がいくつかあることにも気づいていたと。私自身が戸惑いながら哲学の教師を始めたころだったが、ウィトゲンシュタインの『哲学探究』がもつ力に衝撃を受けてはじめて、私は、哲学をするにはどうしても必要なものだと想像していた細部を発見したのだ。それは私がデューイのなかに欠けていると感じていたものの遅ればせの一覧表の始まりのようなものだった。私（の耳）からすれば、デューイ特有のものとして流布するいくつかの概念は、ウィトゲンシュタインがそれを問題にする仕方との類似性によって（共約不可能性によっても）消え去っていくように思われた。ウィトゲンシュタインが組上に載せたのは「私秘性」「知識」「使用」「実践〔慣行・営為〕」「文脈」「言語」である。私は数年後ハイデガーの作品に取り組み、私が哲学にとって必要だと夢想していた一覧表に付け足す項目やその変形を認識し、それによってエマソンやシェイクスピアやその他のことに取り組むよう促され導かれていった。そのころ私はときどきデューイのあの瞬間を思い出し引きあいに出したりもした。それは当時私を動かしていたものの一部であるかに思われたが、私はデューイがじっさいに言っていたことを探しにいきはしなかったのである。ここ一年のあいだにリチャード・ローティの『哲学と自然の鏡』と『プラグマティズムの帰結』が出版された。こうした作品は、他のどんな作品よりも、(とりわけ)私たちの知的生活に対するデューイの貢献を再評価するよう強いたけれど、私をデューイの著作に立ちもどらせるまでにはいたらなかった。その理由は(理由があるとして)ローティによるデューイの位置づけ方にあると思う。ローティはデューイをウィトゲンシュタインやハイデガーの仲間として扱うが、私には後者の声がデューイの声をかき消してきたように思われる。こういうローティの見方は、こういってよければ、哲学の問い(いま何が哲学を呼び求めているのか──それがあるとして)を問うことを放棄し、それを代償にして成り立っている。それは、哲学と他の思考様態(あるいは思考の呈示様態)との区別への関心を捨て去った地点にいる、そうあるべきだという考え方から来ている。(私にとっては大きすぎる代償、ローティにとっては贈り物。)にもかかわらず私には分かる。ローティの作品に出会ったからこそ、私はいまデューイの訴えを少しばかり越えていこうという思いにかられるのだと。デューイの訴えは私がもっとも早い時期に発表した仕事のなかに影を落としている──私はいまもこの試論を使っている(拙論「言ったとおりを意味しなければならないか」の註記(31)で言及された「アメリカのプラグマティズム」はもっぱらデューイを念頭においている)。つかの間、こんな思いにかられるのもローティに負う。私がデューイのなかに発見したものと発見しえなかったものに対する私の感覚を、エマソンと完成主義についてこれまで述べてきたことに関連づけてみたい。

いましがた道徳主義の二つの形態に対するデューイのたゆまぬ闘いを取りあげた。この反道徳主義的な特徴はとても重要なので、これだけでデューイをある種の完成主義者として認定するのに十分である──しかしいうまでもなくエマソン的な完成主義とは区別される。トクヴィルはデューイ流の完成主義の感覚をこんなふうに捉えている（『アメリカのデモクラシー』第一巻第二部第一〇章）。「［アメリカ人は］だれもが、人間の完成可能性を本気で信じ、知識の普及〔啓蒙〕は必然的に有用な結果を生み、無知は有害な帰結をもたらすと判断する。だれもが社会を全体として進歩するものと考え、人類を移り変わる絵柄のごときものとして思い描く。そこでは永久に不変なものなどはない、あるべきでもないと考える。そして今日よいと思うものも明日には、もっとよいものに取って代わられるかもしれないということを受け入れる」[10]。ある見方からすれば、この記述はほとんどデューイと同じようにエマソンにも当てはまるように見える。エマソンとデューイがどの点において近く、どの点において遠いのかを見るために、彼らがそれぞれ「知識」や「無知」と呼んでいるものを隔てる違いを考察し、それぞれがこの「違い」をどのように描写しているかをも考察してみよう。国際的な観点を代表するデューイにとって、知識は科学のなかで、そして日常における前科学的な営み、すなわち問題解決の学びのなかで与えられる。エマソンにとって、科学の成功は（たとえば）宗教の失敗と同じように思考にとって深刻な問題である。ここでもこうした記述はデューイにも、異なった精神の下で、当てはまるかもしれない。とすればおそらくこう言えば事情がはっきりするだろう。デューイにとって、科学とテクノロジーの関係はなんの問題もふくまず、決定事項として信頼できるようなものですらある。それに対しエマソンにとって、テクノロジーのなかに現れる力や、それに伴う概念（知性、力、変化、改良）は、個々の人間が思考することのできる世界を実現する仕事[11]（や、その概念）と衝突する。エマソン派にとって、デューイ信奉者は破壊の手段をもてあそび、教示の手段、自己を〔世界を実現する〕仕事へと挑発する手段を枯渇させるがちな啓蒙の子であるように見える。デューイの弟子にとって、エマソン信奉者は最良の場合でデューイの弟子に似てくるように見える。（デューイがエマソンを論じたみごとなエッセーには、こんな印象を与える部分がある。しかし同時に、エマソンの達成のなかに、なにか自分の著作において利用できるものを是非とも見つけたいと思っているような印象を与える部分もある。）デューイにとって、哲学的テクストは織物的質感《テクスチュア》をもたない（迷信とか、社会変化への抵抗とかのもつ質感を除けば）。エマソンにとって問題が哲学になるとき重要なのは、変様を伴う社会的な変化への必要性が切迫し、同時に、内的な変化への、変様を伴う「すぐ隣」への抵抗が働いているという点である。私たちはこの切迫と抵抗の二つをもたねばならないとの事実が、危殆に瀕しているエマソン派の側につく十分な理由となる。

　偽装的なあるいは頽落した完成主義は今日どこにでもあるようだ。『自分を愛しなさい』と似たような題名のベストセラー本があり、「完全な自己実現のチャンス」の惹句による陸軍の新兵募集などもよく見かける。こうしたうたい文句をエマソンの文言から区別することがむずかしいと見る向きもあるだろう。エマソンは「いくつかの重要な問題」を繰り返し学ぶことに「教養の秘訣」があると言い、「本来の自分になる勇気」もそこにふくめている。（これはエッセー「随想余録」の最終パラグラフから引いたものである。[12] ニーチェは『この人を見よ』の副題を「人はいかにして本来の自分になるか」としている。）とすれば、このあとの講義の根本主題を先取りしながら、こう述べておこう。〈エマソン的完成主義〉において私たちはある特定の仕方で私たち自身を（私たちの現在の立場を）恥じるようにならなくてはならない。またエマソンの弟子ニーチェは次なる自己への洗礼のしるしとしてこう要求する。私たちは自分自身をいわば非人称的《インパーソナル》に〔個人としてではなく〕憎まなくてはならない（自分に嫌気がさすと言えば十分かもしれない）。またこうも述べておこう。テレビによる「完全な自己実現」の約束において、あなたに提示されているのは、どのようにして完全に自己を実現するか、もっとも重要なのは傭兵になることによってであるとの語りである。（私はそれがいくつかの他の解決策よりましであることを否定しない。）哲学的で道徳的な思考を見舞う困惑がどんなものであれ、現実においてある可能性が頽落するあるいはパロディになるとき、私たちはその可能性の真価を見失ったままでいなくてはならないのか。キリスト教や哲学や民主主義への要求が頽落する不可避性は、こういってよければ、本物〔の完成主義〕の生活にとっての敗北ではなく、破綻ですらなく、それが不可避的にもつ境遇と動機の一部なのである。だから〈完成主義〉の使命は一般に、偽装した民主主義（と民主主義への偽装した訴え）の世界にあって、民主主義の可能性を発見する点にある。民主主義は存在するために、繰り返し（再）発見されなくてはならない（同じことが哲学について、宗教についていえる――さらにこう補足しなくてはならない、精神分析についていえると）。エマソンの完成主義とニーチェのそれとの違いは、エマソンが暗黙裡にこう要求している点にある。すなわち〔民主主義の〕発見の可能性がここに存在する、ある種の事実として、ここにある。そこには、〔世界を実現する〕仕事の基盤となる十分によい正義が存在すると。そこで問いはこうなる。ここことはどこなのか。

道徳主義的な頽落した完成主義の成功が引き起こす落胆は、徳ある人の心に、お馴染みの平凡ですらあるシニシズムを生む。私が考えているのはハワード・ホークスの映画『ヒズ・ガール・フライデー』の一場面だ。ひとりの新聞記者が記者室《プレスルーム》に集まった仲間の記者たちに向かって、ある記事の書き出しを読み上げる。それは（ロザリンド・ラッセルが演じる）女性記者がタイプライターに打ち込んだままにした書きかけの記事原稿である。そのとき彼女は（もうひとりの）不当に苦しむ女性に付き添って彼女を慰めるためにその場を離れていた。それは啓示の瞬間として与えられる。口達者で物知りの新聞記者たちが、本物のやり方で記録された本物の感情の前では、いっせいに身じろぎできなくなるというふうに描かれている。その雰囲気を破る記者は、そのことで、精神的な意味での部外者《アウトサイダー》として特徴づけられる。彼は「盗み読みはよくない」と言って、その場に満ちる共同体特有の心性を破るのである。それに対する返答はこうだ。「それはおまえの得意技だろう」。ここは複雑な瞬間である。おそらく、定型的にホモセクシュアルな特徴づけをすることで、この人物がもつ語りの位相が他の記者たちとは違うことを表現するのは、ホークスの男性優位《タフ・ガイ》的な姿勢あるいは世界観の一部なのだろう。そうであるとしても、ホークスはその共同体の代弁者に暗示的な告白をさせることで、ホークス自身のそうした姿勢や世界観をそっと打ち消していることになる。その代弁者の示唆によれば、彼（と他の新聞記者たち）は彼女の原稿に記録された思いの実情にいたる通路を盗みたくないし盗むこともできないのだから。彼らのいかにも男性的な荒っぽさ《タフネス》をもってしても無理なのだ。いくつもの複雑な事情を別にすれば、共同体的なものが道徳主義によって台無しにされていると見るこの場面は、完成主義的な瞬間である。このことが強調されるのは、女性記者の雇い主でもある（ケイリー・グラントが演じる）「編集長」が噂に言及するときである。その噂によれば新市長は「ニューヨーク」市《シティ》から悪を一掃するというのだが、それは彼らにとって明らかに、ユートピア的な展望だ。民主主義の腐敗という舞台装飾のなかで偽善に浴びせられる冷笑的《シニカル》な叱責は、言葉の国《シティ》にかんするソクラテスの思弁と一幅対をなす（西洋の舞台は様々な次元をもつが、これほど遠く隔たった――しかし連続している――ものはほかに考えにくい）。ソクラテスはこう考える。よい国《シティ》はつねによい魂の手本として存在する。哲学者はただそのような国の政治〔公的問題〕にだけ参加するだろう。彼の対話者はこの考えにいくばくかの留保を表明しているように見える。いうまでもなく、国がよい場合に、しかしよい場合にだけ、国に参加したいとの主張は、門外の住人にとっては、たとえばここに登場した新聞記者たちにとっては、虫のいい話である。それは知識人たち一般にとって都合がいい。私にとって、ソクラテス的でありホークス的であるこの瞬間のもつ意味は、それが完成主義的な切望を垣間見せる点にある。それは国へ参加したいとの願望を要求する、あるいは思い出す。あたかもその道徳的任務が、シニシズムへの誘いに抵抗するための拠り所を示すことであるかのように。完成主義とは道徳的思考の次元であり、それは悪を抑止するというよりは、むしろ善を解放する、善への（私たちひとりひとりのなかにある善と悪への）絶望から善を解放することに眼目がある。民主主義と両立するだけでなく民主主義に必要な完成主義が存在するとすれば、そこで重要なのは民主主義における不可避的な失敗を許したり、失敗を克服しようと努めたりすることではなく、民主主義の失敗や失敗が強いる妥協に（弁解したり後退したりする以外に）どう対応するかを教えることである。これを教えることが、民主主義を内部から批判するロールズの眼目なのだ。私が『正義論』に対して（若干の懸念とともに）覚える親近感は、この教えの中身にもとづく。それを要約すればこうだ。ロールズは民主主義を奉ずる人に

「非難の余地がない」（五五五頁）生き方を発見するように要求する。ここで私がもつ懸念は、大ざっぱにいえばこんな印象に由来する。すなわち、そうした生き方を探求することは、私が合意する社会が私の生活に強いる妥協の感覚を抑えこむ《コンティン》には不十分であるとの印象だ（「非難の余地がない」生き方とは妥協の感覚を抑えこむことであり、そこで探求されている生活はソローが発見した生活のようなものではないと思う）。私の懸念をもっと明確にすることが第3講義の主導的動機である。

私が探求する完成主義と偽装的な完成主義との結びつきは、政治的亀裂という環境にあるポローニアスの科白「自己に忠実であれ」〔一幕三場〕のなかに永遠に記念されている。いまではこの忠言を引きあいに出すことがほとんど不可能になった。なぜならこの科白が有する徳ある助言的特質を通俗的に変形して通俗的な仕方で引用されるから。しかしここにおいてさえ、あるいはもっぱらここにおいて、絶望的な対応の仕方と、希望に満ちた対応の仕方がある。あなたはこの忠言のなかに救いの言葉——それを引きあいに出す人自身のための救いの言葉——を聞くことができる。それは経験のなかに自分を見失った人が使う言葉であり、その人の声あるいは声の不在が台無しにした言葉だ。あるいはあなたはこの言葉のなかに徳ある心の音を聞くことができる。徳ある人は一瞬のゆらめきのなかで回顧する。たぶん息子に別れを告げるときに、自分の若き日を思い出し、慣習にすっかり染まった自分に気づかされるのだ。ハムレットの完成主義がそうした堕落とアイロニーによって狂わされるとすれば、私たちは彼に自分を重ね合わせすぎないほうがいい。ポローニアスの登場は私にこう告げている。エマソンやニーチェが求める文化に対する態度は文化を消費する態度ではなく、文化を発見する、文化の現実を発見する態度である。文化をありのままに消費することがよいと主張することは、一般に、エマソンやニーチェにとって、文化を生みだすことがよいかどうかを問題にするのと同じくらい俗物的な発想なのである。

ソクラテスはこう主張する。すなわち哲学者が政治〔公的問題〕に参加する用意があるのはただそのような国《シティ》（理想的な言葉の国）——それがどこにあろうとも——においてだけであると。ここに表現されているのは完成主義の樹立的アイロニーである。『ウォールデン』のなかにこのアイロニーがある。作者——基本的にひとりである——はあたかも彼の国《シティ》の経済や、私的問題と同時に公的問題〔政治〕を樹立し運営しているかのように振る舞う。たぶん彼はその国を天国の手本《モデル》として確保しているのだろう。こうした振る舞いは「いつか寓話作家の役に立つため」（第七章「豆畑」）である。私は彼の振る舞いと彼の書くものが同じものとなる日を想像する。それは完成主義的なあるいはエマソン的な作者の偉大な日になるだろう。エッセー「経験」が終わろうとするあたりでエマソンはアイロニーをこめてこう書く。「私が田園や都会で会話《まじわ》する世界は、私が考える世界ではないことを私は知っている」。第1講義では、ここにカントのいう二つの世界の縮図をも見いだす。二つの世界に人間として接近できるのは、カントによれば「二つの観点」に立つ私たちの能力による。エマソンは彼が考える世界に訴えるとき、まずは、私がユートピアに対する完成主義的な態度として特徴づけようとしているものを強調する点に眼目がある。ここでのユートピアとは、ともかくも、ここにあるなにかであり、その入り口は私たちのすぐ隣にある。だから私たちは絶えず見逃し、追い越し、ねじ曲げてしまいかねないのである。そしてまたエマソンはこうも強調したいのである。すなわちここで問われている世界は特定の思考様態を呼び起こす、あるいは要求すると。それは第1講義において後期ハイデガーと結びつけた様態である、もしくは瞬間である。ここでカントにとって根本的な一節を引用し、そのあとそれがもつ後期ウィトゲンシュタインとの結びつきを指摘したいと思う。

ウィトゲンシュタインとの結びつきを理解するには、彼が「語を形而上学的な用法から日常的な用法へ連れもどす」と特徴づけるものを、ある思考様態——いうまでもなく、哲学にとって日常的なものがもつ決定的な重要性を否定する思考とは逆行する様態、あるいは逆行する動機をもつ思考様態——として受け入れなくてはならない。私は〈エマソン的完成主義〉を特徴づけようとしていることでもまた、カントの変化形——解釈ではかならずしもない——を見てとる。『道徳形而上学の基礎づけ』の一節から引けば——。

しかしどのようにして純粋理性が、どこかよそから得られる他の動機なしに、それだけで実践的でありうるか、(……〔いいかえれば〕)意志の実質(対象)、つまり私たちが先行的になんらかの関心をもつかもしれぬ実質とのかかわりなしに、それ自体で動機を与え、純粋に道徳的と呼びうるような関心を生みだすのか、さらにいいかえれば、どのようにして純粋理性が実践的でありうるのか——これを説明することは、あらゆる人間理性にとって、まったく不可能である(……)。

(……)この知性界なるものは、感性界に属するすべてのものを、私の意志の規定根拠から除いた後になお残っているなにかあるものにすぎない。このように感性界に属するすべてのものを除くのは、感性の領域に由来する動因の原理を制限するためである。（……）ここではいかなる動機もまったくなくならねばならない。とすれば知性界のこの理念そのものが動機であるか、あるいは理性がもとより関心をもつものが動機であるということになるだろう。しかしこれを理解することが、私たちには解きえない問題なのである。[13]

まるでカントは、純粋理性の動機（理性が意志に提供しうる動機）を理性への動機（意志が理性に提供しうる関心）と混同している、むしろ、どういうわけか同一視しているかのようだ。しかし知性界が「あの国《シティ》の世界」いわばユートピアだと仮定してみよう。また、あの国の世界が「外側」（つまり「感性界」の「彼方」）――カントが観点に立つとの形式で想定する過程とはどのようなものか？）にある「なにか」ではなく、その名のとおり[14]、「どこでもない場所」（これはたぶんほかにはどこにもない場所を意味するだろう、だがこの場所は変形されている）であると仮定してみよう。（『ウォールデン』は私の知る最良の例である。この純粋な言葉の貯水池、だれもがそれをウォールデン池で見るわけではない、だがだれでもそれを見ることができる。とすれば、いたるところでそうすることができるのではないか？）そうであるとすれば、思考が動機づける必要のある唯一ものは思考それ自体である。とりわけ立ち止まって考えるため（行為《アクション》のためではなく受苦《パッション》のため）〔に必要な思考の動機〕、あたかも私たちの必要におのれの必要とするものを認知させるためであるかのように。これが知性の良識的〔理性的〕意味――知性を適用するという意味ではなく、知性を受容するという意味――である。私が考える世界への動機は……世界である。理性はなにごとをも起こす必要がない。フリードリヒ・シュレーゲルやエマソンやハイデガーのようなロマン派が多少とも好んで使う言い回しによれば、世界のなかで起こることは（詩においてそうであるように）つねに起こりつつある。（デューイが次のように主張するときに感得しているのは、なにかこの種のことなのだ。彼によれば、芸術は芸術が生起させるものを（それが、いわば非芸術的な仕方で、すでに生起しつつある場合を除いて）経験とともに生起させることができないであろう。しかしそうであるならば、それを生起させる手段がまったく存在しない。）ユートピアを到来させることができない。ユートピアを望むこともできない。あなたにできるのはただユートピアのなかに入っていくことだけである。（あなたはユートピアに入っていくことを想像することができないとしたら、あなたの考える世界があなたの会話する世界とひどく違って見えるはずだと思っているからだ。あるいは、あなたが会話する世界には十分に善い正義が欠けていると感じているからだ。こうしてユートピアを現在の変更として想像する可能性は、十分に善い正義が現前する規準を形成する。たぶんこう補うべきだろう。私がユートピアをなにか望むことのできないものとして主題化したのは、単に、エルンスト・ブロッホの思想について私が知っていること［不十分であることは承知のうえで］への応答であるだけでなく、カントの主導的な問い「私は何を望むことを許されているか」のもつ思想への応答でもある。宗教の基盤を道徳性におくとき、そこから得るものが何であれ、カントは代償を払っている。すなわち宗教の勘所を希望におくほかはなく、それゆえ宗教はなにかよそに目標をもつようなものと化してしまうのだ。神学が異議を唱えたくなるのも当然であろう。——しかしなぜ哲学の助けを借りないのか？）

ウィトゲンシュタインのいう「語を連れもどすこと」が思考を意味するとしたら、思考がもつ語や世界への関係は、たとえば知性は世界へ適用されるとデューイが特徴づける関係とは違う。おそらく正反対のものであろう。私は立ち止まって考えることと知的行為とを対比することにより、正反対に見える印象を強調した。デューイの描像によれば、思考とは、問題含みの状況からその解決へと変動させる作用である。それはまるで、多かれ少なかれそれとして認知しがたい障害物をもっとも安上がりな手段で取り除くかのようである。いうまでもなく、これは知性にかんするひとつの描像だ。知性は、（内的なものであれ外的なものであれ）愚かさや偏見や無知やイデオロギー的固定観念に打ち勝たねばならない。知性には良い点がある。ウィトゲンシュタインの描像によれば、思考とは、自分を見失っている状態から自分の道を発見するにいたる動きである。思考は、精神的混迷という境遇にあって、挫折を解決するのではなく解消しなくてはならない。思考には必需品がある。啓蒙〔知識〕をもつことがよいかどうかではなく、啓蒙による解決に耐えられるかどうかが私たちの問題である。デューイが繰り返しいやでも私の注意を引くという事実もまた、最近繰り返しウィトゲンシュタインの言語観がプラグマティズムとして記述されるのを耳にする事情と関係があるように思われる。ウィトゲンシュタインによれば、語と世界のあいだの確かさは、なにか心的なものに対立するものとしての（と私は思う）行為にもとづく。こうした見方はウィトゲンシュタインの言葉によって確認されるように思われる。「私が正当化をやり尽くしたのであれば、私は堅い岩盤に達したのであり、私の鋤《すき》は反り返ってしまったのだ。そのとき私は《とにかく私はこうするのだ》と言いたくなる」（『探究』二一七節）。しかしこれは行為《アクション》というよりはむしろ受苦《パッション》の表現である。あるいは能力として表現された無能の表現である。これを理解するには、「こう〔this〕」が何を指しているか自問してみればよい。（『探究』のこの一節は、私が第2講義において、クリプキ著『ウィトゲンシュタインのパラドックス』のいくつかのくだりに「反対して」提示した主要な証拠物件のひとつである。）

ウィトゲンシュタインが語を日常性へ連れもどすというとき、それは語を生活（ほんのつかの間、幻想から醒めた生活）における実際の言葉遣いに連れもどすことであると言えるかもしれない。エマソンが語を連れもどすというとき、それは語を言語の生活へ、変形された言語と生活へ連れもどす（来《きた》るべき日々の生活へそうするように）ことであると言えるかもしれない。思考を日常の言葉への信頼に結びつける営為や態度という枠組みのなかで、彼らを分かつ違いが何であるか、また、どの程度彼らが他の哲学者と違っているかを推し量るには――とりわけ規約主義的なウィトゲンシュタイン解釈（私の見るところ、きわめて幅広く共有されている解釈）とは違っていると私には思われる――、エマソンのエッセー「詩人」（エマソンによれば詩人は「アメリカの学者」に分類される形象である、哲学者がそうであるように――かりに哲学者が存在するとして）のなかの詩人を記述した文を読むだけで十分だ。この文はエマソンの態度を描写すると同時に表現している。「詩人は、自分の発する語をすべて、思考の馬として乗り回している」[15]。この文言はなぜエマソンが作家《ライター》であるかをただちに説明し尽くしているかに見える。かつて一八四〇年代にそうであったように一九八〇年代においても引きつづき、彼を中傷する人や称賛する人は同じように、彼は作家であって哲学者ではないと型どおりに主張する。一般的に、そのあとに繰り返しこういう見立て（証明された?)がつづく。彼の散文は霧のようなものである(ときに強い調子で、形而上学的と形容される)と、あるいは霞のようなものである(ときに穏やかな調子で、円熟したと形容される)と。よく分からないのは、だれもが彼の散文をこんなふうに記述しながら、彼が哲学者であることを否定する労は惜しまないという点である。

語を馬として語るとき、何が除外されるのか。他の動物は別にして、この文言は、たとえば語を道具として話題にすることや、語とは意味を運ぶものだと言うことを排除する(あるいは、この文言はそれとは異質のものだ)。この文言がもつ比喩的な側面に注目するならば、こんな印象を受けるであろう。すなわち哲学者が「語が道具でも意味の担い手でもないとしたら、語とは何であるのか、語はいったい何を運ぶのか」といった形式の問いに対して期待できるような種類の返答はまったく存在しないと。しかしなぜ馬に訴える問いを逸らしてしまうのか。「語はすべて」という観念が一般化ではなく、語そのものへの、言葉を使うという事実への態度を表すとすれば、「馬」はこう暗示する。すなわち私たちは、ある生の領域、私たちに属さない(私たちのものと呼べない)領域に対して、ある程度の権威《オーソリティ》〔作者性〕(人間が要求しうる権威)をもつ立場あるいは態勢にある――その拠点もしくは地所を奪い取りそして見守るために。語はある種の支配下にあり、語はそれに従い、人は語に従わなくてはならない。ウィトゲンシュタインの一節はこの考えを捉えている。彼はその哲学を実践しながら、語が異郷にあり、語を故郷(*Heimat*)〔一一六節〕へ連れもどさなくてはならぬことに気づく。彼が言っているのはかならずしも「私たちがやっているのは、語を連れもどす〔bring back〕」ということではなく、もっと正確には、私たちが語を導く〔*lead*〕(*führen die Wörter*）——形而上学的なものから日常的なものへ——ということなのだ。ウィトゲンシュタインはこう示唆する。すなわち語の帰還は、それがどういう形式をとろうと、語そのものの力によって遂行されねばならない——全面的にそうであるとはかぎらず、かならずしもそうであるとはかぎらないが、語自身の指揮下で遂行されねばならない。ここで権威〔作者性〕という観念が問題になるのにはおそらく理由が（たぶん独立した二つの理由が）ある。ひとつは、最近の文学理論とくに脱構築理論が文学の権威〔作者性〕を告発すると同時に神格化する傾向があるように思われるからだ。もうひとつは、私がウィトゲンシュタインを読む仕方に由来する。私の読みによれば、ウィトゲンシュタインは懐疑論を、私たちが語に対する責任を放棄し、語を私たちの規準というくびきから解き放つ場所として描写した。その場所において語はあたかも〔私たちの規準という拠点あるいはくびきから〕世界に向けて解き放たれるかのようだ——そのとき私たちは語というくびきから私たちの声を解き放つ。そしてその場所において私たちは、私たちの規準が世界への接近を構成するというよりはむしろ制限すると感じるようになる。

私は第2講義で、ウィトゲンシュタインにとって規準がもつ意味にかんするクリプキの説明（あるいは軽視）に異論を唱えている。そのさい私は、いましがたエマソンとウィトゲンシュタインについて述べたように、彼らの語に対する態度の基盤をめぐって二つの概念——日常的に使われる言葉への傾注あるいは信頼であるが、これは第1講義においてエマソンとかかわらせながら、ある程度詳しく述べた——を素描したが、それは第3講義において、『正義論』から引き出せるある導きの糸を読み進めながら、私が「正義の会話」の概念と呼ぶものを提唱する準備となっている。二つの予備的概念は「日常的なものの議論」と「教示の場面」である。私にいわせるなら『探究』では「日常的なものの議論」がなされている。「教示の場面」も『探究』全体に亘って見ることができる。そしてすでに述べたように、私の鋤が反り返るのを描写した一節に現前するこの場面は、クリプキのウィトゲンシュタイン解釈と私のそれとの違い（ほとんど存在しないが、やはりほとんどいたるところに存在する違い）が顕在化し衝突しうる唯一の明確な場所を提供する。そうした概念を少し具体的に説明しなければ私の念頭にある「準備」はたいして意味をなさないだろう。しかしこの二つの概念のあいだの関係は私の講義がその前で停止する閾のようなもの――それを踏み越えることに講義の狙いのひとつがある――に思われるので、踏み越えた先に何があるのかについて若干示唆してみたい。

そのまえに、こう指摘しておくのは有益であろう。たしかにデューイは哲学的な仕方で日常的なものに訴えることがあるけれど、それは間欠的である。たとえば彼が「評価〔esteeming〕」を「見積もり〔estimating〕」に関係づけ、「対象〔object〕」を「反論するもの〔what objects〕」に関係づけ、「心〔mind〕」を「気にかける〔minding〕」に関係づけるときのように。実証主義者にとって、この種の手法は哲学としてタブーである。日常言語そのもの（私たちがふだん出会うような）が知性にとって憤慨の種なのだ――その心情の純粋さに疑いはないけれど。私の知るかぎり、クリプキの場合は独特である。私の考えでは、彼は適切にも、『探究』が一貫して懐疑論と闘っていると解釈する、そして私の問題提起に沿っていえば、けっして懐疑論的可能性を拒絶しない。しかし彼はそのさい、ウィトゲンシュタインが日常的なものに傾注する真剣さをまるっきり遠ざけるので、懐疑論的なものに対するウィトゲンシュタインの感覚それ自体――すなわち日常的なものと対立するもの（逆説的な関係にあるもの）として自己解釈する視点――が覆い隠されてしまうのだ。クリプキから見るならば、ウィトゲンシュタインは懐疑的発見をし、それに懐疑的解決（と彼が呼ぶもの）を与える。私から見るならば、ウィトゲンシュタインは懐疑論の脅威あるいは誘惑を発見する。この発見には、懐疑論を解決しようとする努力は懐疑論のもつ否定する働きを継続するという洞察が伴う。問題なのは、この否定が何を否定しているのかという点である。私はときに有限性が否定されていると言い、ときに人間的なものが否定されていると言うが、これはほとんど最終的な答えではない。こう問うことが有益であろう。ウィトゲンシュタイン的な規準は何をするためのものか。なぜ哲学者たちは典型的な仕方でその規準をこう解釈してきたのか。すなわちその規準は、世界が存在し世界内に他者が存在するのを私たちが知りうるかどうかという問題を解決するためのものだと。要するに懐疑論の問いに答えるためのものだと（これは当然ながらクリプキ的な懐疑論の見方もふくむ、たとえば私は私があれではなくむしろこれを意味することを確実に知りうるかどうかとの問いを手始めとして）。そうではなく、この点にかんし拙著『理性の声』で提示した『探究』読解によるならば、規準の類型分析《シェマティズム》が示すのは、なぜ私たちが私たちの規準が与える知識を拒絶したがるのか（どうして拒絶することができるのか）、すなわち私たちはどうして懐疑論に誘惑されうるのか、懐疑論の可能性とは何か、という点である。クリプキが規則に注意を集中する仕方は、私の考え方からすれば、『探究』からその独自性を奪い去る。クリプキは、「同意」の基盤それゆえ本性を確立するときに規準の果たす役割の議論を後回しにして軽くふれるにすぎないが――人間における同意の必要性がどのようなものであれ――、同意を抜きには、事物や他者からなる共有の世界をもつことはないのだ。規則は意味の問題（ウィトゲンシュタインにとっては、語とは何であるかとの問い）に対する（懐疑的）解決ではない。なんらかの仕方で規則に訴えること――クリプキがウィトゲンシュタインに代わってやっているような種類のことだが、ウィトゲンシュタインはそれをはっきり拒絶すると思う――をしなければ、（クリプキが提示するような）意味にかんする懐疑的危機など存在しないであろう。

私は先ほど三つの概念の関係について述べた。第2講義ではその関係を明確にする準備がなされた。三つの概念は「日常的なものの議論」「教示の場面」「正義の会話」である。それぞれの概念には、私が哲学的生活と呼ぶものにかんするある種の事実あるいは条件を私たちが代表するとみなす役割がある。この事実あるいは条件についてはこう言おう。日常言語に訴えるということは、とりもなおさず、他人とコミュニケーションができるというだけでなく、あなたが言語の手本となり他人（文化の新世代）がその言語をあなたから学び、あなたが言うことを言うようになるということなのだ。またこうも言おう。この（教示の）場面は同類の者たちとの出会いを暗示する。哲学的議論を、言語が世界について語ること――なにか語っていることがあるならば――にかんする議論として（『探究』における懐疑論が誘惑として現れるのはこの形式においてであり、ハイデガーの『思惟とは何の謂いか』における思考が立ち現れるのもこの形式においてである）理解しうるかぎりにおいて、その議論に勝者はありえないし、あってはならない。懐疑論は真でも偽でもなく、人間的なものに対する人間的な恒常的脅威なのだ。この勝者の不在は、十分によい正義を実現している民主主義において、その正義がどの程度よいかについての会話が起こらなくてはならず、しかも勝者がいてはならないという事実の説明に役立つ。勝者が不在なのは、つねに同意に達することができる（あるいは達するべきである）からではなく、不同意や立場の隔たりが補償――これは特定の仕方で達成され表現される――を与えられうるからである。哲学の出会いにおいて、黙っていることは、話すことや、どちらの側にもつかないことや、待つことと同じくらい重要である。正義にかかわる出会いにおいては、陣営があり、立場がある。そしてその瞬間、なすべきことがなにもないかもしれず、さらに言うべきことがなにもないかもしれないとしても、それでもやはりなにか示すべきことがある。たとえば合意や拒否が。責任はあくまでも応答の任務である[16]。

じっさい私はこう言うつもりである。私の最大の関心事である道徳的完成主義はこの応答の実例であり研究である。ロールズの達成は正義そのものの正義に対する評価の仕方をはっきり分からせてくれた点にあると言うことができる。これが可能なのは、社会契約説に対するロールズの解釈において、契約に合意の与えられる原初状態が現在に対し開かれているからである。ロールズは原初状態を、社会契約の神話あるいは幻想において自然状態とは何であるかに対するひとつの解釈とみなしている。したがって（つまり神話的に）自然状態が現在に繋がっている〔とする〕のだから、次のような問いが生まれる。（この）社会はそれが私たちに課す重荷（自然が与える重荷にさらに付加される重荷）に値するのか。ロールズの正義論は、こうした重荷――自然的次元のものと社会的次元のもの（天賦の才能、身分の継承や欠如）――を緩和する能力に応じて制度を検証する適切な仕方を提供する。こうして正義の一部とみなされる〔重荷の〕緩和（たとえば慈善事業とみなされるようなものではない）は民主主義にとって本質的なのである。〈エマソン的完成主義〉にとって問題は、なにか本質的に別のものが存在して、それもまた私たちの生活を選択する能力（ある意味では必然性）にかかわっているのではないか、とりわけ——ロールズの印象的な表現によれば——「互いの運命を分かちあう」（『正義論』一三八頁[17]）能力（ある意味では必然性）にかかわっているのではないかという点にある。この「なにか別のもの」とは、新たな様態《モード》を有する人間の（人間存在の）修養にかかわる観念である。ここで大事なのは、正義のあとに修養が来るのではなく、互いの運命を分かちあいながら結果として運命をいわば緩和することのない正義を追求するとき修養が不可欠だという点である。

完成主義の追求する修養が才能——これは他の生物学的特長と同じように均等に配分されているわけではない——の産物であるならば（その場合）、民主主義は道徳的配慮をすべきであるという完成主義の要求は一挙に根底から崩れ去るだろう。しかしエマソンやニーチェが文化〔教養〕を求めることは才能を捜し出すようなものであると解釈するのは、彼らに対する重大な誤解である。彼らは才能になんの信用もおいていないのだから。エマソンが訴えるもの、呼び覚まそうとするもの、彼はそれを天才と呼ぶ。道徳的に見るなら、これはいうまでもなく、ずっと嘆かわしいことである。というのも普通の見方からすれば、天才は才能よりも稀なものであるから。しかしこういう考えはエマソンの考えとは逆である。エマソンにとって天才は——エマソンによる観念の変形から見れば、天才は自己信頼の能力と呼ぶことができよう——、万人に配分されている、とにかく考える能力と同じように万人に配分されている。とすれば天才にかんする特定の道徳的問題とは何か。（私たちの）天才の修養には社会財の不正な割り当てなどまったく不要であるとすれば、何が問題なのか。しかし功利主義的利害の道徳的強要やカント的な義務がまさにこの修養と衝突するとしたらどうだろうか。そして改良中の社会（その社会にとって伝統にはもはや権威がない）を正当化するとき、この修養が必要であるとしたらどうだろうか——利害や義務の衝突に応答する感覚にとって、この修養が正義そのものと同じくらい必要であるとしたらどうだろうか。〈エマソン的完成主義〉とは、世界全体を手に入れるが自分の魂を失うときの得失問題を世俗化する逆説的な企てであると考えることもできよう。逆説的というのは、たとえば、私たちの自己を失う、そしてそれゆえ発見することが、この世界を別の場所のために断念する選択肢なしで、また私たち「自身の〔own〕」自己を考えるための所定の言説なしで、なされなくてはならないからだ。〈エマソン的完成主義〉の道徳的問題は生じない。それは、この探求が他の生き方よりも多くの財貨〔goods〕を必要とするからではなく、こういう生き方をする権利、（エマソンがときどき使う言い回しを借りれば）私たち自身の経験を要求する権利がたえず失われるからである。あたかもこの生活が他の生活に与える脅威は、不公正な物質的優位性の要求にではなく（この脅威はこうした要求を投影しているかもしれないが）別のところにあるかのように。エマソンのエッセー「詩人」の第二パラグラフ中の一節で言われているように、「青年は天才を崇拝するが、それは、ありていにいうと、天才のほうが彼よりいっそう彼自身だからだ[18]」は、〈エマソン的完成主義〉にとっての原則である。この「よりいっそう」という要求が、なんらかの理由で、脅威となる。そしてこの原則が一般的に当てはまらないとすれば、なぜ物質的に成功した人が物質的に失敗した人によって叱責されている（エマソンがいうには、単に後ろめたいだけでなく、恥じている）と感じるのだろうか。（いうまでもなく、全体として、この叱責は十分でもなければ実効性があるものでもない。）〈エマソン的完成主義〉はもっぱら財貨への権利（他人より多くの財貨を得る権利はいうまでもない）にかかわる要求ではなく、もっぱら自由の要求や善きもの〔the good〕にかかわる主張である。人類の解放という理念に対する完成主義の貢献は、たぶん、こういってよければ、自由の起源にかかわる問いのなかに求めることができる。すなわち自由は〔創造主から〕与えられているのか、それとも単に奪い取ったあとに承認されているにすぎないのかという問いのなかに。（アメリカ独立宣言の初めの部分は、承認を拠り所にして起草されている。）この問いは、私の自由の成否が私の声に懸かっているものとみなす傾向がある。改良中の社会が十分な財貨を有し、だれもが似たような必要性と傷つきやすさをもつ、要するにロールズのいう「正義の情況」が実現されるとき（『正義論』二二節）、自由は経済をもたない。私が言いたいのはこうだ。すなわち財貨と違って自由は希少性や多産性や公正な分配などの問題にとらわれない。私の自由が他者の自由によって制限されるかもしれないと言うことは、ある意味で、自由がたとえば趣味や意見によっては制限されえないと言うことでもある。しかしこういう言い方をすれば、ある集団にとって利用可能な自由の蓄えが存在し、私が一定量の自由を要求するならばだれか他の人からその分だけ自由を奪うという考えを助長する。あたかも自由の道徳的問題は自由を行使するというよりはむしろ自由を経済化する点にあるかのように（そのことが自由を拡張しいたるところに広めるかもしれない）。社会秩序の制度と維持のために必要な条件によって（いうまでもなく私の性格〔character〕を秩序づける制度と維持のために必要なものによって）自由が制限されているというのは実際そのとおりである。しかしこの秩序がもつべき内容は、私の声がその一部となって加わるものである。合意の問題とは、私がある社会を私のものと認知し、私を代弁しているとも認知するときに私が貸し与える声は私の声、私自身の声であるかどうかの問題である。もしこれが完成主義の問題であるならば、なぜ完成主義の主張が正義の会話に加わらなくてはならないかを示唆するはずである。

自然状態の重荷と比較して社会秩序の重荷を評価することは、古典的な社会契約論者の見方によれば、社会の「利点」を自然のそれと比較して推し量ることであった。これはとても重要な問題である。ヒュームにとっては、社会契約がもつ知的な重荷の必要性を除去するほどの意味があった。人が進んで社会を受け入れることを正当化するのにはこの利点で十分である。幸運にも、正当化すべきなのはその一点だけだから。社会が自然に対してもつ一般的な利点の問題は（社会批判の観点から見て）、それが強力でありすぎる点だ――社会がもつ一般的な利点は明白なので、その前では暴政（社会それ自体が人間の居住する自然状態になる場合）がとりわけ不利に見えるだろう。いかにも運命の分かちあいといえそうな状況もあるだろう。たとえば難船から逃れた人を乗せる筏《いかだ》――あるいは『テンペスト』の冒頭場面で舞台装置として使われる船――の絵が描くように、それぞれが自分の役割を果たして全員救助に努めるような状況もあれば、無力感にとらわれて傍観する者が現れ、やがてはそれが全員に伝染するような状況もあるだろう。しかし合意という観念が私の声を要請するとき、窮境を生き延びるとの描像に変形が生じる。この観念は私にこう要求する。すなわち私の社会を私のもの〔mine〕とせよと。そこでは人が私を代弁し、私が声をあげるのは、さらなるあるいは次なる社会状態を背景にして現在の社会状態を評価するときである。後者の状態（自然に対立する社会の状態）には絶対的な利点があり、前者の状態（次なる社会状態に対する現在の社会状態）には相対的な利点がある。私の社会には相対的に不利な点があるとの理由で私の社会を批判するとき、私は実際には私自身を批判しているのである。

以上は次のような考えの明確化につながる。すなわち自由が従う法はまさに私たちが自分自身に与えるものである、いいかえれば自由とは自律であるという考えの明確化に。私が聞き取るもの（法の下、私が従うもの）の立場からではなく、私が口に出して言うもの（法に権威を与えながら）の立場からこの考えを明確化するのは、妥協の下にある社会状態が——それは私のものであるのだから——私と折り合いをつける仕方を前面に出すためである。この考えは私の〈エマソン的完成主義〉理解にとって、すなわち民主主義と両立するだけでなく民主主義への報償でもあるとみるような完成主義の理解にとって本質的である。この考えによれば、次なる自己への訴えを聞きながら形成される品性〔mode of character〕は、次なる社会状態に身をおこうとしながら、シニシズムに陥ることなく民主主義の不可避な妥協に耐えることができる。こうして所与の社会への合意が再確認されるだけでなく、合意を社会への応答として、社会の土台を築く合意の拡張としてみる観念が再確認される。この考えによれば、公共的な幸福の追求は——説明のつかない惨状のさなかに——この追求の場所として社会を認証し、その正義が十分な善をもつかどうかの試金石になる。苦しみが私の幸福に妥協の影を落とす。しかし苦しみが私の幸福を歪めるわけでも、合意の表現を歪めるわけでもない。

ある種のヨーロッパ精神の持ち主からすれば、これは、幸福であろうとする義務のように見え、強いられた合意とほとんど違わず、合意の否定であると見えるかもしれない。そういう人にとってアメリカは、かならずしも気晴らしの対象ではないが、依然として不思議な場所である。エマソンはエッセー「自己信頼」の一節でアメリカ流の幸せ芝居を観察している。「迎合というこの遊戯がまさに目隠し遊び〔blindman's buff〕でしかないことを考えてみなくてはならない。（……）この迎合がたいていの人を、単にごくわずかな点で不実にするとか、わずかな嘘をつかせるとかいうのではなく、あらゆる点で不実にする。（……）彼らの口にするあらゆる言葉が私たちを口惜しくさせる。（……）個人的になにかいまいましい経験をすると、それが私たちの歴史全体にも災厄となって現れ出ずにはいない。つまり私たちが場違いな席に居合わせて、興味のわかない会話に対する返答として私たちが無理にうかべる作り笑い、褒めちぎろうとする間抜け面のことだ」[19]。迎合が強いる作り笑いを描写するエマソンの焦慮は、民主主義的な考えに溢れる世にあって、彼の合意がどんな状態になっているかをみずからに問いかけざるをえないという点に由来する。彼は本当の人間の顔のうえに――ほかのどこに？――本当の笑みを見いださなくてはならない。それは代表的人間として彼を惹きつける人間であり、人間の本来の姿を予兆する人間存在である。そこでは人間的な摂理の新たな構築が求められる。第3講義で私たちはジョン・ミルトンが離婚にかんする論文において類比に訴えるのを聞くだろう。ミルトンが改革された国家における「誠実な平和と公正な満足」と類比させるのは、（男性の）家長の権威ではなく、有徳なあるいは正当な結婚の幸福である。彼はこれを「ふさわしく幸福な会話」の分かちあいと特徴づける。社会を形成するには私の声が必要であるとの理解をもつということは、すなわち、正当化しえない不幸を生み出す構造に私が参加し、そして私の参加が幸福として、エマソン的な喜びとしてすら表現されうるとの理解をもつことに等しい。これを（ミルトンが「改革された」国家と呼ぶものに対する）（継続的）合意のパラドックスと呼ぼう（私はこれを政治的特権に対する民主主義的なかかわり方と理解する）。

このパラドックスの力を評価するには、十分に善い正義に応答するための別の様態を評価することが必要になる。これを可能にした点が（すでに言及したところであるが）正義の研究に対するロールズのもっとも称賛すべき貢献のひとつである――たとえば民主主義を奉ずる有徳の人を「非難の余地のない」生き方ができる人として記述するとき。ある程度正義が実現されていると主張できる環境にあって、健全な精神を保つために、この〔非難の余地なく生きる〕可能性がどれほど重要であろうとも、それは（ロールズがこの可能性に与える適用の例として）正義を求めて発せられる現実の叫び声に対する返答にはなりえない。この事情にかんする筋道の立った議論は（大したものではないが）第3講義において提示した。その議論は――『人形の家』のノーラの場合に対する若干詳しい説明とは対照的に――約束の本性にかかわるものだが、とても簡略なので単なる示唆の領域を出るものではない。しかしロールズの提言は――私の信じるところ――挽歌的な語調を伴う。それは彼の本の最終パラグラフ（「明晰にものごとを見て、優雅にそして自制的に行為すること」）にとりわけはっきりと聞こえるが、そこに限定されるわけではない。その本の弁論術的な企てのなかでとくに称賛された瞬間であると思う。その気分は、エマソンの（広く、永いあいだ絶えることなく批判されてきた）気分である陽気さや喜びとは反対のものだ。私はこのエマソンの気分が民主主義への（完成主義的な）参加の表現であると考えるので、当然にも、エマソンの気分を擁護しなくてはならない、あるいはそれを擁護することがどの程度合意のパラドックスの解決に繋がるのかを決定しなくてはならないと感じる。私のささやかな講演「一縷の望み」はとりわけこのエマソンの気分を主題にしている。この講演はケーラス記念講義の補遺として巻末に収録した。

私は十分に善い正義によって特徴づけられる社会——そのように言うことはその社会に対する私の合意を表す——の内側から書いている、そして当然のように、この社会にはその社会のおかげで有利な立場にある人々のほうが不利な立場にある人々より多いと考える。またアメリカ合衆国のような途方もなく富んだ国においては、とても多くの人がきわめて有利な立場にあるとも。私は幸福（の追求）が表現する合意を話題にするとき、端的にいって、この統計的な意味での多数派を念頭においているが、そこには〔有利であるかいなかとは〕別のとても多くの違い——いっそう重要な違いとはいわないまでもいっそう深い違い——がある。こうもいえる。すなわち私はここで端的に、不利な立場にある人々、虐げられた人々に向けて、あるいは彼らを代表して、話していると言い張るつもりはない。多かれ少なかれ不当な仕方で有利な立場にある人々にとって、不利な立場にある人々の幸福はある種の謎である。しかし前者は後者の幸福をつよく望む（はずだ）。私はこう思う。すなわち聖人を別にして、またきわめて有利な立場にある人々の合意は別にして、比較的有利な立場にある人々の〔現況への〕合意が当然のように生まれることはなく、とくに第3講義で述べるように、この合意は耐えがたいほどの無力感にさらされがちであり——私はそれを妥協とシニシズムの感覚の現れとして記述したが、エマソンはそれを恥と呼ぶ——、それゆえ正義の会話への参加を歪め阻害する。彼らは、たとえば、礼節のないところで礼節を求めるかもしれない。私が知らないうちに、ときに世界すら知らないうちに、ナチズムへ知的に眩惑される最近の動きのなかで、ナチズムやその余波に直面してユダヤ人が覚える、つねに遺棄され孤立させられてきたとの感覚のなかで、世界的な規模で宗教的原理主義が台頭し、それへの恐怖が世界中に広がるなかで、私の脳裡に制御のきかない描像がよぎり私を狼狽させる――たぶんその圧力がますます強まることはないだろうが、いずれにせよ無防備であることに変わりはない。私の脳裡をよぎるのは、民主政が独裁政治へ退化するというプラトンの警鐘であり、ワイマールにおける知識人の引き籠もりに対する説明である。ある世代の学生たちは自分の親を非難していた。彼らは親から特権を譲り受けようにも、その特権は容認しえないものであったからだ。この言い分をたやすく斥けることはできない。そしていまでも私たちの前にはこの痛恨の遺産がある。この痛みが――私の推測するところ――最近アラン・ブルームの『アメリカン・マインドの終焉』〔菅野盾樹訳〕が大成功を収めた主な理由であろう。この本は繰り返し一九六〇年代のアメリカの学生たちをヒトラー・ユーゲント〔ナチ党少年団〕に重ね合わせる。不機嫌な醜悪さを無慈悲な醜悪さに。この本は民主主義の恥を体現する。民主主義においては、できるだけ警察権力の脅威に訴えるのではなく、社会を統制するための通貨のようなものとして恥が使われる。（ブルームは、文化における他の伝統主義者とは違い、あるいは反モダニストとは違い、教育によって人間の完成が可能であるとの確信をもつ。これは驚くべきことかもしれない。しかし彼が民主主義にとって教育の手段と制度のもつ特別な重要性を主張するのは明らかに正しい。）恥は、私たちひとりひとりが私たちひとりひとりを代表するとの機会だけでなく代償をも露わにする。だからエマソンの言説において恥——喜びと矛盾するもの——は、到達可能な自己にとって生来のあるいは不可避な敵であり、完成主義が民主主義に取っておく宝である。それは自由をつかみ取るための力である。それゆえこの力の権利を他者のなかに認めるからである。

代表であるからには私たち自身がお互いにとっての教育なのである。民主主義がまっさきに教えるのは、法制化しうるのは個人の趣味や見解ではなく、ただ全員の利益だけであるとの事実である。これには次のような教えがつづく。すなわちこの教えは単に民主主義が与える様々な教訓のひとつというのではない——だれであれ、道徳的立場の確かさが単に趣味や見解にもとづきうるものでしかないということを示す課題を担わなくてはならないだろう（不可避的にではなく、特定の場合においてて）。こう考える哲学者も当然いるだろう。議論においてはかならずや自分の立場を捨てるように説き伏せられる人が出てくるが、そこには希望がないように思われると。しかしこう考えてみよう。肝腎なのは議論に勝つことではなく（これについては後で触れるかもしれない）、他者に別の道をはっきりと示すことである。（「文化の新しい段階」〔「円」〕がもつ革命的な効果を予言するなかでエマソンが問題にする「段階」とは、かならずしも、より高い強度をもつといった語彙で理解されるべきではない。むしろ方向の転換、羅針盤上のわずかな偏差であるが、やがては世界を一変させるような変化として理解されるべきなのだ。）鋤が反り返るとき、試行はおそらくすぐに終わるだろう。しかしそれは、完成主義にとって、対決の終わりではない。議論が問われていたのではないのだから。（まさにそこにある鋤を使ってあなたが修養することを阻む法律など存在しないと願う。）それは完成主義的な瞬間になる。そのとき人はどのように個人化やその経済を推し進め、受動性にひそむ力を制御するかを露わにしはじめる。どのように？　ソローは自分が大言壮語するという観念を受け入れる。民主主義において公共の考えについて語ることは、もっとも容易な語り方でありうるように見えるかもしれない（そうなる可能性がつねにある）。それは、エマソンにとって、もっとも必要なものであり、もっとも困難なことである。私的と公的、主観と客観の区別――すなわち形而上学的で道徳的な論争の饗宴――は、民主主義にとって日々の糧となる。

〈エマソン的完成主義〉をルソーやカントの自律としての自由という観念に対するひとつの解釈として理解することは、すなわち、〈エマソン的完成主義〉をみずからに命令しみずからに従う自己とは何であり、だれであるか、そして支配と切り離せない順守〔服従〕とは何であるかに対する問いかけとして理解することを意味する。ルソーがこうした観点から社会を批判するとき、問われているのは、私たちはみずからに与える法において表現されていない、公共的なものが存在しない、社会的意志が偏っている（共謀的である）という点だ。カントの仮説的な批判は、私たちの〔法への〕順守が偏っているか、すなわち他律的であるか、法に内在しない動機によるものであるかどうかを問うという形式をとる。エマソンは新たな見方を提示する。その見方からすれば、私の偏りそのものが、次なる（さらなる）自己の側に立っているし（や動機）になる。すなわち私は私が到達した完成に対峙する（あるいは迎合に対峙する）立場に立つ。それには他を認知すること――ある関係の承認――が必要になる（そのなかで、次なる自己に立っているしるしが顕在化する）。エマソンはこの関係を詳しく語ることがあまりない（たぶん映画はこの関係を結婚と呼ぶだろう、哲学者は多くの場合この関係を友情と呼んできた）。しかし私がここで明確にしたい感覚はこうである。すなわちエマソンは、彼の読者にとってのこの「他」を代表するものとして自分の書きものを提示していると。だから書くことに対するプラトンの圧力（いわゆる文学に対する彼の支配力）は、魂の旅を表現する任務に内在的なものとして確認される。あたかもこの旅が書くことに訴えずには表現されえないかのように（逆についてもいえる）。だから完成主義のもつ道徳の力は判断のなかに集まるのではなく、すべての言葉のなかで賭けられているのである。あたかも私たちを元気づけない言葉はすべて私たちを口惜しい思いにさせる〔chagrin〕かのように。（大学おける散文に対してそれが本来のものになっていないといって説教じみた批判をしていると受け取らないでいただきたい。大事なのは改めて問いを投ずることにある。魂の旅はそもそも大学の扱う問題なのか、したがってどの程度、もしそれが哲学の問題の本質的な部分であるとすれば、哲学は大学から締め出されているのかと。しかし哲学が締め出されないところはどこにある？）

プラトンは不正な人々が幸福になりうるかと問う。こうした古い言葉に促されるようにしてエマソンは、私の見るところ、民主主義を奉ずる人が不完全な正義に直面しつつ——幸福はつねにそういう状況で見いだされなくてはならないのだから——幸福でなくてはならないのかと問う。エマソンは幸福がたとえば快楽や美へ通ずるある種の道であるとも、あるいは満足のゆく仕事であるとも——そうした発見がどんなに深いものであっても——考えない。哲学者たちは友情の基盤を明らかにしようと努めてきた。カントのみごとな修辞的表現を借りて、完成主義的な友情が概念なき相互幸福の発見であると考えるならば、こう言うことができるかもしれない。すなわち友情の基盤について言明するとき、それは友情を構成する会話が回帰する瞬間《とき》なのだと。

第1講義

背反的思考〔*〕

ハイデガーとニーチェにおけるエマソンの変様

ケーラス記念講義の趣旨を利用して、アメリカ哲学の共同体がエマソンに途切れることのない注意を向けるよう提言する絶好の機会にしたいと思うが、これは信じていただきたいけれど、私は、エマソンの教えが、文体においても内容においても、哲学者たちの耳に——依然として、ときどき私自身の耳にも——概してどれほど場違いな印象を与えるかをよく知っている。とにかく、それ以外の印象を与えるとは考えにくいのだ。私の提言は——場違いな印象を増幅させないかぎりで——エマソンにおける依然として慣れ親しまれていない側面に立脚してなされる。あたかもエマソンが依然として知られざる者《ストレンジャー》である点を強調するのが私の狙いであるかのように。この場合、エマソンの風変わりな面を和らげ弱めることにはなんの意味もない、——このことはエマソンの風変わりな面を強調する言い訳にもならないと思う。私自身が与える印象については、こう言えば有益かもしれない。すなわち、私は様々な考えを（ある種の哲学者の趣味にとっては）あまりにも文学的に見えるような、あるいはときとしてあまりにも精神分析的に見えるような状態にとどめておく場合が多いけれど——哲学者はそうした考えをもっと哲学的な方向に進めたいかもしれないが——、私は自分がこれから言うすべてのことや、これまで言ってきたすべてのことを、ある意味で暫定的な状態にとどめておこうと思う、そこから出発することができるように。哲学的形式で進められるならば、それに越したことはない。しかしそのとき私は種々の直観を失いたくない——哲学がときとして哲学的形式を擁護する仕方に不信感を抱くという直観もそのひとつである。

　エマソンの「アメリカの学者」が〈考える人間〉への呼びかけであることはよく知られている。エマソンにとってそれは、「分割された状態、すなわち社会的な状態[1]」において考えること、いわばひとつの技能として考えることとはまったく違うなにかなのである。エマソンがここで考えるという観念について考えているとみなす解釈を私は寡聞にして知らない。だれもが同じようにこう受け取っているように思われる。すなわち、エマソンや彼の読者は彼の訴えかけているものが何かをよく理解している、つまり全体的人間にかかわる思考が問われていると。思うに、こういう見方が広く受け入れられるのは、エマソンの時代以来、あるいはエマソンが代表して語った時代以来、啓蒙主義時代以後の西洋哲学において表現されるような思考への不満が広まっているからである。私の見るところ、この不満は、漠然と、多くの場合いらだちの念をもって、ロマン主義の考えと結びつけられている。いうまでもなく、その一方で、この不満にいらだちをもって応答する向きもあった。エマソンは、アメリカの考える人々に自分自身を信じ自分自身を鼓舞するように呼びかけるとき、彼流のやり方で、この闘争のなかに身を持しているのである。「この自己信頼にとって、理性は測り知れぬほどに深く、——啓蒙の光が当てられぬほどの暗さに包まれている」(「アメリカの学者[2]」)。まるで彼が啓蒙主義に反対すると考える読者を予想するかのように、エマソンは名高い一節でこうも言う。「私は偉大なもの、遥かなもの、ロマンティックなもの（……）を求めない。私は平凡なものを抱擁し、見慣れたもの、卑近なものの前にひざまずく[3]」。この主張は、私の考えでは、日常言語哲学が日常的なものに注目すること――いうまでもなく啓蒙主義から引き継いだもののひとつ――へ同調するものだ。

実存主義は――分析哲学へ敵対する思考形態のすべてが実存主義と呼ばれていたように思われる時代において――、哲学的理性に対しそうした不満をもつ点で名高かった。たとえばカール・ヤスパースが、一九三五年に刊行された、ニーチェにかんする著作でこの不満を表明している。

> 哲学的認識の源泉は、単なる対象についての考察や、単なる事実についての研究のなかにあるのではなく、むしろ思考と生活の一体性のなかにあるということ、だから思考は全体的人間の覚醒と営為のうちから生まれるということ――すべてこうしたことはニーチェの自己認識にとって彼の真理の本来的な性格をかたちづくっている。「私はいかなる場合も私の全肉体と全生命をもって書いてきた」。「私にとって真理はすべて血まみれの真理である」。
>
> （ヤスパース『ニーチェ[4]』）

（「切れば血の出る文章[5]」。）英語圏の世界で制度化されているような哲学は、こうした批判の矢面に立つとはほとんど感じてこなかった。その理由のひとつは、そうした批判の文体や意図に馴染みがなくて、批判の対象はどこかよそにあるとしか思えないからだ。しかし、その事情を説明するに足る理由はこうである。明らかにフレーゲや初期のラッセル以来、分析哲学は思考——つまりある種の論証様式において表現される論理的思考——が何であるか、何であるべきかを分かっているからだ。

思考に対するエマソンの見方を問題にするとき私には、彼の見方を、私たちにもっと馴染みのある見方（たとえば理性を合理性とみる見方）以上のものとして称揚するつもりも、馴染みのある見方と逆行するものとして特徴づけるつもりもない。むしろ私の関心は、語への態度に、あるいは語への傾注[6]〔investment〕に注意を喚起することにある。思考に対するエマソンの見方は語への態度や傾注に依存しているように思われるからだ。こうした態度は私たちの生活への傾注に対する寓意性をもつが、職業的な哲学の訓練を受けた人々であれば、たいていの場合、こうした態度に賛成しないと思う。この態度に対する不賛成は、まさにその態度そのものと同様に、私の興味を引く。かりに私たちが職業的哲学者としてこう問われたとしよう。すなわち、私たちが哲学をするとき私たちが文体〔style of writing〕とみなすようなものを必要とするかと。私たちはどう返答するか戸惑うだろう。それはたぶん、書くことへの哲学的動機づけは文体を擁護するよりはむしろ抑圧する点に、あるいは文体を単に装飾的な添え物としてのみ許容する点にあるからだ。したがって不賛成を問題にするとき、私は趣味の問題（すなわち単に私たちにだけかかわるのではないようなものの問題）を投げかけているのではなく、知的なまじめさと知的不正の問題を投げかけているのだ。私たちは自分が知的に周到であるとみなすことがどれほど喜ばしくても、自分が知的警察であると考えて満足しているわけではない。

たぶん私は正直にこう言うべきなのだろう。語に対するエマソンの態度を問題にするとき、その背後にある私の賭け金は――すでに示唆したことを明示的に述べる手始めとしていえば――J・L・オースティンや後期ウィトゲンシュタインがこうした態度の領域に踏み込んでいるという発見である。この領域において、自然言語における語への傾注がはなはだしく、分別のある哲学的営為とはほとんど真逆のように見えるほどである。私が哲学を書きはじめたのは、はるか昔〔三十年以上まえ〕のことである。日常言語にかんするオースティンの実践を擁護する論文（「言ったとおりを意味しなければならないか」）を準備し、アメリカ哲学協会のこの部局で発表するためだった。それはオースティンの実践に対するベンソン・メイツの批判に反論することに眼目があった。メイツはとくに次の点を批判する。すなわち私たちは何をどんなときに言ったり意味したりするかが分かっているというオースティンの主張には、あきらかに経験的な根拠が不十分である。私はかならずしもメイツの批判には答えていなかった。なぜなら日常的なものに傾注するという事実を説明できなかったからだ。それはいまも変わらない。この非力さは、それから二十年後にバリー・ストラウドから投じられた問いに答えられない非力さと一幅対をなしている。それは、同じ哲学協会で催された別の会合においてストラウドが投じた問い、すなわち拙著『理性の声』が懐疑論に対して一般的な解決を見いだしたと主張することができていないのではないかという問いだ。私は拙著の最初の二部の終わりまでに自分にこう言い聞かせたのだと言うことで答えたかった。すなわち、懐疑論を鎮める解決は存在しないのであり、反対に、存在すると考えるのはそれ自体が懐疑論の自己解釈であると言いきかせただけでなく、反対に私には、哲学を懐疑論の脅威と誘惑に開かれたままにしておく試みこそが、野心的な哲学の任務であるように思われると言いきかせたのだと。こうして私に残されたのは、私が〈どこでもない場所〉と呼んでいたものだった。そして私は拙著の第四部で、慣例的に文学と結びつけられている特殊な領域——とくにシェイクスピアやある種のロマン主義にかかわるテクストのもつ種々の側面——に導かれたのである。その領域において私は喜劇や悲劇や叙情詩が日常的なものに取り憑かれているのを発見したように思われたが、それは哲学が懐疑論の名の下で認知しているもの（すべてのものではない）と同じ意義をもつように思われた。この領域では、エマソンがますます際立つ住人となった。彼は繰り返し明示的に日常的なものに傾注する。たぶんその流儀《マナー》がとても風変わりで異様であるがゆえに、流儀に関心のある哲学者ならば生涯をかけて流儀を説明しようと努めるかもしれない。

第1講義の前半では、エマソンの講演「アメリカの学者」とハイデガーの講義『思惟とは何の謂いか』（ハイデガーからの引用はすべてこの英訳書から）とを関連づける方向が探求される。第1講義の後半は本書序論で切り出された道徳的完成主義の議論を継続する。この完成主義にとって決定的なのはエマソンの筆法である。さらにまたエマソンの筆法は、とりわけニーチェへの圧倒的な影響という点でとくに決定的である。

一般的にいってエマソンは思考を二重の過程として、あるいは二つの名をもつ単一の過程として理解している。二つの名とは変形〔transfiguration〕と変換〔conversion〕である。たとえば（「アメリカの学者」においても）「桑の葉が繻子《しゅす》に変わって〔converted〕いくように、経験が思想に変わっていくのは不思議な過程である。この製作は時を選ばず絶えず行なわれている」[8]。そしてまたこうも言う。

私たちが子供や青年であったころに経験した行為や出来事は、いまではきわめて冷静に観察できる事柄である。（……）けれども私たちの最近の行為は、――いま私たちが手がけている《イン・ハンド》仕事は、そういうわけにはいかない。（……）私たちの感情がまだその内部を循環しているから。（……）新しい行動は（……）まだしばらくのあいだ私たちの無意識的な生活のなかに浸ったままになっている。いつか熟慮の時がくると、この新しい行動は（……）その生活から離れて精神に属するひとつの思想となる。するとたちどころに、それは新しく甦り、形を変えられる〔transfigured〕。朽ちるさだめのものが朽ちることのない衣を身にまとったのだ。[9]

変形は修辞的操作であると理解しなくてはならない。エマソンにとって変形とは彼独特の文彩であり、かならずしも修辞家が既知の比喩的表現と呼ぶものではない。そうではなく彼が語の変換と名づけるものはすべて変形にふくまれる。「自己信頼」において彼は、この過程を〈直観〔Intuition〕〉から〈育成〔Tuition〕〉への移行と呼んでいる。だから当然の帰結として、エマソンには思考能力が欠けているとみなす人々がエマソンを〈直観〉の哲学者と呼び、〈育成〉の教師という側面に目を向けないということになる。エマソンの書き方は初めからずっと〈育成〉を実践して見せるためのものであり、それゆえ、いうまでもなく、〈直観〉の明示的分節化として立ち現れる。エマソンは思考や変換を対立や批判と考えるとき、それを嫌悪・背反〔aversion〕と呼ぶ。これはエマソンの継続的な宗教批判だけでなくカントのいう理性にも関係している。いまもって驚くべき論考「人類の歴史の憶測的起源」におけるカントにとって、理性は（自然の声に逆らう）「暴力」であり、（欲望への）「拒絶」である。「拒絶」は「単なる感覚的な刺激から観念的な刺激への移行を促した技巧」であり、「人間を道徳的存在として形成する最初の兆し」であった。[10] またエマソンのいう嫌悪は、思考を探究する思考が「あらかじめ否定的な音調に調律されている」（『思惟とは何の謂いか』[11]）理由にかんするハイデガーの省察に関係している。

　したがってエマソンの思考の仕方に近づくためのひとつの道標となる思想は、「自己信頼」の第六パラグラフにおける抗議の叫び《アウトクライ》である。すなわち社会で「もっとも必要とされる徳は迎合（順応）である。自己信頼はそれを嫌悪する」[12]。ここでエマソンは自分の筆法を特徴づけているのだと私は思う。すなわち彼は社会が要求する迎合への嫌悪をもって書いていると言いたいのだ。とくに彼の筆法は彼の思考や自己意識を、彼が社会のやることに同意する——迎合する——ように社会が絶えず要求することを絶えず変換し描き直すという責務として表現していると言いたいのだ。またそれは同時に、彼の筆法は社会意識にとって——社会が彼の筆法のなかに読み取るものにとって——嫌悪の対象となるにちがいないという意味である。彼の責務はここより数パラグラフあと（別の）抗議の叫びのなかに書き留められている。「彼らの口にする言葉はすべて私たちを口惜しい思いにさせる」[13]。エマソンはここで、文脈が暗示するのとは違い、ただ単に、世界を表象する言語能力の不具合のようなものに対する一般的な失望を表明しているのではなく、同時に、言葉に対する一般的な態度への彼の応答を表明してもいるのだ。この応答のせいで彼は、ほとんど全面的な知的孤立感を抱かざるをえない。ここに彼の道徳的完成主義の発端がある。

「アメリカの学者」では孤立が、恐ろしくとはいわないが、うらやましいほどに、際立っている。一八三七年の夏のハーバードにおける新年度開始の日、エマソンが学者階級に属する者としてだれを引きあいに出すにせよ——彼自身、聴衆（詩人であれ、説教師であれ、哲学者であれ）——、その階級にかんする主要な事実は、それが空っぽということ、アメリカの学者が存在しないということだ。ではエマソンはだれなのか。こう仮定してみよう。すなわち私たちはまだ思考していないというこというエマソンの洞察こそが、エマソンの思考を動機づけている、あるいはアメリカの学者への呼び求めを突き動かしていると。アメリカの歴史にかんするこの紛れもない事実——つまり私たちは私たち固有の文化の開始の日を探し求めている、まだ探し始めたばかりであるという事実——は、ハイデガーの『思惟とは何の謂いか』において繰り返される複雑な定式的文言の傍らにおくだけの価値があるだろうか。その文言とはこうである。「私たちの思考–挑発的な時代においてもっとも思考–挑発的なのは、私たちがまだ思考してはいないという事実である」[14]（*Das Bedenklichste in unserer bedenklichen Zeit ist, dass wir noch nicht denken*）。この翻訳が、*bedenklich* と *denken* とを結びつける含意の連関や、「怪しげな」「深刻な」「容易ならぬ」「慎重な」といった *bedenklich* の含意を捉えていないことはたぶん問題ではない——この文言の含意はこうであろう、すなわち、危険なほど思考を挑発する時代においてもっとも批判的に挑発するものは、私たちがまだ真に挑発されてはいないという事実、深刻なものはなにも私たちの問題になってはいない、あるいは深刻な仕方ではなにも私たちの問題になっていないという事実、私たちの思考は思慮に欠けている、私的なものにとどまっているという事実である。（私には「神学部講演」でのエマソンの考察がこだまとなって聞こえてくる。「実のところ、私が他人の魂から受け取ることのできるものは、教示〔instruction〕ではなく、挑発〔provocation〕である」[15]。どのように翻訳すれば「挑発」のもつ「呼び起こす」「掻き立てる」といった含意を表現できるだろうか。）この翻訳は、私が思考しているとするならば、たぶん私は思考していないと思考することはできないというデカルト的思考に対するシュールリアリズム風な反転にもならない。ハイデガーの場合、私が思考していないならば、まさに私は（まだ）思考してはいないと思考しているのでなくてはならない。こう言おう。たぶん翻訳が問題なのではない。なぜなら、私と同様、曲がりなりにもときどきはハイデガーのテクストを哲学の傑作であると呼ぶ傾向をもたない人は、最良の場合で子供じみた言語遊戯、最悪の場合で合理的思考とつねに相反する的外れで大げさな言葉遣いなどを信用する気にはならないだろう。ハイデガーにおける、あるいはエマソンにおける、こうした遊戯を経験したことのない人にとって、それはときとして一種の哲学的愚行に見えることもあるだろう。

　エマソンのエッセー「経験」から二つの事例を引きあいに出して簡単に説明しておこう。この事例が示唆する実践は私にこう確信させた。すなわち、エマソンの思考は、ある仕方で向きを変えるならば、ハイデガーの思考へとまっすぐ繋がる先駆であると。エマソンはこう書く。「あらゆる対象は、それをしっかり摑もうとする〔clutch〕私たちの指のあいだから零れおちてしまう、この儚さと捉えがたさを、私は、私たちの条件のもっとも醜い〔unhandsome〕部分だと思う」[16]。摑もうとする「指〔fingers〕」とhandsome〔美しい〕の一部である「hand〔手〕」との関係は言語の偶然の不思議であるとして片づけてもいいし、あるいは逆に楽しむこともできる。あるいはさらに、その関係を、エマソンが繰り返し言及する手への関心（たとえば彼が手近《アト・ハンド》にあるものと言うとき、それはなによりもまず、彼の手の下《アンダー》で――いまは私たちの手のなか《イン》で――形をなしていく筆法を意味している）に繋げることも、ハイデガーの唐突な言及「思考は手仕事である」[17]へ繋げることもできる。ハイデガーはこう言いたいのである。思考は修練を必要とし、なにごとかを生じさせるが、それと同様に、手は人間だけが所有するものである以上、思考は特殊な仕方でなにごとかを生じさせると。「手は一切の握ろうとする〔grasp〕器官、つまり前足や蹴爪《けづめ》や鉤爪《かぎづめ》などとは無限に異なっている」。（「権利の本性」にかんするC・I・ルイスのセミナーを思い起こすことは、私にとって様々な意味で重要である。このセミナーは一九五一―五二年度――これはハイデガーが『思惟とは何の謂いか』となる講義をした年度と同じ年度――にハーバードで行なわれたが、ルイスは、人間の特徴すなわち道具を使う特徴として、それゆえ人間と世界との関係を、すなわち自己の力の及ぶ範囲を拡張する実践の領域を確立する特徴として、手を強調する。若く未熟な私には、ルイスの考えが遠い地点に達しているとは思えなかった。いうまでもなく私は様々な印象を受けたが、とりわけ知的孤立という印象がつよく残った。ルイスのテクストは没後に「個人と社会秩序」との題で出版された。）エマソンの「摑む〔clutch〕」という描像とハイデガーの「握る〔grasp〕」という描像は、西洋的な概念化を一種の昇華された暴力と見る解釈の象徴となっている（ハイデガーの使うドイツ語は「*greifen*」であるが、これを「clutch」と英語にすることは容易である）。よく知られているように、ハイデガーはここで、その種の暴力が技術の世界支配として表れることを主題化している。しかしエマソンも同じように、そうした暴力がひとつの思考様式になっていると率直に主題化している。この概念化を克服するには、エマソンとハイデガーが――認識は能動的であり感性的直観だけが受動的で受容的であるとのカント的観念を暗示しながら――受容と呼ぶ認識形式が必要となるだろう。（概念化としての思考というカント的観念――たとえば概念の分析と総合――の克服は、私たちのもっとも醜い部分が私たちの条件に属するというエマソンの観念のなかに書き込まれている。私はよそで（拙論「エマソン、コールリッジ、カント」で）こう論じた。すなわちエマソンはカントの鍵語である「条件」を変形して使っている。エマソンはこの語を使うことで、知性のもつ十二のカテゴリーの演繹だけでなく、私たちが一緒に語る（「条件」の字義的な意味は「一緒に語る」である）[18]ときに使うすべての語の導出――たとえば図式化――をも問題にしている。私たちの言語のなかの語のすべてが条件や条項をもち、それが哲学的に導出される、いいかえれば演繹される場合もあると。）

さて受容は、あるいは受容されたものは、それが歓迎すべきものであるなら、そこに感謝が伴う。ハイデガーは、読む者を感激派と憤慨派に分けるのをもくろむかのような一節で、感謝という語〔thank/ danken〕の語根から思考という語〔think/ denken〕が派生したとくどくど繰り返し、そのうえで、これを思考の贈り物へ感謝を捧げるべき論点として解釈し、哲学はそのようなものにならなくてはならないというのだ。エマソンが何気なく書いた文のひとつに注意を促すために、こうした主題化が必要だろうか。その文は、本質的にはエマソンの書くすべての文についてそう言えるように、その文が現れるエッセーの主題として解釈することができる。この場合ではエッセー「経験」

のなかの次の文である。「私は小さな慈悲《めぐみ》の数々に感謝する」[19]。この文がエマソン的な文のなかで生起している思考の記述であることを理解するには、感謝の念をmercy〔慈悲〕――この語は*merci*〔「ありがとう」にあたるフランス語〕でもある――に結びつける戯作的トートロジーを理解しなくてはならない。さらには「小さな慈悲」には彼の小さな息子が重ねられていると認識しなくてはならない。彼の息子の死はエッセー「経験」の始めで告げられている。このエッセーを論じる批評家はだれもがこの点に言及する。エッセーにおいて子供の名は記されていないけれど、子供の死と誕生こそが父による経験の探究――カントやヒュームのように、エマソンは（もまた）哲学者の使う語「経験」を探索する――の線を構成しているのである。それは私たちを世界に繋ぎとめるのではなく、私たちを世界から剥ぎ取るような経験の役割を弱めようとする努力なのだ。要するに、これもまたよそで（拙論「樹立としての発見」で）論じたように、エマソンのエッセー「経験」は父による子ウォルドーの出産を遂行する――ウォルドーはエマソン自身の名でもある[20]、それゆえ（彼自身の誕生でもある）この誕生は、一般的《ジェネラル》に、あるいは気前《ジェネラス》よくも、彼の著述の誕生をも告知している。子ウォルドーを世界《ワールド》そのものに重ねる複雑さが明確になればなるほど、エマソンがそれを社会的な表明として声に出し、理解されない危険、あるいは理解される危険に身をさらすことができただろうかとの疑念は深まる――これは知的孤立にかんするもうひとつの懐疑。私としてはこう確信している。すなわちエマソンは「感謝〔thankful〕」と「慈悲〔mercy〕」による言葉遊びのごとき仕掛けが哲学的良識《リーズン》の眉を顰めさせると知っていた。だから問いはこうなる。なぜエマソンは眉を顰めさせることが不可避であると思うのか。（デューイの『経験と自然』が初めからずっと批判の標的に据えるのは、経験が私たちを自然から「遮断するヴェールやスクリーン」[21]だと考える思想家たちである。こうした行き方とエマソンのそれとの不一致が興味深いものになるのは、デューイがアメリカの大哲学者で、しかもエマソンを哲学者として率直に認めている——どうやらエマソンの役立て方を見つけることなく——点を考慮するときである。デューイによる哲学的な経験解釈は、科学的尺度をもって旧い二元論と闘い、孤絶性を拒否することに眼目がある。エマソンによる哲学的な経験解釈は、喪に服すことに、あるいは世界の孤絶を受け入れる——子供の孤絶を受け入れるかのように——作業を哲学に割りふることに眼目がある。）

ヨーロッパ哲学の現前性の完了を知りつつ、あるいはまるで現前性を相続させない必要があるかのごとく現前性の完了後の場面に向きあいつつ、思考の到来を呼び求める（たとえばハイデガーのような）著述家と、ある種の思考にとってアメリカのための哲学的建造物の不在は事態がすでに手遅れであることを意味するかどうかを知らずに、あるいは彼の任務はただ建造物の残骸を相続することであるかどうかを知らずに、思考の到来を呼び求める（たとえばエマソンのような）著述家との内的関係を説明するには、なにはともあれ、ニーチェに注目しなくてはならない。ニーチェは蝶番の役割を果たす。なぜならニーチェは初期と後期にエマソンの著作に没頭し、そしてハイデガーの『思惟とは何の謂いか』に決定的な影響を及ぼしてもいるから。しかしニーチェとエマソンの関係がどれほど頻繁に言及《ステイト》されようとも、この関係を立証しようとする人にとってこの関係がどれほど明白なものであろうとも、この関係は受け入れがたいものにとどまる《ステイ》、つねに忘却された状態《ステイト》にある。私には、このことが関係そのものと同じくらい興味深い。というのも、この受け入れがたさは、エマソンは哲学者ではない、彼はヨーロッパ哲学の良識に達しえないという不動の信念にもとづいているはずだから。この信念は、アメリカやヨーロッパの哲学者だけでなく文芸理論家にも様々な意味で役立っている。ひとつの精神がもうひとつの精神のなかに自分を見いだす、あるいは自分を見失うとき、時と場所は崩れ去るように思われる――歴史が超越されるというよりはむしろ、歴史が始まっていないかのように。

　私たちの条件の醜い部分の反対、エマソンの「摑む」やハイデガーの「握る」の反対――それを美しい部分と呼ぼう――は、エマソンが「引き寄せられること〔being drawn〕」と呼ぶものであり、ハイデガーが思考の「脱け去り」や「隙間風」[22]に身を持することと呼ぶものである。エマソンは思考が偏《パーシャル》っていると言うことでそれを表し、ハイデガーは思考を人間の傾き〔好み〕のようなものとして語ることでそれを表す。ハイデガーは講義の最初の数パラグラフで「傾き〔好み〕」を「mögen」「vermögen」「Möglichkeit」――「inclination〔傾き・好み〕」「capability〔能力〕」「possibility〔可能性〕」――の連関のなかに組み込む。エマソンのいう思考の「偏り／部分性」は、「全体的ではない」とか、なにかに対し、あるいはだれかに対し「えり好みをする、偏見をもつ」とかの含意をもつ。エマソンの筆法はこうした含意を織り交ぜながら書くことに眼目がある。

> 人格〔character〕は知性より高度なものだ。(……) 思考は機能である。生活は機能の実現である。(……) 偉大な魂は、考えることに毅《つよ》いように、生活することにも毅いであろう。彼は自分の真理を伝える機関や媒体をもたないかもしれない。それでもその真理を生きるという根源

的な力に頼ることができる。それこそが全体的な行為だ。思考は偏った《パーシャル》行為である。気高い正義の光が彼の日常〔affairs〕を輝かせ、美しい愛情が彼の侘び住まい〔lowly roof〕に声援をおくる。「名もない」人々が、彼とともに生活し行動するならば、彼の人柄〔constitution 憲法〕の力を感じるであろう。（「アメリカの学者[23]」）

（「日常」「侘び住まい」「人柄」はそれぞれ、エマソンが自分の書きもののもつ機能に割りふる名称である。）ここでは多くの常套句や神話的要因が総合されている。たとえば、徳は知識ではないという一種の否定から始まって、生きることは考えることではないという実存主義的標語を経由し、毅《たけ》き思想は教養や練達に頼ることなく伝えられると注意を喚起するために情緒的な語調（「侘び住まい」）に訴えもする。さらには、彼がこの講演の初めで「古い寓話」――「神々は太初に〈人間〉を分割した。手が、その本来の目的に沿うように、いろいろな指に分割されたように[24]」（とすれば〈人間〉は目的をもつ、しかしそれを言うためには神話を必要とする）――と呼んだものを凝縮して述べるために「偏った」という語を使う。

エマソンがさらにつづけて「人間はひとつだという信条に言及することで私の希望の根拠を示した[25]」と主張するとき、まるで彼の希望がよく知られたもの言い古されたものであるかのように、ある信条をもちだすという屈託がなく有徳的にさえ見える行き方は、このエッセーが有するその実践つまり筆法に対する喫緊の要求の巨大さを見えにくくしているかもしれない。（偏ったものとして思考を引きあいに出す）一節は、偏ったといわれる思考に対して、それ以上のもの――たとえば全体的なもの――をいっさい提示することなく、生活することは全体的であると表明するのだ。そして生活が毅《つよ》ければ、生活はその根拠を示す。しかし生活が思考以上のものだというわけではない、あたかも思考からは生活が抜け落ちているとでもいうかのように。思考は――いわばそのもっとも完全な場合において――偏った行為である。思考になにかが欠けている、抜け落ちているとすれば、それはそれ自身のもつ性格すなわち偏り――カントが（フロイトもほぼ）思考の動機や原動力（*Triebfeder*）[26]と呼ぶもの――である。

この国民――エマソンの国民[27]――の生活のなかにまだ思考が含み込まれていない以上、この生活を分かちもつエマソンは自分が思考していると主張することができないし、そう主張するつもりもないだろう。しかし彼は事前に、ある主張をしている。それはすでに示唆したように巨大な主張だ。すなわち、彼はこの思考の動機を与えている、思考の条件を定めている、思考の「源泉」たろうとしている、思考の到来を呼び求め、思考を思考の偏りへと惹きつけている、彼自身の思想を生きると彼が呼ぶものによって、との主張だ。それは、彼の書くという営みがこの生活であるかぎりで、私たちにかかわりをもつ。つまり「気高い正義の光」が筆法を「輝かせ」、「愛情」が筆法に「声援をおくる」かぎりで。そのときこの「侘び住まい」は、彼と一緒にそこに住む匿名の者たちへ、彼の人柄の力を提供するだろう――問題なのはそれを採用するかどうかであり、それ以上の事実はなく、それ以外のやり方もない。（ここでは、彼の散文方式のなかで国家の憲法《くにがら》を書き-直す、あるいは改正するというエマソンの考えを最後までたどることはしない。）こうしたエマソンの筆法の暫定的な性格――採用されるのを見越すような筆法[28]、ある種の仕方で占有されるのを待ち受けるような筆法（どれほどがんばっても、そうなるように強いることはできない）――は、彼がこんなふうに書いた、あるいは示唆したときに重要な意味をもつ。すなわち、[29] いま私たちが手がけている仕事のなかを、私たちの感情がまだ循環しているときに、私たちは彼の散文を知らないのだから、彼の散文はまだ変形されることなく、「私たちの無意識的な生活」のなかにとどまっていて、朽ちるさだめのものはまだ朽ちることのない衣を身にまとっていない。だがこの朽ちるさだめの生活とは何だろうか。彼の散文――おのれを知らず、私たちが知るすべのない散文――が形を変えるまえの生活とは何だろうか。私がいま辿りつつある道筋からすれば、散文のなかでこそ、〈育成〉はその〈直観〉を見いだす、あるいはエマソンの思考はその「素材〔material〕」[30] を見いだす（精神分析でいうように）。「アメリカの学者」の最初の二パラグラフでは、散文は希望を抱いてその論題を「受け入れる」、そして希望をひとつのしるしとして、とりわけ「不滅の本能」のしるしとして理解する。しかし「思考」はその本能を「なにか別のもの」として実現しなくてはならない。私はこう考える。すなわちこの一節は、思考が本能を変形しつつ本能に取って代わると言いたいのだ（ニーチェが、そしてフロイトもまた、同じことを言うであろう）。

講演「アメリカの学者」においてエマソンは冒頭で、講演論題として指定された論題〈アメリカの学者〉をそのまま受け入れることに戸惑いを見せる。また、この年度開始の式典が（愛や希望や本能のしるしではなくむしろ）「学芸〔letters〕に身を入れるには忙しすぎる国民のあいだに、なお学芸を愛する心だけは生き残っているしるし」であるとも言う。エマソンはここで、彼の論題は私たちの日常的な学芸や言葉〔letters and words〕――私たちの本能のしるしとしての――であると言いたいのだと私には思われる。そうしたものが思想にならなくてはならない。とすれば思考とは一種の読解である。しかし何についての思想なのか。何のための読解なのか。

しるしは表象〔代表〕を含意する。「アメリカの学者」は、同時に思考を表すことなく、思考を示すことなく、どのようにして思考の動機を表象する――思考の到来を構成する――ことができるだろうか。かりに思考とは問題を解決することであるとしたら、問題なのは動機ということになるであろう、あるいは解決すべきは動機であるということになりうるであろう。しかし「学芸に身を入れるには忙しすぎる」というエマソンの皮肉はまさに、私たちが物事を解決することに忙しいと示唆する。学年開始の式典が希望を称えるためのものであって、たぶん十分な働き〔labor〕を祝うためのものではないと特徴づけることで講演を始めるとき、いうまでもなくエマソンは、私たちの働きの大半（私たちが思考と呼ぶものの働きをふくむ）が学芸とは別の場所に充てられていると言いたいのだ――固有の学芸、固有の筆法、固有の芸術を樹立できないアメリカの無能性を説明するときに、だれもがこの点をもちだしてきた。しかしエマソンはこうも言いたいのだ。すなわち学芸の樹立はそれ固有の働きを要求すると、そして私たちはこの（別の）働き（学芸を産み出す働き）が何であるかを知らない、私たちはこの働きがひとつの思考様態《モード》であることを知らないと。働きは――思考のひとつの特徴づけとして――孵すこと〔brooding〕を暗示する。生殖〔再生産〕的な仕事と生産的な仕事のあいだの（たとえば人間の思想における女性的なものと男性的なものとの）相互作用は、私たちと世界との関係において休みなく働いている――エマソンの考えによれば――能動的なものと受容的なあるいは受動的なものとの相互作用を暗示する。（生殖‐憂鬱としての思考がハムレットを特徴づける。）したがって思考のもつ別の働き――学芸に向けられた――は、私たちが思考という名の下で認識しているものとの断絶を要求する働きである。（私たちの探究は向きを変え[31]なくてはならないとウィトゲンシュタインが言い、私たちは私たちの思考から歩み戻ら[32]なくてはならないとハイデガーが言う。）この別の〔思考〕様態への動機はたぶん、私たちがこの様態のなかに身を投じていないということ、にもかかわらず私たちが愛情や本能からやっていると思えるなにかをやっていないということの認識のなかにあるだろう。とすればエマソンの任務は、そうした欲望に満足の形を示してやることにある。すなわちエマソンの筆法は思考を輝き照らす／例証する〔illustrate〕[33]ものでなくてはならない。それは少なくとも、彼の筆法が例証とは何か、例とは何かについての考えをふくんでいなくてはならないということを意味する。

「アメリカの学者」のなかでエマソンは「illustration」の変形として「illustrious」という語を使う。たとえば「学者たるものは個人的《パーソナル》な［エマソンは innermost を使う場合もある］配慮を斥け、公共的《パブリック》な［outermost を使う場合もある］輝き照らす〔illustrious〕思想を、わが空気、わが食べ物として生きる[34]」。エマソン的な語り口ではあるが、これは一種のトートロジーである。エマソンが好む観念のひとつはこうである。それぞれの個人には個人的な観念から公共的な観念へ移行する余地が存在する、あたかも道徳的生活における〈道徳法則〉に相当するもの――つまり客観性への要請――が知的生活において存在するかのように。「自己信頼」においてエマソンは、社会によって私たち（私たちのほとんどすべて）が捨てるよう説き伏せられるある種の観点をふたたび達成できる人間を想像する。そうした人間の意見は「私的《プライヴェート》なものではなく必然的なものだと分かる[35]」だろう。また「アメリカの学者」によれば、「このうえなく私的で、このうえなく隠密なおのれの予感のなかへ深くもぐればもぐるほど、驚いたことに、学者がそこに見いだすのは、万人にもっとも受け入れられるもの、もっとも公共的なもの、普遍的に真理であるものだ」[36]。表面的な仕方で私的であるものの対極にあって、このうえなく私的なものが到達できるものを、エマソンはあるときは必然的なものとして、またあるときは普遍的なものとして特徴づける。これはまさにカントがアプリオリなものに割り振る特性に従ったものだ。私はエマソンがこのことを知っていたと思う。しかしエマソンはなぜ、思考のアプリオリな条件を例証《イラストレイト》することがとりもなおさず輝き照らす《イラストリアス》ことであると言うのだろうか。その理由は、いうまでもなく、こうであるほかはない。すなわち必然的なそして普遍的なものへ到達する働きとしての思考の例証は、人間性そのものが共有する条件を照らしだす《イラストレイト》と。そうした思想が「輝き照らす」と形容されるのは、まさにそれがまったく例外的な性格をもたず、その意味で、代表的〔representative〕であるからだ。

この思想がエマソンのもっとも緊迫した修辞の数々、広く世に知られた修辞の数々を生み出す。「自己信頼」冒頭のパラグラフにはこうある。「自分自身の思想を信じること、自分にとって自分の私的な胸中において真理であることが万人にとって真理であると信じること――それが天才である」。「天才の作品のどれにも私たちは私たち自身の捨てた思想があることに気づく。かつては自分のものであった思想が、疎外を被り一種縁遠い威厳をそなえて立ちもどってくるのだ」。いうまでもなく、このことを知るという点でだれかがほかのだれかより有利な立場にあるわけではなく、それゆえ、それをだれかに伝える、それにかんする情報を提供する立場にあるわけでもない（ここにコールリッジの老水夫の誤りと呪詛がある)。とすれば明らかにエマソンは科学や数学について語っているのではない。では彼は何について語っているのか。それが何であれ、エマソンは自分がやっていることを自分の立つ地盤を示すこととして正しく——好都合にも、と思われるかもしれない——記述する。しかし彼の地盤——あるいはだれの地盤であれ——が例外的性格をもたない(だれにも共通の性格をもつ)ことが判明するとしたら(それはその地盤のうえにある私たち自身の生活であるという明確このうえない事実を例外として)、それを示すとき、それを表明するとき、なぜ道徳的に切迫した語調が伴うのか。思考——そう呼ばれているもの——とは、その偏りもしくは動機が本質的に道徳的であり、たぶん政治的であるようなものなのだろうか。

エマソンによる例証/照明的なもの〔the illustrative〕の変形を「アメリカの学者」のなかの別の一節において確認してみよう。「ひとりの人間の私的生活は歴史上のどんな王国よりも、さらに輝かしい〔illustrious〕君主国であり、敵にとってはさらに恐ろしく、味方にとってはさらに甘美で晴れ晴れとした威光をそなえている」[37]。要するにこう言いたいのだ。輝かしいものは、単なる君主国の特殊な結果ではなく、君主国に普遍的な原因である、あるいはそうあるべきだ、そしてこの逆説は私たちにこう注意を喚起する。すなわち「君主国〔monarchy〕」はいうまでもなく「ひとりの人間による統治」[38]という語源的意味をもつが(まだこの可能性に興味のある人がいるとして)、この語は「ひとりのもの〔one〕」——エマソンが「ひとりの人間〔one man〕」と呼ぶもの——始まりあるいは起源について語っているとも考えなくてはならない。「ひとりの人間」より二文まえでは「ひとりの人間の陶冶〔the upbuilding of a man〕」と呼ばれている。エマソンがこれと同じ意味合いで使う語「個人〔individual〕」もよく知られている。（したがって輝かしい君主国としての私的生活という逆説は、たとえばトマス・ジェファーソンとジョン・アダムズが議論した、自然的貴族政の論争に相当するということができる。どちらもそれが逆説的な観念であるのを知っている——あたかも哲学者-王という逆説に対抗して民主主義がそれ固有の逆説をもつかのように。アダムズ-ジェファーソン往復書簡は拙著『幸福の追求』(p. 155) のなかで補足的背景として引きあいに出された。）この育成あるいは創出の過程が達成されるとき、「アメリカの学者」の結句がいうように、「人間の国がはじめて出現するだろう」——あるいはエマソンの講演から六年後、マルクスがこの考えを明確化していうように、人間の歴史が始まるだろう。エマソンに代わってこう言うことができよう。すなわち、そのためには公共的なものの憲法〔constitution〕と同時に私的なものの制度〔institution〕——つまり私たちは自分で考えなくてはならない、私たちは自分の使うすべての語が他人から理解されるように努めなくてはならないという新たな義務——が必要だと。いま私たちのなかで進行しているのは、単なる、法律や他人の声への服従でしかない——それはエマソンが迎合と呼ぶ取引であり、カントが他律と呼ぶものの書き直しである。どんな思想も私たちのものではないとの事実を、エマソンはエッセーの冒頭に出てくる寓話の解釈によって示そうとしている。寓話によれば、神々が太初に〈人間〉をいろいろな人間に分割した。「人間はこうしてひとつのものに姿を変えられている[39]」。私たちはすでに（つねにすでに）姿を変えられているということ、そのことが、私の考えでは、私たちの変形の可能性と必然性を設定する。とすれば姿を変えられる以前の私たちは何であったのか。（エマソンは私たちの回心や再生について語るだけではなく、彼はまた私たちがまだ生まれていない〔不生〕とも言う。このことは熟考する〔brood over〕に値する。）
私たちが物であるなら、私たちはカントのいう目的の王国《レルム》には帰属しない、私たちは自分を他の人間とともにある人間とはみなさない。カントにとって目的の王国とは、来るべき人間の国《シティ》の実現であると見ていいかもしれない。カントにとってそうであるように、エマソンにとっても、この見方は道徳的生活の始まりである。どうすればこの国へ入ることができるのか。

ここで私たちはこの講義の後半に移るが、それはエマソンが思考を記述するときの道徳的な切迫感がもつ不確かな語調をもう少し掘り下げるためである。私の考えはこうである。言葉に対するある種の関係は（私と私の生活との関係の寓意《アレゴリー》がそうであるように）、道徳が思考に対してもつある種の関係と切り離せない。そして切り離せない道徳性と思考とは、特有の系統に属している――道徳性は目的論的（社会において最大化すべきものとしての善という考え方にもとづくもの）でも、義務論的（権利とは無関係な考え方にもとづくもの）でもない、そして思考は私たちが論理的思考の名の下で考えているものから若干の（いまもって決定しえぬ）距離をもつ。「もっとも内的なものからもっとも外的なものへ」という表象に対する明らかに道徳的な解釈には、大いに疑問の余地のある（現代的な理解にもとづく）道徳的完成主義による解釈がある。この解釈は、善にかんするこのうえなく私的な考え方を最大化してそれをあらゆる他者に――善にかんする他者の素質や流儀や見方におかまいなく――押しつけようとする欲望からくるものだ。

私はこう指摘した。道徳的完成主義は現代哲学のなかに確固とした居場所をもっていない。この居場所のなさには様々な理由がある。またすでに述べたように、完成主義という肩書には唯一の考え方だけがふくまれるのではない。ここではエマソンとニーチェに焦点をあてて考察してみよう。私はこう推測する。彼らが完成主義に不同意である理由は、外側から見るかぎりで二つの特徴あるいは主題を中心とする。(1) 道徳主義——エマソンが「迎合」と呼ぶもの——に対する憎悪、これはときに道徳性そのものをふくめて憎悪するように見えるほど激越で途切れることを知らない（ニーチェは自分を最初のアンチ・モラリストと呼ぶ。エマソンは自分が無律法主義者に見える、道徳法則をふくめあらゆる法を拒否する者に見えることを知っていた。）(2) 現状に対する嫌悪あるいは軽蔑、これは現状の改良《リフォーム》だけでなく変様《トランスフォーム》を、そして何よりもまず自己の変様を要求するほど徹底している——この要求は、道徳性を不可能にするほど自分に没頭し謎めいて見える。自分のそとに向かって行動し、自分の向こうにいる人々に自分を理解してもらうのではないとしたら、道徳的生活とは何だろうか。

よく考えておかねばならない点はこうである。エマソンが迎合というとき、道徳的価値は道徳法則に一致〔迎合〕するだけでなく法則のために行為しているかどうかで決まるというカントの考えを背景にして理解されねばならない。躓きの石ともなるカントの言葉はよく知られている。母親が子供をいつくしむとき、道徳法則のためというよりはむしろ情愛のためであるとしたら、母親はなんの道徳的価値も提示していない。カントはこの女性がなんら卓越したものを提示していないと言っているのではなく、単に、彼女が提示しているのはもっとも気高いもの、相互の自由という公的生活を可能にし、目的の王国を証言するような種類のものではないと言っているにすぎない。エマソンの考え方についてはこう言っていいだろう。私たちは情愛の価値も道徳性の価値も（いわば女性的な徳も男性的な徳も）提示しない。しかし私たちの迎合は端的に他者の意見への恐怖を提示する。エマソンによれば、それは他者の目への恐怖であり、この恐怖が私たちを恥の牢獄へ放り込む。

こうした事情を今度は、カントの道徳哲学に対するジョン・ロールズの印象的な解釈を背景にして理解しなくてはならない。ロールズによればカントの「主な目標は、自由とは私たちが自分自身に与える法則に従って行為することであるというルソーの考えを深め正当化する点にある」。またロールズはこう強調する。「道徳法則にもとづいて行為できなかったことから生じてくるのは恥であって罪悪感ではないとカントは述べる」（『正義論』三四五頁）。エマソンの「自己信頼」のようなテクストは実質的に恥の研究であって、それによれば、私たちがいま社会と呼んでいるものは道徳法則がどこにも（あるいはほとんどどこにも）見あたらない社会である。こう考えるエマソンからすれば、私たちが「虫けら、魚の卵」に見え、「群衆」に見えるのだ。ニーチェは「畜群」（エマソンも使った語）と言うだろう。[40] それは暴力的な状況に対する暴力的な見方である。エマソンの言葉を借りるなら、私たちはどのようにそこから「脱け出る」のか。私たちはどのように自己を信頼するようになるのか。最悪なのは、現状の私たちを信頼することだ――これは単に奴隷状態の奴隷になることにすぎない。それこそが私たちを魚の卵にする。私たちはこの迎合を嫌悪するようにならなくてはならない。それは迎合から向きを変え、迎合を変様することに眼目がある。あたかも私たちが（ふたたび）生まれなくてはならないかのように。自己意識――いまや恥として、あるいは、人間の悪さとして表現される――はどのように私たちを人間とは別のものにするだろうか。私はよそで（拙論「数奇と報復〔Being Odd, Getting Even〕」で）、エマソンがデカルトやカントによる自己意識の哲学的な解釈と対決していることを示そうとした。

デカルトにおいて、私は考えるということを考えるとの形式をもつ自己意識は、私の存在、人間的存在を証明しなくてはならない。「自己信頼」においてエマソンはこう言う。すなわち、私たちには「私は考える」、「私はある」と言う（のをまるで恥じているかのように）勇気がない[41]、まるでコギト・エルゴ・スムと言うことが禁じられているかのように。エマソンの含意はこうである。私たちは（人間として）存在していない、まるで私たちは世界に取り憑いているかのようだ。私の考えでは、エマソンにおける（哲学の欠陥を人間性の破綻として見いだす）この着想はまた、道徳法則を私たちに課すものとしての自由というカントの観念を解釈するさいの着想でもある。エマソンにとって、私たちはみずからに道徳法則を与えないがゆえに恥じている——そのとおりである——というよりはむしろ、私たちはすでに恥じているがゆえに、みずからに道徳法則を与えないのだ、あたかも私たちには正しく生きる権利が欠けているかのように。この状態はいうまでもなく明確化する必要がある。繰り返しになるが、私たちはみずからの不道徳を恥じているのではない。私たちはまさにそれを恥じることができないのだ。その意味で私たちは恥知らずである。私たちは恥を道徳的に受け取るがゆえに、道徳的生活の条件から締め出され、私たちの生活に責任をもつ可能性を禁じられ、私たちの生活を黙然と耐え忍ぶ、あるいは惰性的に正当化するよりはむしろ、私たちの生活に応答することができないのだ。この締め出され禁じられた状態あるいは困窮は[42]、カントにとってそうであるように、エマソンにとって、人間の状態とは別のものである。というのも、それは人間を決定づける事実としての自由を欠くからである。私たちが「虫けら」に見えるとはこのことであり、またそれ以上でもある。虫けらは人間ではない、しかし怪物でもない。人間の見かけをまとった虫けらが非人間的、怪物的〔冷酷かつ醜悪〕なのである。

エマソンが自己を歪めて扱うこと〔wronging ourselves〕からの出口をどう理解しているかと問うことは、すなわち「[私たち人間が本来もっている]特権に[私たちを]連れもどしてくれることのできる(……)ほとんど失われた導きの光」(「アメリカの学者」[43])をエマソンがどのように見いだすのかと問うことである。エマソンにとってそれは、私たち自身に責任をもつような種類のことを意味するだろう。ここにエマソンの筆法が変形を遂行しつつ登場する。その仕組みは〈エマソン的完成主義〉のなかに(〈エマソン的完成主義〉としてすら)見いだすことができるだろう。

完成〔卓越〕主義はロールズの『正義論』(五〇節)において目的論的な理論として、また二つの見方(極端な見方と穏健な見方)をもつものとして姿を見せる。穏健な見方における完成原理はほかに数ある原理のひとつであるが、この原理により社会は「芸術や科学や文化において人間的卓越性〔完成〕の達成を最大化するとの目的をもって、制度を編成したり個人の義務や責務を規定したりする」(四三一頁)ように導かれる。では、ニーチェとエマソンが当時の文化的制度や制度的文化(大学と宗教、そしてロールズが「芸術や科学のための公的資金」〔四三八-四三九頁〕と特徴づけるものによって財政的支援を受けるものすべてをふくむ)を蔑視したことをどう理解すべきだろうか。この蔑視の感情が昂じて嫌悪になることもある。〈エマソン的完成主義〉においては、現に制度化されている高度な文化の分配を最大化することなど問題にはならない。その意味で〈エマソン的完成主義〉はまったく目的論的な理論ではない。それどころか、ニーチェが「文化の華美

〔と浪費〕」とか「悪用されたお抱え文化[44]」と呼ぶものは蔑視されなくてはならない。この完成主義が切望するような文化〔教養〕の王国《レルム》のなかで、なにか所与のものの最大化を求めることが無意味なのはすぐにも分かる。むしろニーチェがいうように、私たちはこの文化の王国の洗礼を受けなくてはならない。エマソンのいうように、私たちは文化の王国への途上において「世界の回心」(「アメリカの学者」最終パラグラフ)を見いださなくてはならない。これを見いだすよりまえに、最大化されるべきものはなにもない。こうも言えよう。見いだされるべき文化の美質はすでに万人に分配されている、さもなければそれはなにものでもない——いいかえるなら、それは道徳的な人であるとはどういうことかという観念の一部なのである。エマソンはそれを天才と呼ぶ。私たちはこれを自己批判の能力、到達した自己を未到達の自己に捧げる——それぞれが道徳的な人であるとの原則にもとづき——ための洗礼の能力と呼ぶことができるかもしれない。

　最大化が(特定の目的論的原理として)的外れであることは、ロールズが完成主義の極端な見方と呼ぶものにおいていっそう明白になるだろう。この極端な見方においては卓越性の最大化が制度や責務の唯一の原理である[45]。先に指摘したように、『正義論』はこの極端な完成主義の見方をニーチェの文章から選択的に引用することで特徴づける。ロールズが引くのは『反時代的考察』の第三篇「教育者としてのショーペンハウアー」からである。

　人類は個々の偉大な人間を生み出すように絶えず励まなくてはならない——ほかのなにものでもなく、まさにこれこそが人類の任務である。(……)というのも、ここで問われているのは、個人としてのあなたの生が、どうすれば最高の価値、最深の意義をもちうるのか、であるから。（……）それはあなたが最高の価値を有する類い希なる典型の利益のために生きることによってのみ可能なのだ。（『正議論』四三三頁、註（50）を参照）

この一節の印象は芳しくない。ロールズはこれを文字どおりに受け取ってこう示唆する。（来るべき）偉大な人間による特別の階級があって、社会を構成するその他の人間は彼らの利益のために、彼らが利益とみなすもののために生きなくてはならない。民主主義の生活を支えるのにふさわしい正義の原理としてこれを拒絶するロールズはたしかに正しい（『正議論』四二六頁参照）。しかし私も指摘したように、ニーチェが民主主義的生活の樹立にふさわしい思想家としては斥けられねばならないとしたら、エマソンもまた斥けられねばならないように思われる。なぜなら、ショーペンハウアーについてのニーチェの考察はエマソンの文言を書き換えたり練り上げたりしたもの——その真相はまだ解明されていない——であるから。こんなふうにエマソンを片づけてしまうのは、私にとって、言葉では言えないほど辛い。そして、それがほんとうに『正義論』の含意だとしたら、私はこの本に称賛の念をもつからこそ、この本が引用した一節からこの含意を引き出すのは間違いだと思いたい。

ニーチェの考察「教育者としてのショーペンハウアー」において、「それはあなたが最高の価値を有する類い希なる典型の利益のために生きることによってのみ可能なのだ」という文は「しかし大多数の利益のためではない」〔六節冒頭パラグラフ〕との文言で補足される。大多数がさらにこのあとでどのように特徴づけられていようが、立憲民主政においては大多数の利益のために生きるべきだという帰結——民主主義を支持する人々に代わってロールズの本が示そうとしていること——がもたらされることはない。大多数の利益のために生きるのではないとしたら、個人の利益（個々の社会的「地位」）のために生きるべきなのか。合理的な選択という着想はこの点を捉えていないと私は思う——合理的選択においては正当化しうる仕方で、不均等な利益が全員にもたらされる（この選択の利点は、ロールズのいう正義の第二原理である格差原理によって測られる）。しかし、こうした生き方は〔大多数の利益のためでも個人の利益のためでもない生き方〕は民主主義を支持しつつもやはり選び取られている生き方であるかもしれない。明らかに、みずからを民主主義より上位におく完成主義もあれば、民主主義の条件が不在のところに身を持する完成主義もあるだろう。名誉政治、寡頭政、独裁政は前者に入るかもしれない。こちらに私の関心はない。私の関心はむしろ、完成主義がどうしても反民主主義的にならざるをえないのかという点にある。私の考えをこう定式化できるかもしれない。すなわちエマソンやニーチェが見せる（「アメリカの学者」以来、あるいはたとえばロマン主義以来ここ百五十年のあいだの作家や芸術家の半数が見せる）公式的な文化に対する型どおりの軽蔑的態度は、それ自体が民主主義の表現であり、民主主義への支持であると。芸術や文化とは、名誉政治家〔timocrats〕が産み出さないもの、寡頭的支配者が発注しないもの、独裁者が強要しないもの、むしろ彼らをむかつかせるものだ。人は、ただ民主主義の可能性のなかでだけ、そうした文化とともに、あるいは逆らって、生きることに身を投じるのだ。たぶんそれは、いってみれば排他的で秘教的ですらあるような個人的趣味や私的選好を生みだすだろう。とすれば私の問いは、民主主義を支持する人々がこの排他性を単に許容するというのではなく尊重もするかどうかにある。

　ロールズがニーチェから引く一節の最後の文——大多数のためではなく類い稀な典型のために生きることにかかわる文——にはさらに二つの問題がある。第一に、「specimens〔標本・典型〕」と英訳されたニーチェのドイツ語は「Exemplare」である（のちの英訳『反時代的考察』〔一九八三年版〕では忠実に「exemplars」と訳された。ロールズは同じ訳者〔R. J. Hollingdale〕の旧版〔*Nietzsche: The Man and His Philosophy*〕から引用している）。「specimens」の生物学的な含意はこうなる。specimensを特定する（したがってspecimensの価値を判定する）ための基準は、調査事例からも、調査事例が調査する者へ及ぼす影響からも独立して決定することができる。事例の価値はこの独立性によって決まる。specimensは、たとえば階級《クラス》や属《ジーナス》あるいは全体から抽出されるような標本《サンプル》である。事例はspecimenであるか、そうではないかのどちらかである。これに対し、exemplar〔典型〕を受け入れることは、別の王国（いわば文化の王国である。ニーチェはエマソンが好んだ描像を喚起しつつ、それが「新しい義務の円環《サークル》[46]」を生むと言う）へ近づくことでもあるがゆえに、事例と階級の関係にもとづいてではなく、事例とそれとは別の個体——たとえば、この私——との関係にもとづいてなされる。典型は別の個体の代表であり、しるしである。そして別の個体は私の代理人である。（「典型〔exemplar〕」へと翻訳可能である「原型〔Archetype〕」は、カントが「神の子」と結びつける語である——たとえば『単なる理性の限界内における宗教』を参照[47]。）第二に、ニーチェが典型についての文につづく一節で文化の生活を特徴づけるとき、その生活は、ある意味で、それを生きる人の利益になるような生活であると理解されなくてはならない。したがって、その生活はある種の排他性を要求する、だからその利益は本来的に最大化できない（他の生活に譲渡できない）。しかしそれは、利益の分配において特権的な取り分を要求しても、本来的に不当ではない。その生活のもつ特徴的な悪徳は嫉み（『正義論』にとって方法論的に重要な意味をもつ悪徳）ではなく、たぶん民主主義に参加するのを尻込みすることであろう。とすれば問いはこうなる。この生活が尻込みしていないとすれば、その生活の参加とはどんなものなのか。ニーチェは、ロールズの引用した一節のあとでこうつづける。

若者は自分を自然の失敗作と考えるが、しかし同時にこの芸術家の偉大にして驚嘆すべき意図を証言する者とも考えるように教育されるべきである。（……）そのように決意するとき若者は文化の圏内《サークル》に入る。なぜなら文化とは各個人の自己認識と自己不満の子なのだから。とすれば文化を信奉する者はだれでも、「私は私のうえになにか私より高いもの、私より人間的なものを見る。どうかそれに到達するように私を助けてくれ、私も同じように知り同じように苦しむすべての人を助けよう」と言っていることになる。（「教育者としてのショーペンハウアー」）[48]

これにつづく文において、「より高いもの」を求める欲望は自己への不満において生まれるとされるが、その「より高いもの」は「どこかにまだ隠されている、より高い自己」であると記述される。それは私自身の、到達せずに惑う自己。

この不満足の状態にある個人にとって最大化を考慮する余地などほとんどない。この状態にあるとき私たちは、より高くより喜ばしい渇望を追い求めえないことに気づき、たぶん自分自身の渇望をもつ権利――類い希なる啓示ではなくごく日常的な印象の重要性を語り、それを自分自身の考えにする権利――を見いだしえなかったとことに気づく。それは到達した自己の決定的瞬間であり、十字路である。それは創造的でも壊滅的でもありうる。とすれば文化のある状態の最大化を探し求めることは、とりもなおさず、私たち自身の現実を探し求めることへの断念である。この危機に対し過度な哲学的焦燥《いらだち》を露わにすることは、すなわち、私たちが青年期と呼ぶものの探求に対し過度な焦燥を露わにすることに等しい。エマソンとニーチェが繰り返すように書く彼らの言葉はとくに「青年」に宛てられたものだ。それは絶望に立ち向かうための言葉だが、また、彼ら自身が若々しい渇望を捨てるように誘う絶えざる声に屈しなかったという事実を示す言葉でもある。青年がこうした誘惑の声に対して過度な焦燥を露わにすることは、とりもなおさず、その声を発する大人に対して過度な焦燥を露わにすることである。それは成年との闘いにおける利害の偏差、成年に対する合意の危機における利害の偏差であり、そして、それはいわば道徳的生活、法則において声が横領される瞬間である。民主主義とは種々の政治的可能性――その要求を恭しく実現する可能性（交渉術）や暴力に訴えて実現する可能性（反乱）ではない――をもつ中間的なあるいは市民的な世界であるのだから、青年期（現実に合意する圧力の下にある時期）という個人的状況が公的に顕現したものとして民主主義を解釈することができる。エマソンやニーチェはこう約束する。すなわち青年は単に個人の成長段階であるだけではなく、また――初期ロマン派にとって幼年期がそうであるように――人間存在そのものの次元であると。

ニーチェが最後に引いた一節――若者を自然の失敗作として、また証言するものとして記述する一節――で「なぜなら文化とは各個人の（……）子なのだから」と言い、そして、この子――すべての人に自分が文化に到達するよう助けてほしいと祈るこの子――を探し求める人を想像するとき、問題の「より高いもの、より人間的なもの」が、だれかほかの人のものでは――かならずしも、あるいはけっして――なく、いま自己不満の状態にある自己とは別の究極的な地位に属するということは明らかであるのだろうか。（〔数〕量化は旧式の考えである。「すべての自己が目標として生きるべきであるような天才が存在する」のではなく、「それぞれの自己にとって天才が存在する」のだ。私の念頭にあるのはとくに「自己信頼」の一節である。エマソンはそこで彼の天才が彼を呼ぶと報告している。天才は彼に自分自身の仕事に取り組むよう呼びかける、そしてその仕事は書くことであると分かる。私はだれかほかの人が彼に呼びかけているとは思わない。）ニーチェはさらにこう言う。「偉大な人間に傾倒する者だけが、これによって文化の最初の洗礼を受ける。この洗礼のしるしは、わが身を恥じながらまったく苦痛が伴わないこと、おのれ自身の狭く萎えしおれた本性を憎むようになること」（「教育者としてのショーペンハウアー」[49]）。この「おのれ自身の本性〔one's own nature〕」という観念には、文化という完成主義的な観念が対比的に投影されている。これは、自然状態から社会契約への動きではやはり人間の生活を担いきれないという感覚である。私たち自身の本性を萎えしおれさせないという観念が私たちの欲求を現状のままで満足せず変様するという観念であるならば、私たちが直面している道徳的危険は、理想主義的な道徳論を掲げながら他者の欲求を現状のまま忘却するという危険であるように見えるかもしれない。各自の任務は自己変様にあるのだから、その生活にふくまれる代表性は、様々な地位にある他者の認知を確証していない、だからひとつの道徳的地位としてはまったく不適格であるように見えるかもしれない。「代表性」はエマソンの「主調音」のひとつを想起させる。それは彼の筆法のなかで特性づけられ、彼の筆法によって具体化される。また私はこうも言えると思う。すなわちエマソンの筆法は、私と他者との違いが私と私自身との違いを認知することと相関関係にあるということを認知するための条件を練り上げていると。

ニーチェの（ここでは偉大な人間に）「傾倒する〔attaching one's heart〕」という観念は、いってみれば、偉大な人間に対し愛をもって振る舞うとの含意をもつ。ショーペンハウアーにかんするこのテクストのニーチェの書きぶりは、それを例証《イラストレイト》している。しかしそのテクストの著者はショーペンハウアーの洗礼を受けているのではない――だれもが気づくように、そのテクストにおいてショーペンハウアーはひどく影が薄い。生きる目標から洗礼を受けるということが問題だとすれば、ニーチェはショーペンハウアーを目標に生きているのではない。このテクストの書き手からまだ隠されているのはショーペンハウアーの自己ではない。偉大なものへの愛は自分の卑小さへの憎悪である、あるいは卑小さへの憎悪を掻き立てる。この憎悪が洗礼のしるしである。（「文化――私たちひとりひとりに唯一の任務を課すかぎりでの文化――の根本思想は、哲学者や芸術家や聖者の産出を私たちの内にそして私たちの外《そと》に促進し、それによって自然の完成に取り組むこと〔である〕[50]」〔強調は引用者〕。これは私たちを「最強の共同体[51]」のまっただなかにおくと言われている。問題となっているのは、いうまでもなく、現在の共同体ではなく、来るべき人間の共同体である、だから、すべてはそこへ到達する仕方に懸かっているのだ。）

ニーチェは各自が有するより遠いあるいはより高い自己を呼び求める、各自がみずから自己変様の洗礼を受け、自分自身の天才を受け入れる、これはいうまでもなく、現状を受け入れる、それなりに「彼方」に身をおく人の洗礼を受け入れることではない、それどころかその否定である――ロールズもほかの多くの人も、このようにニーチェを理解してはこなかった。たぶんこの決定的な地点でニーチェが孤塁を守るほかないのは不可避であったのだろう。

エマソンは「アメリカの学者」の一節で、この避けられぬ曖昧さに説明と名称を与えている。ニーチェが偉大さとのかかわりを論じる文言は、あからさまにこの一節を転写したものである（かなり違っている点もあるが）。

> 輝かしさと広大さを求めて世界が企てる主な事業は、ひとりの人間を陶冶することである[52]。（……）一世紀のあいだに、一千年のあいだに、ようやく一人か二人、つまりすべての人が身をおくべき正しい状態に近づいている一人か二人の人間が現れる。ほかの人はみな、英雄や詩人のなかに、自分たちの未熟で粗野な存在が熟しているのを見る。まさにそのとおりで、そうした存在が十分に成長を遂げうるならば、自分のほうは小さくても満足する[53]。

しかしエマソンは、この満足が最良のあるいは不可避の状態であるとは言っていない。彼にとって、この満足が示すのは、むしろ「英雄や詩人の本性の要求に対して［貧しい人、卑しい人によって］」

与えられる、［将来そうなるべき姿を見越すがゆえの］威厳に満ち、［現在の実状に向きあうがゆえの］憐れみに満ちた証言である。［貧しい人、卑しい人は自分たちが有する］共通の本性が拡大され栄光を与えられる姿を是が非でも見たいがゆえに、それを偉人が正当に発揮してくれるならば、彼らは偉人の進路から蠅のように払い除けられても満足する。（……）英雄は私たちの代わりに生き、私たちは英雄のなかに生きる」[54]。（エマソンは孤塁を守る、私たちは孤塁を守る。）現状において私たちは、英雄との同一視を過大評価したり曲解したりするきらいがある。エマソンはこうつづける。

人間は、こんなふうではあるが、当然にも金銭や権力を欲しがる。（……）それも仕方のないことではないか。というのも彼らが最高のものを渇望し、彼らが夢遊病のなかで夢見るこの金銭や権力は彼らにとって最高のものであるから。目を覚ましてやれば、きっと偽りの利益を見捨てて、本当の利益に飛びつき、政治のことなど役所や役人に任せるはずだ。この革命は〈文化／教養〉の観念を徐々になじませる〔domesticate〕ことによって仕上げられるだろう。（……）ひとりひとりの哲学者や詩人や俳優は、私がいつの日か自分の手でできることを、まるで代理役でも務めるように、私に代わってしてくれただけである。[55]

ここでは端的にこう思われる。すなわち、さらなる高みに進んだ自己への直観には〔代理ではなく〕自分《イン・パーソン》で到達しなくてはならない。つまりその直観へ自分の心を委ねる個人《パーソン》として、いましがた偉人が自分の代理役であると言ったけれど、いつの日か「私」がいわばその代理役を務めることができるだろうと明言する個人として到達しなくてはならないのだ。私は私自身の前を走るものであり、しるしであり、実例である。

「アメリカの学者」の翌年〔一八三八年〕に発表された、いわゆる「神学部講演」においてじっさいエマソンは、私たちが代理を抑圧し、私たちの可能性を他者の現実性に委ねる最初の事例を提示する。すなわち「歴史上のキリスト教〔が〕イエス個人にかんする有害な誇張に執着する」一方で「魂は個人などというものを知らない[56]」。明らかにエマソンはこの種の賛美や聖別を――たとえ最高の精神性と称するものにおいてなされていようと――偶像崇拝とみなしている。（ここは、完成主義が宗教的責任を引き継ごうとする、あるいはその仮面をかぶろうとする、あるいは世俗化しようとする試みであるとの感覚を吟味してみるちょうどよい機会である。ちなみにマシュー・アーノルドは『教養と無秩序』において彼の完成主義のためにこの種の感覚を要求し、ヘンリー・シジウィックが「教養の予言者」においてアーノルドを批判する論点はその感覚にかかわる。）

エマソンの語り口において、「いつの日か〔one day〕」（「ひとりひとりの哲学者は（……）私がいつの日か自分の手でできることを、まるで代理役でも務めるように、私に代わってしてくれただけである」）は、つねに今日《きょう》〔today〕のことをも意味している。彼が切迫した口調で代弁する生活は――彼が絶えず言っていることだが――延期しえぬ生活である。自己に立ち向かわねばならないのは今日なのだ。まさに今日、目覚めなくてはならず、文化の洗礼を受けなくてはならない、具体的にいえば、徐々に文化をなじませて〔domesticate〕いかなくてはならない。つまり、それを日常生活の（いまは）一部として持ち帰らなくてはならない。これが完成主義のもつ道徳的な切迫性である。だからこそ、完成主義による道徳的思考の帰結は道徳的推論の帰結ではない、すなわち価値判断や選好における因果の計算結果でもなく、特定の意図――こう言ってよければ権利の裁定において普遍化する法則に逆らう意図――の試験結果でもないと言えるかもしれない。完成主義の切迫性は、すべての言葉すべての息がもたらす口惜しさ〔chagrin〕と闘うというエマソンの感覚のなかに表現されている。計算と判断が「どちらの道を？」との問いに答えるためのものだとすれば、完成主義的な思考は道が失われているという事実への応答である。だからこの思考は、立ち止まり、帰る道を見いだすという形で現れる。あたかもなにかを思い出そうとしているかのごとく。（このように言えば、ある意味で、拙論「樹立としての発見」において私がどのようにエマソンの「経験」を読んだかを要約することになる。）

いかにもエマソン的な福音書への暗示は、今日《きょう》の切迫性に原因がある。「アメリカの学者」において、それは暗示以上のものである。「旧来の道を気軽に楽しく進んでいく代わりに（……）［学者は］彼自身の道をつくるという十字架を背負う」――この一節でエマソンは学者の道を、貧困、孤独、口ごもり、自責の念のそれとして特徴づけ、「彼は実質上、社会とくに教育のある社会と対立状態にあるように見える」[57]と記す。「自己信頼」においては明らかに、暗示であると同時にパロディである。「私の内なる天才が私を呼ぶならば、私は父も母も妻も兄弟も遠ざける。私は門柱の楣《まぐさ》に〈気まぐれ〉と書くつもりだ」[58]。遠ざけるとの一節が喚起するのは、直ちに、今日、天国へ入るようにとの呼びかけである。私に従いなさい、そしてその死人を葬ることは死人に任せておくがよい（マタイによる福音書８・22）。エマソンのパロディは彼自身の説教臭さをからかっている。それは文化のなかへ入るのが今日ではないことを認めながら、先延ばしにする理由もないと主張する。いいかえれば、私たちのひとりひとりがこの革命のための理由をもたないならば、だれひとりその理由をもたない。だからエマソンは私たちを「［私たち］自身の本性の要求に与えられる（……）威厳に満ち、憐れみに満ちた［宣誓］証言［をする者］」とみなすのである。これをニーチェは「自分を自然の失敗作と考えるが、しかし同時にこの芸術家の偉大にして驚嘆すべき意図を証言する者とも考える」と書き換える。宣誓証言をする〔bearing testimony〕とか証言する〔witnessing〕とかは、殉教に繋がる。〈道徳的完成主義〉において、私たちは、エマソンやニーチェによってそう表象されているように、構造的に殉教の立場であるような立場に立つよう招かれている。しかしそれは、神の観念を求めるのではなく、人間の観念を切望する立場である。

　これは何を意味するだろうか。（いずれにせよ、こう言っておきたい。円満な生活が完成主義を体現するという最近提唱された考え——それ自体はとても興味深い考えであるが——に同意することが私にはできないと。トマス・ハーカの試論を参照[59]。）変形としての思考がそれにどのような影響を与えるだろうか。いいかえれば、エマソンの筆法、エマソンと読む者との関係がそれにどのような影響を与えるだろうか。そう問うならば、今度はこう問うことになる。すなわち、エマソンの筆法はどのような仕方で、人間への切望を呈示《プリゼント》することにより、それを代表《レプリゼント》するのかと。

　こうした一連の問いに答えるための素描に取りかかるまえに、立ち止まって、エマソンとニーチェが共有する見方への私の感覚について補記しておいたほうがたぶんよいだろう。彼らの見方に対して私がもつ関心の眼目は、単に、それが立憲民主政における正義の生活と両立しうることを示すだけでなく、その生活にとって本質的である事情を明らかにする点にある。たとえばプラトンやアリストテレスからエマソンやソローやニーチェまで、彼らに共通する完成主義が民主主義的生活のための教育や人格や友情を強調してやまない点にはどんな妥当性があるのか。すでに述べたように、そうしたことを強調する完成主義は、平等な存在であるがゆえの凡庸性や平準化たとえば通俗化から逃れて、自己自身になろうとする、あるいは似たような考えをもつ選ばれた人々のひとりになろうとする努力であるとみなされるかもしれない。貴族的な完成主義や美学的な完成主義があることは否定できない。しかし私はこう言いたい。エマソンの場合、それは民主主義のための訓練のひとつと考えるべきだと。正義の原則を内面化したり、民主主義における市民の役割を果たしたりすることが問題なのではない――たしかに、そういうことは必要である、それはいうまでもないが、エマソンの信奉者ならば、物事のそうした側面ですらむずかしいとの考えに腹立たしさを覚え、法則を免れようとする日常的誘惑への軽蔑を露わにするかもしれない。私の考えでは、民主主義のためにエマソンが要求する訓練や人格や友情は、民主主義の厳しさではなく民主主義の失敗に耐えるための準備である。エマソンが人格を要求するのは、民主主義に失望したときに民主主義の希望の灯を絶やさないためだ。（エマソンの言葉はつねに、とりわけ若者に向けての、世界に絶望してはいけないとの傍白だ――しかもその言葉は、まるで臣下《サブジェクト》ではなく君主に向けてであるかのようだ。）ロールズの原初状態という概念が含意しているのはこうである。民主主義それ自身のもつ正義の原則に照らせば民主主義が失敗しているがゆえに、私たちは民主主義に失望するであろう。原初状態において正義の原則は受け入れられている、とすれば、私たちは現実の社会が正義に背いていると知り、そして、いかなる現実社会も正義から隔たっているとの事実は私たちひとりひとりが自分で取り組むべき問題であることを理解する。ここで問題なのは、合意への民主主義的な要求によって私たちが妥協を強いられる点だと言いたい。だから民主主義のなかで作り出され保護されざるをえない人間的個体は、民主主義によって破滅させられもしよう。

ここで、エマソンの筆法がどんな仕方で人間への切望を呈示（代表）するのかという問いへ素描的に答えてみよう。まず「自己信頼」の冒頭部の名高い一節から始める。本講ですでに引用する機会があったその一節はこうである。「天才の作品のどれにも私たちは私たち自身の捨てた思想があることに気づく。かつては自分のものであった思想が、疎外を被り一種縁遠い威厳をそなえて立ちもどってくるのだ」。私たちから疎外された威厳という着想は、崇高というカント的な観念の書き換えである。とすれば崇高なものは、最近の文学理論において議論されているように、フロイト的な転移の構造をもつ。（たとえば、ワイスケル、ハロルド・ブルーム、ヘルツ、そして拙論「精神分析と映画」註記（29）を参照[60]。）転移の方向――私からテクストへの転移、あるいはいわば先行―逆転移（いいかえれば読解への抵抗）の場合ではテクストから私への転移――は未決定の問題のように思われる。どちらの場合であれ、エマソンは読解そのものを崇高なものの読解と考える。

これはエマソン（そしてソロー）の場合、本に対する激越な糾弾となって現れる。彼らは私たちの眼前で彼らの本を書いてみせながら、私たちに、読めるものなら読んでみよ、読まずにすませられるものならそうせよという口吻なのだ。彼らの要求によればこうなる。すなわち私たちは彼らが私たちに彼らの本を読むことを望んでいないのを理解しなくてはならない。また私たちは彼らが私たちにその方法を（どのように読まないかを）教えているのを理解し、読まれないための趣向《テイスト》や、彼らの本を捨てるための能力を創り出しているのを理解しなくてはならない。こんなふうに考えてみよう。エマソンのテクストのようなテクスト（拒絶された思想に繋がる断片のようなテクスト）の思想があなたのものであるならば、あなたはそれを必要としない。その思想があなたのものでないならば、その思想はあなたのためにならない。問題は、テクストの思想がかならずしも私のものではなく、かといって私のものではないわけでもないという点にある。私の拒絶された――たとえば抑圧された――思想としての思想の崇高性において、その思想は私のさらに別の、次なる、到達していないが到達可能な自己を代表している。こう考えるのではなく、たとえば、単に私の思想の起源を他者におき、それから、たとえばだれかエマソンのような人によって、その思想がいわば私のなかに移植される――呼び起こされる、と言う人もいるだろう――というように考えるのは偶像崇拝に属する。（これは私が拙論「解釈の政治」で読解の神学と読んだものに関連する論点である。）

テクストのなかにある（エマソンの言葉を借りれば、無意識的な）ものが意識的になるとき、見慣れたものが別の見慣れたものに侵入される――フロイトが不気味なものと呼ぶ構造である、またそのために彼は精神分析の過程それ自体が不気味であると特徴づける。エマソンのいう変形の過程もこれと似た構造をもつ。エマソンは彼の著述を、私たちの拒絶された、さらに別の自己――私たちの「彼方」――の場所におかなくてはならない。それを言うために、エマソンはたとえば「私はここで人類を代表しようと思う」[61]と言うのである。あたかも私たちが彼を取りもどし、彼の言葉に聞き入るのを待ち受けるかのように。エマソンの言葉に注意するならば、問われているのはカント的任務の変形だと分かる。その事情を説明するために、エマソンが「自己信頼」で繰り返し行なっているとても重要な言葉遊びについて若干指摘しておこう。動詞「stand〔立つ〕」の変化形として、「standing up〔起立〕」や「understanding〔理解すること／知性・悟性〕」があり、また「standing for〔代表／代理／表象すること〕」や「standards〔基準・立つ‐場所〕」と繋がっている。

「人類を代表する〔standing for humanity〕」という表現は、人類を代理‐表象する〔*representing*〕や人類を耐え忍ぶ〔*bearing*〕（あたかも人類の痛みを耐え忍ぶかのごとく）のような方向へ意味を広げていきつつ、このエッセー全体をとおして繰り返される姿勢や足取り（とくに屈んだり、逃げ隠れたりすること――恥の姿勢として）への言及と結びつく。また立つこと〔*standing*〕、あるいは真っ直ぐ立つこと〔uprightness〕は、エマソンが探し求める修正であり回心であり、そしてそれこそが彼の代理‐表象的な〔representative〕散文なのだ。ここから帰結するのは、私たちが本当の人間によって引っ張られている――「本当の人間の基準へ制約されている」ように[62]――というエマソンの描写である。（エマソンは彼が「これ」を本当にする――彼の散文のことだと思う――と言い、そして本当の人間が私たちを「評定する〔measures〕」のだと言う。）さて制約〔*constraint*〕という語は、とりわけ一致〔*conformity* 迎合〕という語に結びつくとき、カント的な用語となる。この語は、具体的にいえば、道徳法則が私たちに働きかける――道徳法則がただ人間にだけ、すなわち誘惑に負けやすく、本性的に矛盾した存在（天使や獣は矛盾した存在ではない）にだけ適用されるという事実――仕方を表す。あなたがこの考えに好意的であるなら、「基準」の観念はさらに、人間が二世界に住む、つまり二つの「立場」（カントの用語[63]）から人間を見る能力をもつという観念と結びつく。この可能性のおかげで私たちは、感性界の「彼方」の知性界――目的の王国、理性の王国、人間の王国――に近づくことができる。エマソンが彼のページを基準（旗や尺度《メジャー》）として生みだすとすれば、そしてこれが目的の王国や人間の王国を開示するカント的任務に対する暗示や承諾であるとすれば、その眼目は何だろうか。

　カント的任務を問題の俎上に載せるには、たぶん、その任務が実際には失敗しパロディや迎合と化している現実を視野に入れておかねばならない。その任務の基準を取り返す――任務の基準を変形する――とき、エマソンは知性界すなわち目的の王国が私たちには閉ざされていることに気づく。だから私たちが自分を個人の観点から見る立場も閉ざされている（私たちと法則との関係はもはやこの力をもたない）。しかしそれと同時に彼はこうも言う。すなわち他者が私たちの代わりに私たちの拒絶された自己、私たちの彼方を代理‐表象するならばいつでも、知性界に入ることは可能であると。そのとき迎合している自分への嫌悪が生じる、それはいわば私たちが自分自身の恥を恥じるようになる瞬間だ。解決の数だけ、あいにく、問題が生まれる。

　カントによれば、法則の「制約」は「べし」という形で表現される命法である。（『道徳形而上学の基礎づけ』第二章。）エマソンにとって、私たちは現状において、自分自身の彼方へ引っ張られているか、そうではないかである。私たちは自分の方向転換を認知するか、しないかである。それにかんする「べし」はない。他者の基準によって引っ張られていることは、法則の命法によって駆り立てられているのと同様に、私たちが人間と呼ぶ矛盾し引き裂かれた存在がもつ特権である。これはいまでも真実である。しかしエマソンからすれば、私たちは単に知性と感性とに分割されているのではない。なぜなら、その半分に割れたひとつひとつそれ自体が引き裂かれているからだ。私たちは水平的に二分割されているだけでなく垂直的にも二分割されている――人間が原初において二分割されたという別の神話の叙述によれば――、プラトンの『饗宴』が描くように、フロイトがそれを引き取って繰り返すように。私たちは原初において二つに分かたれた片割れを追い求める、それゆえ私たちは偏った《パーシャル》存在なのだ。

　この認知と否定による制約のなかに、まさにそこに、道徳的完成主義において友情へ付与される高度な役割の占める場所がある。アリストテレスは友人を「もうひとりの私自身」と言う。エマソンの筆法の哲学的な素性を古代における友人の地位に照らして理解するためには、（現在における私の到達と争う）敵対者が友人の地位を占めるという変化形（ニーチェの場合はもっと大胆になり、エマソンの場合も劣らずあからさまになる）をもふくめて考える必要がある。そのように愛される者の地位が恐れられもし憎まれもしていないとしたら、その場所に由来する思想がなぜ拒絶されたままであるのだろうか。エマソンが占める地位をそうした地位の変種として認知しないならば、彼の筆法が、それを称賛する人には霞や霧がかかったかのごとく曖昧朦朧に見え、中傷する人にはばかげたものに見えるだろう。（ほとんどすべての人がエマソンを見下すことになる。）

　そんな流儀で、どうして哲学は自分の本分を示すまえに、親密な関係として受け入れられるべき地位に身を持することができるだろうか。それは哲学の否定であるように思われる。

民主主義的切望のなれの果てへの絶望や迎合的な振る舞いに対するエマソンの取り組みが間違っているとすれば、彼は毒にも薬にもならないように見える――彼は自己を救済しうるものだけを求める――、ほかの完成主義がこれとは別のどんな要求をするにしても。しかしエマソンが正しいとすれば、彼の嫌悪は民主主義的な切望に、その切望がみずからに忠実であるかどうかを測る唯一の内的尺度を与える――それはこの切望〔aspiration〕だけが命《いき》を吹きこむ〔inspire〕ことができたかもしれない（運がよければ、吹きこむにちがいない）声である。エマソンの嫌悪は社会に対し絶えず背を向けることである以上、それは社会へと絶えず向き直ることである。向き直り、そして背を向ける。それは誘惑の動きだ――哲学がいくばくかそうであるように。友人（見いだされるにせよ、築きあげられるにせよ）が完成の立場を代表するのは、まさに私たちの誘惑（迎合、他律）からの誘惑[64]への応答においてなのである。

　自己とはつねに先へ進むものであるとの観念は、叡知的《ヌーメナル》な自己とか、（最初のであれ、最後のであれ）活力《エンテレキー》としての自己とかお馴染みの幻想によっては表現されない。エマソンは「学者〔scholar〕」という語が「活力〔entelechy〕」という語と語源的に繋がっている（手近にもつ、あるいは引き止めるという観念をとおして、あたかも立ち止まって考えるかのように[65]）ことを知っていた――だからエマソンのいう〈アメリカの学者〉はアメリカの自己のことだ――と考えていいのだろうか。とすればデカルトやカントの尺度ではアメリカには自己が存在しない以上、アメリカは存在しない――あるいはもっと適確な言い方をするなら、新しい、別の世界として、まだ発見されていない。

とすればこんな疑問が生じてきても不思議はないだろう。エマソンはなぜデカルトやカントの尺度を受け入れるのか。エマソンはなぜ哲学の用語に英語の衣を着せるのか。哲学の用語を変形する代わりに、なぜ、アメリカが哲学——失って悔やむ必要のないもうひとつのヨーロッパ的建造物——を避けてとおる好機を活かさないのか。エマソンが哲学者であるかいなかを、彼はなぜ気にかけるのか。私たちはなぜ、それを気にかけなくてはならないのか。私たちにとって、いつ彼のページや基準に達するかが気にかかるのはなぜか。私たちの別の自己と出会うことや、読解と出会うことや、叡知界へ入ることが哲学的な性格をもつかどうかが気にかかるのはなぜか。それはいうまでもなく、彼の求める文化／教養〔の観念〕を徐々になじませること——エマソンが彼の革命と名づけるもの〔「アメリカの学者」〕——が哲学的な性格をもつからだ。どのように？

どのように「なじませる〔domesticate〕」のか——ここで問題なのは人間のための住まいを見つけることだが、それはエマソンとソローによれば、家を建てること、別様に啓発することなのだ——、どうしてこれが哲学の任務なのか。私たちはプラトンが『国家』のなかで彼の任務として提示した「言葉の国《シティ》」をつくるという描像を当然のものとして受け入れる、それゆえ、西洋世界において哲学が公正な国《シティ》にかんする虚構的な会話のなかで哲学の散文を展開することを受け入れてもいいだろう。エマソンの言葉の家は基本的に国《シティ》より小さい。その家の言葉が希望の言葉でないならば、その偉大さは絶望することにではなく、「気高い正義の光が」それを「輝かせ」、「〔美しい〕愛情」がそれに「声援をおくる」ことにある〔「アメリカの学者」〕。カントはすでに、何を望むことが許されるのかと問うていた。エマソンは事実上、なにを望むことも許されないと答える。あなたは何が望まれているかを知らない。「忍耐――忍耐しなくては［受苦、容認という意味で］」、「あなたの直感を死守せよ」（「アメリカの学者」最終パラグラフ参照）――たぶん、それが思考の道だから。この道を死守する者には「巨大な世界が向こうから同調してくる」（同前）――たぶん、同じようにそれがエマソンに同調してくる、一度にひとりずつ、世界が転回して世界の同調を構成するとの形式で、――同じ形式で、あなたはあなたの（さらなる）自己に達する。

ある疎外された威厳から出発してエマソンのテクストに辿りつくとき、私たち（エマソンの読者としての私たちひとりひとり）は、人口が二人の輝かしい《イラストリアス》君主国を形成する。それは、私の有限性あるいは孤絶性を（私の偏りを自覚する問題として）認知する可能性の良き例を示す《イラストレイト》。全体的な人間という観念を偏った《パーシャル》人間という観念で置き換えることに哲学としての価値があるだろうか。

私はこんなふうに見る。私たちの人間性の剥奪や、地盤の喪失や、私たちの安寧や財産としての自然本性の喪失などに対するエマソンの見解は、現代哲学において懐疑論の問題として扱われている。懐疑論を克服する、あるいは乗り越えることは、哲学にとって、［懐疑論を］なじませる（あるいは繰り返しなじませる）という革命を構成するものであるはずだ。なぜなら、こういってよければ科学も宗教も道徳も懐疑論を克服しなかったからである。いやそれどころか、科学や宗教や道徳が懐疑論を、あるいは世界の退却を引き起こすという点では他のものとなんら違いはない。哲学は、たとえ変形されたものであっても、私たちに残されているだろうか。まさに、それが私の問いである。私はそれが哲学の問いだと思う。とすれば、問いがそれ本来の姿になったのだ――まるで宗教や科学から純化されたかのように。

エマソンの状況に対する私の関心を明確化するならば次のようになる。エマソンにおいては「なじませること」が、一日の、ほかならぬ今日《きょう》の問題であり切迫である。それは日々のもの、日常的なものの達成であり、いま、ここで、新たに、これを最後として遂行される達成なのだ。ウィトゲンシュタインの『哲学探究』において日常的なものの問題は、懐疑論の場所を決定する問題である。その眼目は懐疑論を乗り越えることではない、あたかも懐疑論に反駁できるかのように、あたかも懐疑論が人間的知識についての結論であるかのように（それは懐疑論の自己‐解釈にすぎない）。そうではなく懐疑論の場所を、エマソンが「人間の条件」と呼ぶもののしるしとして、有限性の別の解釈として、すでに述べたように、私たちの傾注を言葉《ワード》や世界《ワールド》のなかへ据える流儀として捉え直すことが大事なのである。この日常的なものの議論――懐疑論が攻撃する、それゆえ懐疑論が創出するものとしての、そして懐疑論に反撃する、あるいは懐疑論を語り直すものとしての――は、ハイデガーの『思惟とは何の謂いか』のような作品の場合、反対方向でなされている。それゆえ日常的なものの議論は、ウィトゲンシュタインの見方とハイデガーの見方のあいだで行なわれる。（それは、懐疑と崇高さのあいだの議論、下向きの変形と上向きの変形のあいだの議論として展開されるかもしれない。）だから私にとっては、エマソンや日常的なもののエマソン的変形がウィトゲンシュタインとハイデガーの背後に透けて見えることが嬉しい。彼らは今世紀において比類のない偉大な哲学者である。彼らからすれば、日常的なものの、したがって懐疑論の問題は哲学的なものとして生きつづけている。この問題が背負うものは哲学が背負うものと同じである。私の考えでは、彼らの場合――エマソンの場合がそうであるように――、絶えざる道徳的切迫や宗教的苦難や芸術的情念のもつ音調《トーン》として彼らの読者に印象づけられるものは、道徳哲学や宗教哲学や美学と呼ばれるばらばらの研究として表現されるものではないという点がとても大事なのだ。私がそこから引き出す教訓――あるいは美学――は次のとおりである。彼らが書くものは、ここに述べてきた哲学の話題《トピック》いいかえれば場所[66]よりほかのなにものでもないが、つねに哲学そのものなのである。それ以外の、ばらばらなものは、それが何であれ、私たちの恥ずかしい条件から私たちを遠ざける、あるいは断ち切ることができない。哲学は（未踏の）生きる道として現れる。このことを言うために完成主義者は様々な道を発見するだろう。

とすれば、いうまでもなく、エマソンが哲学を必要とするとき、いわゆる大学に帰属する特定の学会に後見を求めているというふうに理解すべきではない。私はこう思う。「哲学そのもの」へと生成していくものは、文学と――すなわち文学に到来するものと――区別がつかないかもしれないと。そうすると私のこの推測、憶測はたぶん私のロマンティシズムなのだろう。

空想から現実へもどって、これまで述べてきたことをジョン・スチュアート・ミルの『自由論』の一節へ繋げることで締めくくりとしたい。この一節で言われていることは職業的哲学者たちにとって共通の地盤であるはずだ。私がこの一節に言及するのはこう考えるからである。すなわち私がこれまで述べてきたことの眼目は、完成主義とは（私の関心が及ぶ範囲でいえば）競合する道徳理論ではなく、あらゆる道徳的思考に不可欠な次元であることを示唆する点にある。カントはいわば彼の理論が終わるときに、完成のための本質的な場所を発見した。完成についてのカントの見方によるなら、完成のための場所とは、道徳法則との理想的なかつ到達不可能な関係（達しえぬとしても、そこに向かって努力すべき関係）である。エマソンの場合この理想の場所は、道徳的思考が始まるときに、こういってよければ道徳的想像力の条件として、道徳的生活の心構えやしるしとして、現れる。そもそも道徳性とは個人的な出会いのなかで育まれるべきものである以上、この前提条件が欠けているならば、私たちは道徳以前の状態にあり、道徳の声を喪失したまま生きていることになる。ミルの一節は、おそらくエマソンの散文ほど切実にこの精神の混乱状態をわが身に引き寄せているわけではないが、それでもやはり、人間本性の喪失や声の喪失に向きあう切迫した雄弁さをもつ表現なのである。

現代においては、社会の最上層から最下層にいたるまで、だれもが、敵意に満ちた恐ろしい監視の下で暮らしているかのようである。現代人は、他人事ばかりでなく、自分だけにかんすることであっても、個人として、家族として、こう問うことがない——私は何をしたいのか。（……）どうすれば私の内にある最高で最善の部分が十分に活動でき、その成長と開花が可能になるだろうか。現代人は自分にこう問いかける（……）、人は何をするのが普通だろうかと。私は、現代人が自分の好み〔inclination〕に従うよりはむしろ世間の慣習に合わせる、と言いたいのではない。彼らは慣習的なもの以外に、好みの対象が思いつかないのである。このように精神そのものがくびきに縛り付けられている。人々は、娯楽においてさえ、迎合〔conformity〕を真っ先に考える。彼らは群れることを好む。彼らが好んでやることは、どれも、世間で普通にやられていることにすぎない。変わった趣味や突飛な行動は、犯罪と同様に忌避される。自[67]

> 分自身の本性に従わないでいると、従うべき本性が自分のなかからなくなる。人間としての能力が衰え働かなくなる。強い願望や素直な喜びをもてなくなり、たいていは、自分で育くみ本当に自分自身のものとなった意見や感情をもつこともない。はたして、これが人間本性の望ましい条件なのだろうか。（ミル『自由論』第三章第六パラグラフ）

私はミルの使う「望ましい〔desirable〕」という語の使用料について注意を促したい。『功利主義』のなかの一節〔第四章〕でミルがこんな議論を展開していることはよく知られている。すなわち、あるものが望ましいかどうかは——ある対象が見える〔visible〕ことを証明するには実際にそれを見るほかなく、聞こえる〔audible〕ことを証明するには実際にそれを聞くほかにないとの類比により——、人が実際にそれを望んでいるかどうか（特定の状況下では、たぶんそれを望むかどうか）によって決まると。私が大学院生だったころ、哲学教師たちは飽きもせず『功利主義』のその一節をばかにしたものだった[68]。しかしこの一節の趣旨は、いまでも私にはまっとうなように思われる。それにしたがえば、『自由論』から引用した文章のむすびの問いはこうなる。あなた——彼の読者——は実際に、この監視された人類の条件を望んでいるのか（いかなる状況下でも、それを望むだろうか）と。まさに〈完成主義〉の問いだ。この問いは自由の叫び声を読む。私たち自身のものであり、私たちによって選び取られた生活を求める叫び声を。私たちはその生活に合意するだろう。私たち自身の声で。ミルの一節が雄弁であるのは、その一節の読み手たる友人を目覚めさせて問いに導き、それが問いであることを示すからである。その含意はこうなるだろう。私たちひとりひとりがその問いへ答える、問いから問いへ、問いについての問いへ答える。そのときはじめて、私たちは――快と苦の計算を始めるよりずっとまえに――何に合意するのかを知る。

第2講義

日常的なものの議論〔*〕

ウィトゲンシュタインとクリプキにおける教示の場面

第1講義が締めくくりとして引いたミルの『自由論』の一節は、人間の本性をこうみなしている。すなわち（一八五九年の段階で）人々は世間への迎合〔conformity〕を優先させたことにより自分の好み〔inclination〕を完全に捨て去った、そして私たち自身の本性に従わない罰として、従うべき本性をなくしてしまったと。したがってミルはこう考える。道徳的判断や、自由を求める叫び声の評価や、私たちの生活をかたちづくる幸福の権利などの問題がおそらく消失している、道徳的生活の条件がおそらく（もはや）機能していないと。さきに私は、「自己信頼」におけるエマソンの主張すなわち思考の偏り〔partiality〕に言及し、ハイデガーがもくろむ思考への近づきをエマソンのいう思考の偏りの方へ連れていった。ハイデガーのいう思考への近づきは、ハイデガーが私たちのもつ思考への傾き〔inclination〕と呼ぶもの（私はここに、思考への抑えがたい誘いというカント的な問題の反響を聞く）を暴露することによって遂行される。ハイデガーはこの傾きが、思考の可能性や私たちの思考の能力に内的に結びついていると見る。この暴露は、『思惟とは何の謂いか』によれば、哲学がいま、西洋形而上学における思考を表象とみなすような観念の支配を克服しようとするならば、引き受けなくてはならない任務なのだ。『探究』のなかでウィトゲンシュタインは、私自身や私の言葉を世界に結びつける場合であれ、私の社会を批判する場合であれ、私が思考のなかにもつ声の問題の実例や紋章として傾き〔傾向〕を引きあいに出す。私の歴史のなかに私の声をもつ、私による規準の受容のなかに、言語における私の同意や同調の評価のなかに、私の声をもつという考えは、拙著『理性の声』の根本主題である。拙著はまずウィトゲンシュタインの（文法と連繋する）規準の考え方を考察した。この規準の考え方は、日常言語の手続きにおいて私の声に訴えるときこの同調を受容している事実を説明する。そして同時に、懐疑においてこの同調を——それゆえ私の声を——拒絶している事実を説明する。したがって、私たちは私たちの言葉において同意しているとの本性——言葉における私たちの合意や同意は契約的なものではありえない——が明らかになるだけでなく、私たちがこの同意や同調から断絶している、断絶したいとの願望をもっているという事実も明らかになる。規準と懐疑とは相互的な可能性である以上、規準が懐疑を反駁できるはずがない。その反対に、規準は懐疑の力を明らかにする。それを懐疑論の真実とさえ呼ぶことができるかもしれない。私はこの主題を私の規準に対する私たちの失望として思い起こすことがある。

第2講義の当初のもくろみはこうだった。ウィトゲンシュタインの『探究』における声の問題にかんする私の説明と、ソール・クリプキの影響力の大きい、そして読む者を当惑させる研究『ウィトゲンシュタインのパラドックス』のいくつかの章句とを結びつけ、それを対比しながら、書くことにかかわる傾きのようなもののエマソン的変形へと架橋することで、『探究』における声の問題をさらに先へ進めるつもりだった。これは「自己信頼」における（第1講義で示唆した）私のお気に入りの箇所に立ちもどることを意味する。エマソンにとって、書くことは〈気まぐれ Whim〉と書き記すことであり、〈気まぐれ〉とは、そのエッセーのもっとあとの方で泣き言〔whimpering〕と呼ばれているものの変形である。泣き言とは、世界《よのなか》が言葉を使うやり方に対する口惜しさ〔chagrin〕の感覚に由来する連想である。[1] しかし当初のもくろみは、この第2講義のための資料を集めたときに、立ちゆかなくなった。なぜならクリプキの説明の何が私を当惑させるのか、それを納得するための緒を見つけるのにさえ、私に許された時間の大半を費やしてしまったからである。

拙著『理性の声』における説明を除けば、私の知るかぎり、クリプキの説明は、『哲学探究』の狙いが懐疑論を反駁することにではなく、反対に、懐疑論の可能性――ウィトゲンシュタインの哲学に内在するもの――に対しなんらかの関係を維持することにあると考える唯一の説明である。私の当初の考えはこうであった。すなわちクリプキの見解を使って、第1講義で私が日常的なものへのエマソン的態度あるいは傾注と呼んだものをさらに掘り下げ、またそれを懐疑論のもつパラドキシカルな性格に結びつけようと考えたのである。そしてこう考えた。エマソンによる言葉の変形（彼はそれを言葉の変換〔conversion〕や背反性〔aversiveness〕と呼ぶ）と、懐疑論による言葉の誇張的使用（「あなたは、実際には、文字どおりには、直接的には、対象の前面を見ていない……」――これは、私をふくめ、ある種の著述家には倒錯的〔perverse〕な発想だと思われたが、そこでは人間本性のもつ倒錯性が露わになっている）とは、どちらも、私たちの規準が惹起され抑圧されるというウィトゲンシュタインの見方から説明することができ、それゆえ相互関係にあるものと見ることができる。しかし先を急いではならない。なぜならクリプキのウィトゲンシュタイン読解が正しいならば、私のそれはどうしても間違っていることになるのだから。

さらにこう言おう。クリプキの読解になにか単純な間違いがあるとはとうてい思えない。とにかく、ある意味で、私はクリプキの読解に（内在的な）間違った点をまったく見いだせない。それゆえ、なぜ、あるいは、いかなる意味で、それにもかかわらず、私の見るところ、クリプキの読解が正しくない（『探究』に忠実ではない）と言うには時間をかけなくてはならない。意味についての懐疑に対するウィトゲンシュタインの考察にとって、規則が根本的であると解釈するとき、クリプキは『探究』における規準の役割を副次的に扱う、それゆえ私の立場からいえば、日常的なものの問題を徹底的に過小評価している、あるいは巧みにかわしているように見える。日常的なものの問題の構造は、私たちの規準や、規準のもつ文法的関係によって成り立っている。私は規準こそが、懐疑論の可能性に対するウィトゲンシュタインの考え方——あるいは、いわゆる懐疑論の脅威に対する彼の応答——を形成していると見るが[2]、だとすれば、規則は副次的であることが示されたと理解する。しかしクリプキによる規則の解釈が、今度は、日常的なものへの訴えの根本性を切り崩すように見える以上、彼の立場からは、私の規準への訴えが問題を巧みにかわしているように見えるにちがいない。これらの立場は、私のいう日常的なものの議論における両陣営を反復するものだ。こうしたことが、『探究』にとって、なにか根本的なことのように私には思われる。それは私がそこから抜け出す仕方を探求している議論である——『探究』が哲学的テーゼを断念しようと努めるときにそうするように〔『探究』一二八節参照〕。

クリプキはウィトゲンシュタインの見解にかんする首尾一貫した説明をこんなふうに始めている。「二〇一節においてウィトゲンシュタインはこう言っている。《私たちのパラドックスはこうであった、すなわち、規則は行為の仕方を決定できない、なぜなら、どのような行為の仕方もその規則と一致させることができるから》。拙著のこの第二章において、私は私自身の仕方で、問題となった《パラドックス》を展開してみようと思う。この《パラドックス》はおそらく『哲学探究』の中心問題である」（一一頁）。ここよりもっとあとでは「おそらく」がとれる。「懐疑的パラドックスは『哲学探究』の根本問題である」（一五三頁）。そして明らかに、『探究』について述べられるこの主張は、クリプキの『ウィトゲンシュタインのパラドックス』の根本的な主張なのだ。そしてこの主張は、少なくとも次に列記する主張や要請の結果そして／あるいは原因であることが分かる。(1)規則の概念はウィトゲンシュタインの思想（『探究』――私が本講義で引用する唯一のウィトゲンシュタインの著作――における）にとって根本的である。(2)ある種の事例は、私たちが懐疑の経験として認知できるような経験を生みだす。(3)懐疑的パラドックスの解決は、個人を共同体における同意へ連れていくある特定の仕方に関係している。(4)一般に『哲学探究』の構造は他の解釈者たちによっては十分に理解されてこなかった、とくに二四三節とそれにつづく節は、ふつう私的言語の議論と呼ばれているが、ウィトゲンシュタインによる「私的言語」の「拒絶」（クリプキ、一五五頁）を確立するために書かれているのではない（拒絶は早くも二〇二節の段階でなされている）、そうではなくむしろ、一三八節‐二四二節において引きだされた言語にかんする一般的結論を適用する二つの大きな問題のうちのひとつ、すなわち感覚の問題への適用に取り組むために書かれているのだ。(5) この適用の眼目は、「とりわけ不自然に」(クリプキ、同前) 見える二つの領域のひとつ、すなわち感覚の問題において、言語にかんする一般的結論を擁護することにある。(とりわけ不自然な適用に見えるもうひとつの領域は数学である。「[ウィトゲンシュタインは、] 規則にかんする彼の一般的結論を無視するという私たちの強固な傾向を克服するときにのみ、私たちはこれら二つの領域を正しく見ることができると考える。だからこそ規則にかんする結論は、数学の哲学にとっても心の哲学にとっても決定的に重要なのである」(一五七頁)。)

ウィトゲンシュタインによる懐疑論への応答に対する私自身の説明では、懐疑的な思考の方向を生みだす (そして、そこから生みだされる) ものとして事例の役割が強調される。そこで私は、クリプキの挙げる事例が懐疑論を明確にしているかどうかを問題にしてみようと思う。また、クリプキがウィトゲンシュタインのなかに見いだす共同体における同意が、ウィトゲンシュタインが私たちの「同意」におく確信の深さに達しているかどうかを問題にしてみようと思う。ウィトゲンシュタインにつづいてクリプキの提起する問題が数学だけでなく「言語のあらゆる有意味な使用に」(一一頁) 適用されるとの (すなわちウィトゲンシュタインの「結論」は「数学の哲学にとっても心の哲学にとっても決定的に重要なのである」(前記) との) クリプキの感覚を私が完全に共有しているる以上、しかし、それにもかかわらずウィトゲンシュタインが規則に決定的な重要性を与えているとの感覚を共有しない以上、私は数学や心 (あるいは一般に言語の「残余」) の場合を、規則の適用がとりわけ不自然に見えるような特別な場合として理解すべきであるとの感覚を共有することができない。拙著『理性の声』(*The Claim of Reason*, pp. 343-353) において私も次のように考えた。すなわち、二四三節につづく節の役割は、『探究』の読者（二四三節につづく節においては私秘性の可能性についてなんら新しい論点がふくまれないことを認めない読者）によって、誤った所に強調点をおかれたり、誤解されたりしてきたと。（表現に対する失望や表現喪失に対する恐怖の観念にかかわる）これらの節にかんする私の初期の主張をここで繰り返すつもりはない。しかし数学の場合と言語の「残余」との（日常言語との――と言いたい）関係にかんするクリプキの説明には驚きを禁じ得ないので、この関係について別の考え方を提示してみたい。

私の印象ではこうである。クリプキが説明し組織化しようとしている観念を、ウィトゲンシュタインはたぶんクリプキが考えるよりも、変化に富み、入り組みもつれ、独特なものと考えていた。私の見るところ、とりわけ規則や同意や傾向や日常性についての観念がそうである。じっさい私はこう理解する。すなわちウィトゲンシュタインはかなり明確に、規則がクリプキの期待するような根本的役割を果たしえないと言っていると。クリプキが二〇一節の冒頭部から引用する文、すなわちウィトゲンシュタインが「私たちのパラドックス」を提示している文につづく文において、ウィトゲンシュタインはこう書く。「その答えはこうであった、すなわち、どのような行為の仕方も規則と一致させることができるのなら、規則と矛盾させることもできる。それゆえ、ここには一致も矛盾も存在しないことになる」。この一節はこう示唆しているように読める。すなわち、このパラドックスは「中心的」なものではなく、提示されるやいなや、その意義性が失われていると。ウィトゲンシュタインの語調はこうだ。私たちのパラドックスなるものが言っていることは、この答えなるものが完全に押さえ込める程度のものである。規則に対してあれこれの解釈ができるとの事実は懐疑論を引き起こすには力不足である（言語における規則とその役割を特定の仕方で描写した懐疑論者にとっては都合のよい事実であるかもしれないが）。ウィトゲンシュタインの問題は、ここでも、なぜ私たちが違ったふうに〔パラドックスなるものを押さえ込めないというふうに〕考えるかなのである。その場合、クリプキがパラドックスに対するまじめな知的「解決」と呼ぶものはウィトゲンシュタインの解決ではありえない（と私には思われる）。

どうして私にウィトゲンシュタインの「語調」が分かるのか。私の主張は、たとえば一九九節におけるウィトゲンシュタインの見解「これはもちろん《規則に従う》という表現の文法につけられたひとつの註記である」――これは、規則に従うことが、たったひとりの人が生涯でたった一度だけ行なえるようなことかという問いへの返答として述べられた見解――を根拠にしている。私はこの見解がウィトゲンシュタインの行なう規則の議論全体に適用できると解釈する。たとえば、以下に列挙するような事柄にかかわる諸問題に適用できると解釈する。順守、従う、解釈、規則性、同じことをする、命令する、習慣、技能、実例、実践、説明する、理解する、推量する、直観、可能性、意図……どれもが規則の概念とまったく同じように根本的であり、文法的に（それゆえ規準を顕在化させる仕方で）探究すべきものなのだ。なぜクリプキには違ったふうに見えるのか――どうしてそう見えうるのか、しかもあれほど首尾一貫した仕方で――、その事情を理解しなくてはならないが、それは、彼によって説得された〔確信させられた〕人に、その確信が強いられたものであると説得するためである。それには、クリプキがウィトゲンシュタインから借りる主要な用語の使い方においてクリプキとウィトゲンシュタインとでは相違があることを示すだけでなく、なぜクリプキの使い方があのように特殊な形になるのかを示す必要があるだろう――「なぜ……かを示す」には、クリプキの解釈がすでにウィトゲンシュタインのテクストのなかに暗号化されて組み込まれ疑問に付されていることを認める必要があるだろう。私は直接的にこれを示そうとは思わない。手始めに私は単にこう言おう。クリプキの説明は、日常的なものに対する（それゆえ日常的なものを分節化〔明示化〕する「私たちの規準」に対する）ウィトゲンシュタインの関心を徹底的に軽視あるいは回避しながら、日常的なものを軽視あるいは回避しようとする哲学の根深い欲望に対するウィトゲンシュタインの関心を回避すると。

私のクリプキ研究の進め方は、ある意味で、私が日常的なものの議論と呼んでいるものの記述の進め方と同じように間接的になされるであろう――この議論に勝ち負けはない。クリプキが懐疑的問題あるいはパラドックスの「解決」と呼ぶものは、どのようにして「孤立した〔共同体から切り離された〕」個人が「共同体」によって「教示される」（そして容認される、あるいは拒絶される）にいたるのか、についての描像にその成否が懸かっている。その考えが根拠とするのは、（おそらく自分を共同体の代表者とみなしている）ある人物が、自分のもつ「傾向」に照らして、（いわば共同体の認知もしくは承認を求める他の人が「同じ」傾向を表しているかどうかを「判断する」というような観点である。私の狙いは、容認もしくは拒絶というこの場面に対するクリプキの描写がウィトゲンシュタインのそれではない（いやそれどころか、ウィトゲンシュタインの決定的な場面の重大な転換である）ということ、それゆえ、とりわけ、その場面がクリプキのいうウィトゲンシュタインの「懐疑的パラドックス」に対するウィトゲンシュタインによる「懐疑的解決」ではないということを示唆する点にある。また、そうであるなら、クリプキがその解決を提示するとの問題もやはり（かならずしも）ウィトゲンシュタインの問題ではないということを示唆する点にある。したがってクリプキの読みについて私が言うべきことは、私がここに引く彼の文章から得られるものに集中する。

懐疑的議論の核心は、私たちは究極的に自分の行為を正当化できるような、いかなる理由もなしに行為するレベルに達する、ということだ。私たちは、ためらわずに、しかし盲目的に行為する。

とすればこれ〔計算の場合〕は、ウィトゲンシュタインが、「正当化〔Rechtfertigung〕」なしに、しかし「不当に（zu Unrecht）」ではなく話す、とみなす場合の重要な一例である。答える側は、究極的にいかなる正当化も与えることなく、ああする（〔68と57の和を求められて〕たとえば「5」と答える）よりも、むしろこうする（たとえば「125」と答える）ほうが正しい答え方だという彼自身の確信に満ちた心の傾きに従ってよい、ということが、規則について語る私たちの言語ゲームの一部なのである。〔「5」が正しい答えになるような別の関数がある――クリプキの説明によれば、この別の関数を〔「125」が正解となる関数が機能しているまさにその瞬間に〕機能している関数として排除することができない〕。すなわち、ある個人に、ある特定の場合、自分の規則にあてはなく、むしろこう従うべきだと言うことを許す「主張可能性条件」は、突きつめるならば、彼は彼がしたくなる〔する傾向のある〕ことをする、

ということになる。（一七〇―一七一頁）

クリプキは、孤立した〔切り離された〕個人――「人を孤立した状態で考えるならば、規則を受け入れている人を導く、という観念はなんら実質的内容をもちえない」（一七三―一七四頁）――の場合と、教師と子供の場合とを区別する。後者の場合、「その人〔規則に従う人、子供〕が規則に正しくあるいは間違って従っているかどうかを言うための正当化条件をもつ」のは他の人〔教師〕であり、「こうした正当化条件は単に、その人自身の権威〔own authority〕を受け入れることではないだろう」（一七四頁）。そしてこう締めくくる。

さて、教師はある場合に生徒が「正しい」答えを出すにちがいないと判断する、と私が言うとき、私は何を意味しているのか。私が意味しているのは、教師自身が出す答えと同じ答えを子供が出すと教師が判断している、ということである。同じように教師は、子供が足し算をしていると判断するために、大きな数の演算において、たとえ間違うとしても、子供が「正しい」手続きを適用していると判断しなくてはならない、――私がこう言ったとき、私が意味しているのは、教師自身が適用したくなる〔適用する傾向のある〕手続きを子供が適用していると教師が判断している、ということである。（一七五―一七六頁）

しかしこれは、ウィトゲンシュタインが『探究』で行なっている子供と教示についての描写に対する私の見方とは違っていると思う。
クリプキの言い回し「したくなる〔inclined to do〕」と「適用したくなる〔inclined to apply〕」に注目しながら、クリプキの読みを書き換えて、それをいわば『探究』のよく知られた一節に重ねてみようと思う。クリプキの二つの言い回しは、すでに引いた二つの文章の最後のほうに見える。『探究』のよく知られた一節は二一七節のなかに見える。

私が正当化をやり尽くしたのであれば、私は堅い岩盤に達したのであり、私の鋤《すき》は反り返ってしまったのだ。そのとき私は「とにかく私はこうするのだ」と言いたくなる。

私はクリプキの読みをこう書き直す。

私が……をやり尽くしたのであれば、〔云々〕。そのとき私は「とにかく私はこうしたくなるのだ」と言うのを許されている。

二箇所でウィトゲンシュタインの言葉を書き換えている。「たくなる〔inclined〕」という語の位置替えをし、元の場所に「許されている〔licensed〕」という語を入れた。（クリプキは「人を孤立した〔切り離された〕状態で考える」（一七二頁）場合において、ある慣行〔実践〕が、その人に、自分にはこのように思われる〔it strikes him こうやるのが正しいと思われる〕仕方で規則を適用することを許《ライセンス》すという観念を導入する。その人が「広く共同体と相互作用している」ことが明らかになれば、その人の傾向はもはや自分のしていることを許す根拠ではなくなる。その人のしていることは、他の人の傾向にもとづいて許されたり許されなかったりする（一七八―一七九頁参照）。このことが言語の私秘性《プライヴァシー》の問題を解決するはずだと考えられている。『探究』に対する私の見方からすれば、この公的な許しによっては私秘性から一歩《ステップ》も抜け出られないだろう。こういってもいいかもしれない。それは『探究』で描写されているような同意や権威の観念を捉えていない。しかしこのことが私にとって重大なのは、それ〔公的な許し〕が『探究』で達成されている私秘性も孤絶性も捉えていないという点である。この問題は、これより後、暗黙裡にのみ言及される。）

（二一七節の）この箇所をウィトゲンシュタインの教示の場面と呼ぼう。クリプキの場面は、私の解釈では、まったく違う方向へ展開していく。

ウィトゲンシュタインは、なにか私が言いたくなる〔言う傾向をもつ〕事柄を話題にする。私が言いたくなる事柄は、断じて、私が必然的に言いつづける事柄ではない。私はなにかの招待にイエスと言いたくなる〔言う傾向をもつ〕かもしれないが、不都合があるならば即答するのをためらう。ウィトゲンシュタインの教示の場面において、教師は「私はこうするのだ」と言うことに不都合を感じる、それゆえ、そう言うことにためらいを感じることもありはしないだろうか。クリプキは、彼が懐疑的議論と呼ぶもの――これによるならば私たちは理由もなく行為する――を引きあいに出してから、「私たちは、ためらわずに、しかし盲目的に行為する」（一七一頁）と言い添える。私はクリプキのこの言葉に懸念を覚える。[3] 盲目的に従うとの語り口と、ウィトゲンシュタインが（二一九節中で）自分にはこのように思われる〔how things *strike* him〕と語るくだりとは同じ表現様態をもつ、すなわち明らかに神話的なもしくは象徴的な様態をもつのだ。ウィトゲンシュタインは神話的に語ることと（字義直解的《リテラル》に）説明することを区別したいのだと思う。神話的な語りは、こういってよければ、私たち自身についての展望を与える。私が盲目的に招待を受け入れるならば、私は、それに伴う、なんらかの多少なりとも明白な危険（地位、場違い、誤解などにかんし）を考慮の外においている。私がだれかの命令に盲目的に従うならば、私は自分の行為に対する責任を不本意にあるいは喜んで放棄している。私が予言を盲目的に信じるならば、私はそれ以外のことが見えなくなっている。規則に従うとき、あらかじめ名指しうる危険などない以上、また不本意にとか喜んでとかを言うまえに私の責任がない以上、そしてほかに替わりの解釈が見あたらない以上、私たちには、規則がどんなものにも勝る強制力をもつように思われるかもしれない。とすれば、さらに、規則を選び出し採用したのは私たちである以上、私たちこそが規則よりずっと強い力をもっているように思われるかもしれない。しかしたぶん私たちはただ、私たちを支配する鎖を選びつづけているだけなのだ。盲目性が表現するのは、規則の力とはすなわち、私たちが自分を規則に従わせる力であるということなのだ。私の鋤が反り返るという観念は、逆に、規則の非力さとはすなわち私が他のどんな人をも規則に従わせられない非力さであることの「象徴的な表現」（『探究』二二一節）である。この点にかんしこれ以上の論及はしないが、私たちの象徴的な表現は規則と変わらぬ強制力をもち、警告もなしに命令するようだ。

「とにかく私はこうするのだ〔This is simply what I do〕」と言う不都合さ――そう表明することへ

のためらい——は、理由づけ〔正当化〕をやり尽くした以上、「こう〔this〕」の観念がどの程度確定的でありうるかという問題から生じてくるかもしれない。「だが他人はこの〔THIS〕痛みをもつことができない！」（二五三節）と比較せよ——この主張に対するウィトゲンシュタインの答えは否定的である。彼によれば、この主張は唯一無比なる存在に対する実質的な証明のように見えるが、それはせいぜい、（守られることのない、守られることのありえない）同一性規準の約束が投じる影にすぎない。その理由はこうである。あなたが、たとえば自分の膝をたたくことにより、ある痛みを、ブランコから落ちて足をひねった日を思い出させる若干吐き気の伴うような感覚として特定するならば、私たちは共通の世界をもち、私がその世界の枠組みのなかで、ある痛みをもち、その痛みを、まさしくブランコから落ちた子供のときの経験に繋がる若干吐き気の伴うような感覚として特定することがないとは言いきれないだろう。それが同じ痛みであることをあなたがあくまでも否定するならば、それはある時点で、次のような意味をもつことになるだろう。すなわち、あなたは他人の身体に生じる感覚があなたの身体に生じる感覚と同じものである可能性を許さない——つまりあなたはその可能性を許容しない形而上学的領域に入った——ということになる。教示の場面において、「私はこうするのだ」のこう〔this〕を確定する共通の枠組みが利用可能な状態になっていない。それは、いわば私の哲学的決断において私の唯一無比性を主張することが否定されているからではなく、私が正当化をやり尽くす〔exhausted〕とともに、私たちの共通世界という枠組みをも使い果たして〔exhausted〕しまったからである。（「岩盤に達する」は問題含みである。「正当化がないということの事実は、まさに、岩盤に達していなかった、いやむしろいまこそ哲学が仕事につくべきであるということを意味する」と反論する人がいるかもしれない。このように「岩盤」を大げさに受け取るならば――そこに潜む形而上学的欲望が満たされないかぎり――、その行きつく先は、根拠はどこにもありはしないという（懐疑的）断言である。その邪魔立てをするつもりは、かならずしも、私には――こういってよければ『探究』のウィトゲンシュタインには――ない。）

良い教師ならば「とにかく私はこうするのだ」などとは言わないだろう。それでは、もう教えるのをやめると脅しているようなもの、「私が正しい。私のやるようにやりなさい、さもなければ、ここからで出ていきなさい」と言うようなものである。教師はどう言わねばならないかという場面で自分の傾向を表現する。このとき教師はある手本として振る舞いつづける、いわば子供を招き入れるための手ほどきをしている共同体の代表として振る舞いつづける性向――（無条件の）意欲――を露わにする。

ウィトゲンシュタイン自身による教示の場面と、私がクリプキの名を借りて書き直した教示の場面との相違は、言うことと為すことの違いとは関係がない。なぜなら数列をつづけるとき、ひとつ先に進めることとは、言うことでも為すことでもあるから。ここにプラグマティックなものへの誘いがあるとは思わない。私のウィトゲンシュタインにおいては、正当化をやり尽くしたことが、ある傾向によって標示される。すなわち私はただなにか――これ！――を示すだけしかできないと言いたくなる傾向である。それから私は結論を言わずに自分のやり方《ステップ》に立ちもどる、あるいは立ちもどらない、かもしれない。クリプキのウィトゲンシュタインにおいては、正当化をやり尽くしたことが、こう説明される――すなわち、正当化はつねに傾向（私のであれ、あなたのであれ）にすぎなかったと言ったり発見したりすることによって説明される。そのあとで私は他の人のやり方《ステップ》を注視しつづける。教師と子供の場合から、言葉にかんし同等の権威をもつ発話者つまり同等者たる仲間の場合へと移行するならば、他の人のもつ算術や言語の能力への確信と類似した感情――「新しい事例に対し正しい返答ができるという感じ」――は、クリプキが要約するように「いまや私はやっていける」（一七六頁）である。しかし『探究』における（たとえば一五一節、一七九節）この言い回しは、私の次の一歩《ステップ》への確信を表現していない。この言い回しは、ほかのだれかが実行しているやり方《ステップ》を私が捉える〔catch on to〕場合の記述である。やり方が分かったと叫ぶまえ、私は適切なやり方をまったくしていなかった。いま規則が守られているとするならば、そのとき、私は、私が規則に従っているとの確信を試《テスト》しているのではなく、規則を決定する機敏さを試しているのである。（「次のような例を想像してみよう。Aが数列を書き出している。Bがそれを見ていて、数列のなかに法則を見つけようとしている」『探究』一五一節。）こう想像してもいいかもしれない。私は、法則を見つけようとして、私が数列を書き記すのを見つめていると。（以下を参照。「私が自分の口から出る言葉に耳を澄ますならば、だれかほかの人が私の口のなかで話していると言えるかもしれない」『探究』第二部x。）しかしそのとき私（見つめられている側、もしくは傾聴されている側）は、特殊な状況下にある（もうひとりを見つめている私が人から見つめられている）場合を除いて、「いまや私はやっていく仕方が分かる」と叫ばないだろう。私は一般的に、表現すべき確信を、あるいは確信のなさをもたないだろう、と言いたい気がする。〔数列をめぐる〕私の連想のほうが（自由なものであれ束縛されたものであれ）私のどんな確信よりも――比較のしようもなく――他の人の興味の対象となり伝えるべきものになるだろう。もし「いまや私はやっていける」が、数列の場合ではなく、たとえば私が急な痛みから回復しかけている場合に発せられるならば、その含意はこうなる——私は私の過去を継続し私の生活をつづけるだろう、まるで中断していたものを、内側から、再開するかのように。そして私が表現する確信は、私の次の一歩《ステップ》の知識にではなく、回復した生活能力にかかわる確信である。

クリプキが「答える側は、究極的にいかなる正当化も与えることなく、こうするほうが正しい答え方だという彼自身の確信に満ちた心の傾きに従ってよい」（一七一頁）と言うとき、そこにあるのは、子供が共同体に加わるのを排除する、あるいはそれを容認する、身振りへの予告である。これは共同体の代表としての教師の反応でありうる、そして明らかに、私たちの（あるいは、すべての）共同体がもつある種の次元を寓話的に表している。しかし望まれたように数列をつづけない子供を仲間から引き離し、頭のおかしい子〔lunatic〕として扱うとの示唆をするウィトゲンシュタインの暗いスウィフト流ユーモアは、ずっと先のほうまで自力でつづけることができない子供の場合に由来する。こちらの場合は、「間違った」仕方つまり「彼の」仕方で計算する子供の場合とは違う——この点をここでは論じない。（『茶色本』一五七頁、『理性の声』p. 112を参照。「頭のおかしい」場合は『探究』のなかにはないと思う——相当箇所は二〇八節。）「確信に満ちた心の傾き」は、邪魔されたり反対されたりすると強まる傾向を示唆する。「答える側は、究極的にいかなる正当化も与えることなく、ああする（たとえば「5」と答える）よりも、むしろこうする（たとえば「125」と答える）ほうが正しい答え方だという彼自身の確信に満ちた心の傾きに従ってよい」

（クリプキ、一七一頁）と言うときに、「傾き〔傾向〕」が生じる、すなわち「こうしたほうが正しい」という（確信に満ちた心の）「傾き」が〔答える側に〕生じるのは、そのあとの予期せぬ嫌なことに備えるためである。私は、この確信に満ちた心の傾きという感覚が、ウィトゲンシュタインの「やっていける」事例において表現されているとは思わない。彼にとっては、次のように言うほうが、正当化の身振りとして好ましいのである。「彼は、突然やり方が分かり手順《システム》を理解したとき、おそらく特別な経験をしたのだ（……）――だが私たちからすれば、そういう場合、自分は理解したとか、やり方が分かるとか彼が言うのを正当化するものは、彼がそういう経験をした状況のほうなのだ」（『探究』一五五節）。

ウィトゲンシュタインの事例、『探究』における「《知っている》という語のこんな使い方、「すなわち」《いま私は分かった！》――同様に、《いま私はできる！》や《いま私は理解した！》（……）「そして」《いまや私はやっていける！》」といった事例は、「一瞬のうちに生じる」（一五一節）能力の事例である。これは、「知っている」が状態や傾向性《ディスポジション》であると言われる場合（たとえば一四九節）と区別される。ある楽曲を覚えていると突然主張する場合のように、その瞬間において「知っている」は、正当性を主張するものではない。それが知っていると主張する事柄《なかみ》こそが、あるいはその場でその瞬間において再現できると主張する事柄〔楽曲〕こそが、唯一正しいかどうかの対象となり、主張したり正当化したりする余地を作りだす。「知っている」は、証拠や推論によって正当化される主張ではなく、確信の発露である。人間の認識能力〔知る能力〕にとって、知ることの失敗は予想外のことでもなく脅威でもない。私たちの能力の複雑さを考えるならば、この種のことはどうしても避けられない。しかしそれは失敗ではない。そうではなく、失敗しようが成功しようが、それは発露なのである。この種の失敗に対する返答は、「結局私はどうすればやっていけるかを知らなかった」のようなものではなく、単に「こんちくしょう！」といったところなのだ。

ここでそう言う人は孤立状態にあるものとして考察されているのだろうか。しかし彼は、私に対して、私のすることに対して、返答しているのだ――と私は想像してよい。彼はほかにもっと良い仲間をもつことができるだろうか。私は他人であるというただそれだけで、彼の状況を構成しているだろうか。そして、私の傾向あるいは深い信念〔faith〕のうちの何が彼を正当化する（彼を許す《ライセンス》、彼の行為が正しいと判断する）というのだろうか。車であなたを仕事場へ送っている途中、私が「この赤信号を無視したくなった」と言うとしよう。あなたが「私の傾向はあなたの傾向に一致する〔agree with 同意する〕」と返答するなら、あなたは私が信号を無視するのを許したのだろうか。〔このとき〕あなたは許しを助長してはいるかもしれない。信号が緑に変わって、私が「私はいま通ってよいとの信念をもつ」と言い、あなたが「私の信念はあなたの信念に一致する〔同意する〕」と返答するなら、あなたは私を理解したのだろうか、私はあなたを理解したのだろうか。〔また〕こんな場合を想像することができる。ある人を正当化する――たとえばバイオリンの練習に打ちこんでいたことを証明する――状況が与えられなくても、彼女に対する私たちの信頼〔faith〕は、彼女が証明（認定証ではなくても）を手中にするまで維持されるかもしれない。状況はウィトゲンシュタインが言っているとクリプキが言うとおりだとすれば、なぜ「私はあなたに一致する〔同意する」。それは私の傾向でもある」と言い、さらにそれ以上のことを言いたくなるのか。ウィトゲンシュタインの問いかけを言い換えて、生き物や事物が正当性をもちうるとの考えですら、私たちがもつのはどうしてか。（二八三節参照〔石は心をもっと言えるのか〕。）ウィトゲンシュタインの教えで私たちに残されるものが傾向の合致だけだとすれば、懐疑的問題に対する解決はどのようなものになるのか、と問いたい。クリプキはそれを懐疑的解決と呼ぶ。とすれば私の当惑をこう表現することができる。すなわち、この解決は、それが解決したとされる問題よりもっと懐疑論的であるように思われると。

こうした考察は明らかにこう示唆している。〔確信に満ちた心の傾きという場合の〕教師の確信は、子供（彼または彼女がすること）にかかわるものでも、教師自身（彼または彼女がとにかくそうすること）にかかわるものでもない――子供のほうが確信をもつべきだという意味ではない。確信〔confidence〕概念の前提となる信頼〔trust〕の観念は、待機〔waiting〕の観念――たとえば忍耐〔patience〕――に由来する。原則的に逸脱が出現しうる（あるいは出現しえない）ためのクリプキ的な対抗概念〔counterconcept〕を想像できるかどうかという問題があるように思われる。クリプキが逸脱の説明として精神錯乱による発作やＬＳＤによる幻覚をもちだして「ドラマ」（一八頁）に仕立てるとき、逸脱は出現しうるように見える。しかしそのとき私たちは、出現するもの〔逸脱〕に適応する（あるいはしない）かもしれない。とすればそれは私にとって懐疑論に値しない。私たちに許されるドラマは、麻薬の効果が消え去る、あるいは精神錯乱の発作が治まるのを想像することで成り立つものではなく、むしろ世界はいま立ち現れている在りようと感覚的に区別することが永久にできないままであるだろうと想像し、私たちはみな違う概念をつねに使っていたのであり、いまも使っているかもしれないが、そうした概念がこれからも現象と合致しつづけるだろうと想像することで成り立つドラマであるならば、さらに私が想像する事柄を私が本当に理解しているかとの問題には触れずにおくならば、そのドラマは他の懐疑論となんら違わないように思われる。とすれば、なぜ私が懐疑的可能性を考察しなければならないのかという問題が生じる（いま私が夢を見ているかもしれない、あるいは他人が自動機械であるかもしれないと考察するときと同じように）。私そして／あるいは他人が自動機械である可能性を排除できないならば、あたかも私があなたの傾向や動作を私のそれに照らして観察するかのように、私たちの相互作用〔interaction 共同体と個人の相互作用はクリプキ、一七四頁参照〕を解釈することは、この「問題」の「解決」であるように見えるだろうか。しかし私にとって、そうしたことは、実践《プラクティカル》的な目的から見るならば、いかなる問題にもならない。

私の立場から見て、教示の場面が危機的な結末を迎えることに異論はない——教師と子供がうまくやっていけるかどうかとの不安はある。それは合意の危機であるように思われる。

私はこう確信する。すなわち、クリプキのいうウィトゲンシュタインによる危機の解決が、解決したとされる問題よりも懐疑論的であるという私の感覚は、この解決が特殊な種類の政治的解決であるという私の感覚に固く結びついていると。この解決の場合、社会に新しく参入する者にとって問題なのは、彼または彼女が私たちを模倣する努力——エマソンが迎合と呼んだもの——を社会が受け入れるかどうかだ。社会自身がみずからの存立を合意にもとづくものと了解している以上、その場面は社会の抱える恒常的な危機を表す。「とにかく私はこうするのだ」を他者の確信よりはむしろ私自身の確信を表現するものとの解釈に替わる解釈があると示唆するとき、私が示唆している——私のウィトゲンシュタインが示唆している？——のは、合意の観念（あるいは方向）のある種の拡張である。こうした政治的空想が念頭にうかぶのは、明らかに、「確信に満ちた心の傾き」による解決がもつ威力《パワー》あるいは暴力への連想が私を困惑させる点に原因がある。子供が引き離され、頭のおかしい子として扱われるならば、これは社会の力《パワー》と同時に非力さ——排除しようとする力、受容できない非力さ——を示している。

しかし他者に確信を託すこと——待機すること——は、とりもなおさず私の確信が疑問に付されることを意味する、とにかく確信を表現することがためらわれ熟慮されることを意味する。とすればこれはどのような種類の解決なのだろうか。私の確信あるいは権威が疑問に付されるままに、私が待機する場合、自分の数え方が、あるいは一般に自分の話し方が、間違っているとは考えられない。そしてそのとき私はおそらく驚くべき洞察——こうした正当化〔grounding/ Begründung のアンスコム訳は justification〕の問題における私の権威の根拠として、私は自分のなかになにも実質的なものをもたない、私にかんしなにも特有なものをもたないとの洞察——に達するはずであり、私はこう言うかもしれない。他者たとえば子供が言ったり為したりすることに抗して、私が言ったり為したりすることの正当化を構成するような、私についての事実はなにもないと。

こうしてクリプキの定式的な表現——「私が意味した［または意味する］ことを構成するような、私についての事実はなにもなかった［そしていまもない］」（三九頁、また七二頁、七四頁、一三八頁、二一〇頁も参照）――から派生する表現にたどりつくとき、私はたしかにその真理と重要性に強い印象を受ける。しかし私はこの洞察から懐疑的結論を引きだしたいとは思わない。つまり私は自分が意味する〔言いたい〕ことを知らないとか、私は自分が他のことよりむしろこのことを意味するかどうか、あるいは、まったくなにも意味しないかどうかを知らない、といった教えを引きだそうとは思わない。（クリプキは「……であるよりは、むしろ……である」定式で表現することが多い。それは、ウィトゲンシュタインの場合、とくに中核的な表現ではない。しかしこれはさしあたり重要ではないだろう。）なにかを意味することは、その意味することを構成するような、私についての事実があることを要求するかどうか、あるいはどのように要求するのか――そこにこの事実がないとき、何がそこに欠けているのか？――、私はいわばこうしたことを知らない。私が懐疑的教訓に抵抗する理由のひとつはたぶんこの点であろう。拙著『理性の声』での言い回しを借りて、私の抵抗をこのように表現できるかもしれない。クリプキは彼についての事実がないという発見それ自体がひとつの事実である、（ゆくゆくは）その種の安定性をもつと考える。それに対し、私はこの「事実がない」を（懐疑的）発見ではなく、懐疑論者の要求とみなす。（「実際の言語を精密に観察すればするほど、実際の言語と私たちの要求とは激しく衝突するようになる」『探究』一〇七節を参照。）しかし、この（いわば純粋さへの）要求はどこから来るのか。私にふと喜びの感情が湧いたなら、私の喜びを構成する私についての事実があるのだろうか。私についての事実があるとしたら、それは私がこの状態《コンディション》から他の状態へ移行するのに役立つのだろうか。私はこう言いたい気がする、私が言ったり為したりすることを正当化するものは、私であると――すなわち、不確定な領域からの他者の返答に私が応答しうるという事実であり、そして私の鋤の動きが止まらないように、他者が私に応答しなければならないという事実であると。この場合、私の正当化は沈黙によって促進されるかもしれない。哲学がもつ純粋さへの要求はいまや、私を——すなわち気まぐれな欲求や野放図な欲望をもつ私たちひとりひとり、自己を——除外したいという願望のように見える。しかし「私」を取り除いて空っぽにする、たとえば私秘性《プライヴァシー》を「なにものでもない〔nothing〕」——私秘性がもとよりそうであるような「なにものでもない」——にする、ごく平凡なものにする、やり方がひとつとはかぎらず、哲学のやり方だけがあるわけでもない。

私はこう言った。私が正当化〔grounding 根拠づけ〕のレベルにおいて間違っている、一般に私の使う言葉において間違っている、有意味な発話の代表者として振る舞うとき間違っている、と私は言うことができないと。にもかかわらず私は、正当化することなく私が正しいと言えるのだろうか(『探究』二八九節、およびクリプキ、一七一頁参照)。かならずしもそうは言えない。しかし「とにかく私はこうするのだ」と言うことが、かならずしも「私が正しい」と言うことではないとすれば、それはなにか「私のやるとおりにやりなさい」に近いことを意味するかもしれない——厚かましさの点では同じだが。この瞬間が完成主義的な関係の問題圏を想起させる。私は第1講義でエマソンの言葉を借りて、その関係を「例証的輝き〔illustriousness〕」と特徴づけた。それは、たとえば、言われたり為されたりする事柄を私が代表するという点に、私が「私たち」を代弁する権威の源があることを——私たちひとりひとりが、私が——理解するのは、どのようにしてかという問題なのだ。数列のやり方を知っていることは——これは言うに値するといまでも思うが(『理性の声』p.

122を参照）――別の文脈において言葉の使い方を知っていることに（比喩としていえば）似ている。私がこれ（そのうえで私がいま著述をしているもの）はダイニング・テーブルであるとあなたに言うとしても、大多数の人々の傾向を代弁しているとは思わない。もっとも、こうした問題で彼らが（私に）同意する〔一致する〕ことは私にとって疑問の余地がないけれど。（直感でいえばこうだ――人々の多くは、ときとして、たとえば自分たちの趣味や傾向に権威をもたせたがる。たとえ私が彼らの傾向を共有しているとしても、彼らが私にその権威を与えないかぎり、私は彼らを代弁する権威をもたない。）懐疑論者は自分自身に対して異論があるわけではないように私に対して異論があるわけではない。懐疑論者は、なにかそれ以上のものを学びたいならば、自分自身が教える立場に立たなくてはならない。ここにテーブルのあることが確実に分かる〔know〕わけではないと言うとき、懐疑論者が分からない〔知っているわけではない〕と言い張るものは、特定のこのテーブルについての事実ではなく、特定のこの脈絡についての事実でも、とりわけ彼についての事実でもない（このことは、さしあたり、クリプキの考えと矛盾しない）。これは、どのような対象についてであっても可能な主張である――最強であると同時にこのうえなく無力な主張である。こうした（代表にかかわる）事実は――〔通常の〕事実を（文法的に）言明し確定するような仕方では――言明し確定することができないとすれば、それはすなわち、その種の事実が存在するとの考えは無意味であり放棄すべきであることを意味するとみなされる時代もあった。クリプキのウィトゲンシュタインと私のウィトゲンシュタインは、放棄すべきだとの主張を拒否する。しかしそれと同時に、クリプキのウィトゲンシュタインとは違って、私のウィトゲンシュタインは、〔クリプキによる」懐疑論者の「立場」の自己‐解釈（彼はある事実を、あるいは事実の欠如を発見した）をも拒否する。私たちの立場のほかに（人間の）立場があるわけではない。［あるとすれば］その立場とは何か。懐疑論者が知っていることを、だれもが知っており、だれもが知らない。とすれば何を語りうるのだろうか。

私の考えでは、クリプキは彼が「劇的な工夫」（一八頁）と呼ぶもの（つねに「クワス」を意味していたとか、LSDの摂取とか、精神錯乱の発作といった突飛な仮説）に対し屈託がなさすぎる。問題の急所が書くことの問題あるいは叙述の問題にあることは、（私にとって）驚くにあたらない。（「展望のきいた叙述という概念は、私たちにとって根本的な意義をもつ。それは私たちの叙述形式を表記している」『探究』一二二節、アンスコムの翻訳に若干加筆。）嬉しいことにクリプキは総じてウィトゲンシュタインの文体《スタイル》（と呼ばれるもの）をないがしろにしない。あいにくそれが――私の見方からすると――彼の進路を塞ぐことになった。「とすればウィトゲンシュタインは、たぶん慎重さゆえに、ここで与えられた直接的な定式的表現に賛同しないであろう。にもかかわらず私は大胆にもこう言いたい。ウィトゲンシュタインは懐疑論者とともに、私が足す《プラス》を意味しているのかクワスを意味しているのかにかんする事実は存在しないと考えている［holds］」（クリプキ、一三八頁）。ウィトゲンシュタインは、かりにクリプキの魅力的な例を検討したとしても、ウィトゲンシュタインが「考えている［holds］」とクリプキが言うものを表現するような言葉を言わなかっただろう――私はこう考えているのではない。しかしクリプキの叙述は――私はあえて想像する――その言葉にある声を与えたであろう。その声はすぐにも反対の声を呼び起こす。「――まるで私は次のような発見をしたかのようだ。世界がみずからに裂け目をもち、あらゆる世代の人間はこれまでずっとその裂け目が塞がっていると思ってきた」。私は絶えずクリプキの「事実〔fact〕」のなかにウィトゲンシュタインの「なにか〔something〕」を聞く。あるいはクリプキの「事実がない〔no fact〕」のなかにウィトゲンシュタインの「なにものでもない〔nothing〕」を聞く（『探究』三〇四節参照）。だからこう繰り返そう。私の狙いは、クリプキの見方が単に間違っているのを明らかにすることではない。クリプキの見方が単に正しいというわけにはいかないことを示すような一貫した代案——つねにすでにクリプキの見方と闘っていることを示すような、『探究』における一貫した応答——を明らかにすることに私の眼目がある。

クリプキはウィトゲンシュタインが直接的な解釈に賛同しないであろうと想像する。このクリプキの留保を引きとって、私はここでひとつ助言をしておこう。それは、（しばらくの間、あるいはその後もずっと）ウィトゲンシュタインの魅惑から解放されて、彼の書き方は、たしかにみごとなものだが、彼の教えにとって、かならずしも本質的ではないと思いたい人、彼の書き方はときおり失敗するのではなく、失敗が不可避なのであり、彼の書き方はそれほど重要なものではありえず、その情熱的な語り口が強調してみせるほど重要なものでもありえないと思いたい人に向けてのものである。私の助言はこうなる——『探究』の書き方は完全に直接的である——これ以上に直接的な書き方がないほどに（本題から逸れもしない）——とみなすことが大事だ。鋤は反り返っているのであり、もはやテーゼもなく、遂行すべき課題もない。それが哲学に対するウィトゲンシュタインの姿勢であって、まるで（ほかの）目標がないかのように、つねに停止状態に達している（「平和」）。こうした手法に限界があることを私は否定しないが、直接的ではない行き方は力の源泉にも非力さの源泉にもなる。反り返った鋤、鋒先の鈍ったペンに結びつく描像はつねに立ちもどってくる。

エマソンは、彼の内なる天才が彼を呼び（「自己信頼」第七パラグラフ）、彼に対してなにか語るべきものをもつかのように立ち現れる瞬間を記述するとき、書くことへ引き籠もる〔withdraw〕という自己像を描く。そしてこの書くことは、彼にとって、その場所で〈気まぐれ〉と書く行為によって表象化されている。あるいは彼にとって、書くことは引き籠もるとの声明として表象化されている。それは主張すべきことがなにもない〔nothing〕との告知なのだ。そして、ここできわめて明瞭に含意されている他者の拒絶、あるいは引き籠もること——おそらく私たちの条件の共通性へ引き籠もること——は、反り返った鋤が立ちもどるというウィトゲンシュタインの瞬間を表象しなおしている。「私以上に服従心をもつ人が私を征服する」（「自己信頼」第二五パラグラフ）[4]という明らかな逆説のなかでエマソンが表現しているのは、力と非力さの連動〔interlocking〕あるいは対話〔interlocution〕である。これはかなり直接的な自己表明である。彼は自分自身を、読まれるべき物として、つまりテクスト、言語として提示している。それは、哲学的権威を根拠づけるものはなにものでもない〔nothing〕という主張なのだ。

ここでの含意は、次のような問いとして表現することができる。私の権威は私にかんするどんな事実にももとづかないと分かるときに私が覚える驚きは、懐疑的な驚きとして理解されるべきなのだろうか。人がなにも意味してはいないかもしれないことを発見する事態について熟考するクリプキは、ときとして「若干の不気味な感情〔eerie feeling〕」（四〇頁）をもつことがあり、そのとき「意味という観念が雲散霧消する」（四二頁）と報告している。私はこう自問する――これは、懐疑的憶測において私がもつことのある感情、つまり世界の消失（いわば世界の背後への消失）の感情や、私自身の消失（いわば私の身体の背後もしくは内部への消失）の感情に近いものであるのか、と。こうした感情はずっと私にとって懐疑的パラドックスの試金石、私には受け入れられないが受け入れざるをえない結論の試金石である。あるいは意味の消失というウィトゲンシュタインの発見は、地球が太陽の周りを回るとか、人間が進化論の俎上に載るとか、精神が本質的に無意識的であるといった発見に近いものであるのか。こうしたことは、人間が多かれ少なかれ人間生活の一部として適応してきた（地球の運動に対しては大いに、人間の進化に対しては少なめに、無意識の精神に対してはさらに少なめに適応してきた――少なくとも西洋世界において）人間生活の問題なのである。意味という観念が雲散霧消するとき、消えるのはもともと空中にあったもので、そこに破壊の光景を遺すことはないと言いたい。（「いわば（……）石片と瓦礫だけが遺っているようなものだ。私たちが破壊しているのは空中楼閣にすぎない」『探究』一一八節。）

私はここで以前に書いた拙論の一節を思い出す。それは私には、いまでも、ある権威の描像の崩壊に対するウィトゲンシュタインの洞察を伝えているように思われる。私の印象では、それは不気味な感情に襲われるというクリプキの報告と相性がよい。そしてそこには対抗する数学的関数がないだけに、私はその帰結について評価しうるとの若干の確信をもつことができる。（ここでは数学的なものの不在が本質的であるのかもしれない。だから私は自分自身にかけようとしている手品の最初のしぐさに気づかないのだ。そのことも私の問題の一部である。）人は長い間こうしたことをどうにか切り抜けてきた。しかし次のような試みは、まさに隙だらけであるが、懐疑論の脅威を認知する一歩として役に立つ。

私たちはある文脈で言葉を学びそして教える。そのあとで私たちは、その言葉を他の文脈に投影できるように期待され、他人にもそう期待する。なにものもこの投影が起こることを保証しない（とくに普遍者を把握したりルールブックを握りしめたりしたところで保証にはならない）。これは、なにものも私たちが同じ投影を実行し理解することを保証しないのと同じである。全体的にみて私たちが同じ投影を実行し理解しているということは、とりもなおさず、関心や感情の経路を、応答の仕方を、ユーモアや大切さや十全さの感覚を、何がとんでもないか、何がほかの何に似ているか、何が戒めで何が赦しであるかの感覚を、発言がどんなときに主張であり、どんなときに訴えであり、どんなときに説明であるかの感覚を――つまりウィトゲンシュタインが「生活の形式」と呼ぶめくるめく生命活動の全体を――私たちが共有しているということなのだ。人間による発話や活動、正気や共同体を支えているのはこれ以上のものでもないがこれ以下のものでもない。それはむずかしくも単純な見地《ヴィジョン》である。そして恐ろしくも――恐ろしいがゆえに――むずかしい見地である。（拙論「ウィトゲンシュタインの後期哲学の有用性」*Must We Mean What We Say?*, p. 52）

哲学へ向けて、そして哲学を超え森羅万象へ向けてなされたこの演説は若々しくも無鉄砲さに満ちているが、それ以来、私の言おうとしてきた〔意味してきた〕ことは本質的になにも変わっていない（私はただ議論をさらに一歩進めながらやってきただけである）。あとになって、こうした人間的同調の例を提示しながら「なにものも」その例を「保証しない」と言う代わりに、ウィトゲンシュタインの言葉を引きながら、私たちがこうしたことを共有する「正当化〔理由〕が存在しない」というようなことを（じっさい共有しない場合もあるだろうと強調しつつ）言ったときも事情に変わりはない。しかし私がクリプキとともに、この同調あるいは同意の事例を根拠づける「事実が存在しない」と言ったとすれば、私はなにか違うことを言おうとしている〔意味している〕のだろうか。二つの違いを指摘しておこう。第一に、多少ともすでに言ったことであるが、この言い方は人間の知的持ち駒《レパートリー》にはなにか欠けたものがあるとの印象を与える。まるで、この知的持ち駒がなにか有限な存在の、ある種の生き物の、話す生き物の所有物であると考えるよりは、むしろ、その知的持ち駒にはなにか欠けているもの——いわばその進化が見落としたもの——があるとでも考えるかのように。第二に、この言い方は、正当化が「終わる」と考えるための余地（あるいは正しい場所）を残さない。しかし知性を使い果たす〔exhaustion〕という考えなしでは、教示の場面において立場の非対称性がなくなり、そして私たちは意味と行動における根拠の問題に出会うことがないかもしれない。

　教示の場面〔二一七節〕の英訳は、ウィトゲンシュタインのドイツ語原文における語の使い分けを反映していない。ある正当化の問いが投じられる第一パラグラフでは「Rechtfertigung〔正当化〕」

が使われている。それへの返答である第二パラグラフでは「Begründungen〔根拠づけ・理由づけ〕」が使われている。英語版ではどちらも「justification(s)〔正当化〕」が充てられていて、「Begründung」のもつ隠喩的な広がり、つまり根拠づけや基礎づけの含意を表現しそこなっている。〔第二パラグラフの〕この文の中に現れる「地面〔Grund〕」のイメージが、「確固とした岩盤」や「反り返った鋤」のイメージに繋がっていく。（これは、哲学がつねにこの種の含意を表現しそこねる、たぶん意図して表現しそこねているように見えるのはどうしてかをよく考えてみるための好例であるかもしれない。）このイメージの繋がりが偶然によるものではないならば、そこで描かれる場面は、私のやり方《ハンド》が教師として強いられているのではないこと、私の次の動きがかならずしも最終的なものではないことを私に見せようとしているのだ。私の鋤が反り返っている、ということはすなわち、それ以上まっすぐ〔straight〕進むことができない、とにかく直接的に〔straightforward〕はやっていけないのである。「Rechtfertigung」（「right」の観念）の根底には、なにかまっすぐなものというイメージがある。しかしそこには、この躓きの石が（私を尻込みさせる）拒絶として受け取るべきかどうか、あるいは（私を屈服させる）たとえば他者の発見として受け取るべきかどうかの選択の余地（たぶん地面《グラウンド》）が残されてはいないだろうか。つまりこうだ。私は、抵抗が発見されれば、私の立場《グラウンド》を変えたり、新しい方法を取り入れたり、自分の流儀を押し進めたり、この石もその場所《サイト》もそっくり私の計画から締め出したりするかもしれない。私がそれをどう受け取ろうと、第1講義で述べたことに照らしていうならば、私にとって、鋤の場面はやはり養成〔cultivation〕の場面であり、制約[5]の場面でありつづける。

先に引用した私の初期の哲学的自己〔philosophical self〕[6]にもとづく一節は、人間の発話と共同体を「支えている」のが人間の同調だけであるとの主張で締めくくっているが、かならずしも私が（他者に、あるいは私自身に）同意する〔一致する〕根拠をもたないと言っているのではない。そうではなくむしろこう示唆している。すなわち、もし私が自分をそうした根拠（あるいは脆弱な葦）として提示したくなるとすれば――いいかえれば「とにかく私はこうするのだ」と言いたくなるとき――、私はこの代表する行為にかんしさらに言葉を補う覚悟を決めておくべきだと。というのも明らかに、とりわけこの課題を担うのは、個人としての私、ここにいるこの男ではないのだから。しかし私の問いは――先の一節を試験台《テスト・ケース》とみなすなら――その一節が懐疑論的な、パラドキシカルな疑いを表現するかどうかという点にある。私はこれまでじっさい、その問いに対し否定的に答えてきた。私の答えはこうだ。私は私の生活のなかで私の生活が露わになるのを受け入れることができるし、そうしたいとも思う。また、あの一節は解決を求めているわけではなく、錯乱が伴っているわけでもない――それがかならずしも私の望むような正気の姿ではないとしても。先の一節を書きながら私は、パスカルの考えを読むという経験を捉えようともしていた。たとえば――

> 私の考えを書きとめようとすると、ときとしてそれが私から逃げ去ってしまうことがある。しかしそれは、つい忘れがちな、私の弱さを思い出させてくれる。それは私の忘れ去った考えにおとらず、私にとって教示的である。なぜなら私にとって大事なのは、自分の虚無を知ることだけであるから。（『パンセ』ブランシュヴィック版、三七二節）

私たちの、証明する無能さが独断論への歯止めになっている。真理を求める本能が懐疑論への歯止めになっている。(同前、三九五節)

人間は天使でもなければ獣でもない。不幸なことに、天使のまねをしようとして、獣になってしまう。(同前、三五八節)

デカルトは人間の依存性を発見するとき、そこに、神が根本的に他なる存在である証拠を見て、私たちの意志が私たちの判断能力を超えてはならぬとの教訓を引きだす。パスカルは人間の依存性を発見するとき、私たちが私たちに起こるすべてに依存している、それゆえ神から逸らされているとみなし、人間の根拠のなさを否定してはならぬとの教訓を引きだす。

人間的境遇においては偉大さと悲惨さとを和解させることが不可能であると見るこのパスカルの考えは、日常的なものに対して覚える不満と日常的なもののなかに見いだす満足とを和解させることと、言語ゲームの外部へ出ようとする願望と内部にとどまろうとする願望を和解させることが不可能である、つまり『探究』における二つの(少なくとも二つの)声——著者とその他者、対話者——を和解させることが不可能であると見るウィトゲンシュタインの考えと合致している。こうした和解が不可能であるがゆえに、ウィトゲンシュタインの散文は、虚栄心と謙虚さのあいだを動き回りながら、偉大な継続的任務となるのだ。『探究』における懐疑論は、この議論のなかに閉じ込められている声のひとつであって、解決でも結論でもない。

日常的なものの議論における声あるいは陣営《サイド》は、『探究』の空間を使い果たすことも、その散文の任務をやり尽くすこともない。陣営間の争いには加わらない空間（私はそれをもうひとつ別の声とは思わない）があり、もっとも修辞的で、一見文学的な表現をふくむ場合が多いけれど——たとえば、崇高なものの凍った路面〔八九節、一〇七節〕、表象を内蔵したピアノ〔六節〕、しかるべき地点で向きを変える私たちの探究〔一〇八節〕、蜘蛛の巣の修繕〔一〇六節〕——、そうした表現はこの争いから離れた地点でなされる評価の身振りなのだ。反り返った鋤はそうした表現のひとつである。——いまや、『探究』の声のひとつひとつ、そして沈黙が、ウィトゲンシュタインと呼ばれる哲学者のそれであり、私たちのそれであろうとしていることが明らかになりつつある。とすれば教師の立場と子供の立場は、なによりもまず、私たちの立場であり、私自身がそこに身をおく可能性をつねにもつ立場である。ほかにどのような仕方で、『探究』が人間の自画像〔自己の像〕であり——ロックの『人間知性論』や、ヒュームの『人間本性論〔人性論〕』や、カントの『道徳形而上学の基礎づけ』に匹敵するような——、そしてプラトンやフロイトの洞察にも似た、数々の自己を摂り込むような自画像でありうるだろうか。

私は日常的なものが『探究』における声の争いの賭け金の核心にあると考える。かといって、そこで賭けられているものが科学や数学ではないと言いたいのではない。『探究』において数学的事例は言語の有意味な使用のひとつとして扱われている——数学的なものは、こういってよければ、『探究』の関心が普遍性にあることを示唆するかのように扱われている——というクリプキが繰り返す主張に私は全面的に同意する。（これは、少しまえで［本書、一八九―一九〇頁］、数列のやり方にかんして述べたとき私の念頭にあったことである。私は、『探究』における「数列」という数学的関数の使用を、語の意味という観念あるいはむしろ概念の所持という観念を表現するための比喩的言い回しのようなものとみなしていた。）クリプキは、数学や心理学的概念とくに感覚〔sensation〕を、『探究』全般における主要な議論（規則に――私的に――従うことにかんする議論）の特別な例として扱うように提唱する。したがって私は、『探究』の関心の一般性を否定したくないならば、日常的なものについての説明という枠組みにおいて数学の特別性を明らかにする必要がある。そしてまた、そうした説明が何にもとづくのかを明らかにすることも私の役回りとなるならば、それは数学への貢献を要求する説明ではありえず、むしろ――規則（たとえば足し算の規則）に従うことと、日常言語（つまり話すこと）の概念を適用することとの結びつきを考え直そうとしているのだから――日常的なものへの傾注〔investment〕に対する理解に貢献する説明となるだろう。

私が「とにかく私はこうするのだ」の感覚《センス》を読み直す、あるいは語り直す眼目は、クリプキの読みに説得された人にクリプキの読みが間違っていると説得することにはなく、単に、クリプキの読みが必要ではなく、その場合、クリプキの読みが解決する問題は考え直され、さらに語り直されるべきであると説得することにある。だから私はふたたび問う。私は、私が現にそうしているように概念を適用し、語を使用することを説明したり基礎づけたり正当化したり理由づけたりするような私についての事実が存在してほしいと思っている――あるいは、どのような仕方でそう思う――のか。いうまでもなく、これは誇張された期待とみなされるだろう。これは、ウィトゲンシュタインが——いわば——超‐概念のあいだの超‐秩序と呼ぶもの（九七節）を要求する期待である。クリプキの場合でいえば、「私についての事実」「規則」と「正当化」とのあいだの超‐秩序である。このように考える人はこう気づくだろう。すなわちクリプキの読みは、『探究』を正しく読もうとするなら、ウィトゲンシュタインがこの「錯覚」（同前）に与えた診断や取り扱いに服従せざるをえないと。しかしクリプキの説明に説得された人は、その服従こそが疑問に付されたのだと感じるかもしれない。

『探究』の初めのほうでもちだされた結びつきをここで取りあげるならば、（権威の）問題の一般性がより直観的に立ち現れてくるかもしれない。『探究』二五節によれば「ときどき、動物が話さないのは知的能力に欠けるからだと言われる。そしてこれは《動物は考えない、だから動物は話さないのだ》という意味である。しかし——動物はとにかく話さないのだ。（……）命令し、質問し、物語をし、おしゃべりすることは、歩いたり、食べたり、飲んだり、遊んだりすることと同じように、私たちの自然史の一部なのである」。

私たちの自然史における命令することと歩くこととの等価性を考慮し、規則に従うことを命令に従うことのように扱うウィトゲンシュタインの考えを検討してみよう（たとえば一八七節、もっと明瞭には二〇六節を参照）。こう問いかけてみたい——歩くという概念を、たとえば、私たち自身に適用する場合、私たちは、なぜ私がこれまでと同じような仕方で歩きつづけるかを説明する、私についての事実をもったり欠いたりするような感じになるかどうか。かりに、ある日私が交互に足を上げる（こんにち多くの人はだいたいそうしている）のではなく交互に足を滑らせはじめるとしたら、あるいはスキップしたりホップしたり鵞鳥歩き《グース・ステップ》をしたり、一足ごとに爪先立ちして一回転しながら歩いたりしはじめるとしたら、どうだろうか。そのわけを聞かれたら、たぶん私はこう答える。「私はずっとこうしたかったのだ。あなたは単に知らなかっただけである」。あるいは「私はいままで、地面を移動することがどのようなものになりうるのかを知らなかった、とにかく、この心の傾きは強力で、その結果もすばらしい」。しかし私がこう答えるとしたらどうだろう。「私は自分の身に何が起こったのか分からない、これは私の望んだことではない、この心の傾きは私のものではない、私としても不本意である」。あるいは単にこう答えるとしたらどうだろう。「私はこれまでやってきたのと同じように、あなたがやるのと同じように、やっている。ある一定の方向に規則正しく自力で移動している。私の移動は歩くのより速いわけではなく、私たちは楽に歩調を合わせられるだろう——一分間に一歩進むのを「歩く」と呼ぶような人は置き去りにすればよい」。ここではウィトゲンシュタインの寸言がふさわしい。「《しかしきみは……が分からないのか》と言い、——そして以前の例や説明を繰り返してもむだであろう」（一八五節）。つまりいうまでもなく私は、歩くことについて、あなたが知っていることのすべてを知っている。私の行動にかんし、あなたが逸脱として扱うものは、私にとっての脅威となる。私のやることが若干錯乱して見えるならば、たちまち私は少なくともたいていの公的場所から隔離されるだろう。あなたは私に途方もない圧力を加えるかもしれない——私は世間が不寛容であることをよく知っている。規範的な仕方で物事が処理されていくのをよく知っている——そしてこれは（規範性とは単に、なにか慣習や道徳によって正当化されるようなものであるかのように）この社会に限定されるものではない。私は、私が自分のやり方で歩くという事実を歓迎したり憂慮したりする社会を知らない――もっとも私はそういう社会を探すかもしれないが。（私の寓意は歩行に焦点を当てているが、様々な方向に進むという意味での歩行の可能性、それをたとえば私たちが共有する様々な道と呼ぶ可能性については扱っていない。これが示唆するのは目標や終わりといった概念であるが、それはまた別の問題である。）

私たちは、この歩く人《ウォーカー》（クォーカー？）の例において、彼が（私たちのやり方ではなく）彼のやり方で歩く理由がなくてはならないと考えがちである。彼のおかげで私たちは、おそらく、私たちのやり方には根拠がないということに気づかされるだろう――私たちのやり方に対する正当化（の試み）はたくさんある、しかし正当化はいずれ尽きる。私たちは、歩行の逸脱する理由が、彼にかんするなんらかの事実の存在性《プレゼンス》のなかにあると感じるかもしれない。しかし私たちは、私たちの根拠のなさが、私たちにかんする事実の不在性《アブセンス》のなかにあると感じるだろうか。ここでまた懐疑論者の要求する問いが表面化してくる。その問いが錯乱しているように見えるならば、どうして私たちは、彼が人間の代表（のひとり）であり、私たちと違う点がなにもないとみなすようになるのか――単に私たちを彼に適応させる（あるいは適応させない）ことが問題となっているのではないと考えるようになるのか。たかだか単なる可能性にすぎないものが、どうして、人間的条件における、なんらかの事実――あるいは事実の不在――と称するようになるのか。いかなる事実？　明らかに――少なくとも「歩く」例において――生物学的事実ではない。というのも、（人間の行為としての）歩行の条件は、（人間の行為としての）飛び跳ねたり回転したりしながら歩行することの条件と同じでなくてはならないから。私が逸脱したり制御不可能になったりしないことを保証するような事実があってほしいと望むことはできるだろう。それは、狂気に陥る恐れに対する保証であり、狂気を告発されたときに無防備であることに対する保証だ。それは人類への恐れのようなものであるかもしれない。私の考えでは、これはデカルトが第一省察の第四パラグラフで表現した恐れである。(「どうして、この手やこの身体が私のものであることを否定できようか。私が私自身をだれか(……)頭が粘土でできているとか、全身が南瓜《かぼちゃ》であるとか硝子《ガラス》でできているとか思いこんでいる人と比べでもしないかぎり」。)それは多くの場合ウィトゲンシュタインの例が引き起こす、あるいは呼び起こす不安であると私には思われる。(「しかし絵に描いた手鍋のなかにも煮立っているものがあるにちがいないと言い張る人がいたら、どうだろうか」二九七節。「石を眺めて、石に感覚があると想像してみよ」二八四節。「私が自分の口から出る言葉に耳を澄ますならば、だれかほかの人が私の口のなかで話していると言えるかもしれない」第2部x。)さらに、エマソンが払う読者を元気づけるためのたゆまぬ努力(エマソンを批評する人々によってたゆまず批判されてきた努力)を考えるときに忘れてならないのは、この錯乱の恐れ——とりわけ憂鬱《メランコリー》の形式における——である。他の人が逸脱した歩行をし、私はいつか別の歩行をしてしまうかもしれない——私たちの歩行は根拠をもたないのだから、あるいはただ人間という土地、地面のうえでだけ成り立っているのだから——、にもかかわらず、少なくともいまのところ、それを一般化してパラドキシカルな結論を導く(呼び起こす、あるいは招き寄せる)必要はない。

しかし、こういうことが言えるのはたぶん歩行が——どう言うべきか——あまりに身体的なことであり、なんらかの理由であまりに些細なことであるからだ。あるいは、歩くことの「正しさ」の範囲がかならずしも明確にされていないからだ。理由が何であれ、とにかく歩くという概念はクリプキの定式——すなわち私が適用しているつもりでいる関数を関数にしている、私についての事実（私の内なる、なにか実質的なもの）が存在しないとの定式——を満足させない。いやむしろ私には、私の歩行を歩行にしていると想定されているような私についての事実（私の歩行そのものとは別のもの）が存在することを肯定すべきか否定すべきかが分からない。（不思議なことに、これはホッブズの反論に対するデカルトの答弁のなかの一節を思い出させる。ホッブズの反論はこうである。私が思考するとの事実から私の存在を導出することによって、私が本性的に身体をもたないと証明することはできない。なぜなら私の存在は私が歩くとの事実からも同じように導出できるから。これに対しデカルトは——コギト論法が私の無-身体性を証明しようとする議論だというホッブズの誤った前提は別にして——その反論が的外れであると答弁する。というのも「歩行と思考とはいかなる類似点ももたないから。なぜなら、歩行はたいてい行為以外のものとはみなされないから。思考は、あるときは行為とみなされ、あるときは能力とみなされ、またあるときは、この能力を内にもつ事物とみなされる」〔第三答弁〕[7]。）

そこでクリプキの使う事例を取りあげてみたい。

これらの〔規則順守の〕問題は、広く言語一般に適用されるものであり、数学の事例においてもっとも抵抗なく明らかにされうるとはいえ、数学の事例に限定されるものではない。私は

「テーブル」という語を、未来に遭遇する限りなく多くのものに適用されるような仕方で習得したのだと考える。だから私はこの語を新しい状況に適用できるのである。たとえば、私がはじめてエッフェル塔のなかへ入っていくと、そこに一脚のテーブルがある。私は、過去において私が「テーブル〔table〕」でもってテーベア〔*tabair*〕を意味していたのだと仮定する懐疑論者に答えることができるだろうか。この場合「テーベア」とは、エッフェル塔のなかにはないすべてのテーブルか、あるいはエッフェル塔のなかにある椅子〔chair〕である。私がはじめてテーブルという「概念を把握した」とき、すなわち「テーブル」という語によって私が意味するものを私自身に指示したとき、私はエッフェル塔について明示的に考えていたであろうか。(三五―三六頁)

私としては、なぜ私がこの懐疑論者に答えねばならないのか――ウィトゲンシュタインの観点から、という意味であるが――と問い返したくなるのを抑えることができない。というのもクリプキの例「テーベア」は、その種の「新しい」事例への、いかにもウィトゲンシュタインらしい二つの反論――すなわち、ひとつは「私たちは〔椅子という語の〕適用が可能な場合のすべてに対し規則をもつわけではない」(八〇節、――六五節も参照)、もうひとつは「理由づけはいずれ終わる」――を失念しているからだ。

「テーベア」にかんする議論には、私が「私は《テーブル》という語を、未来に遭遇する限りなく多くのものに適用されるような仕方で習得したのだと考える」ときに考えていることに対する偏見がある。その議論はこんな印象を与える――すなわち私が事物をテーブルと呼ぶ理由（そう呼ぶための規準）は、事物が塔のなかにはないか、あるいは塔のなかにある椅子だという点にある。どんな秘密が塔のなかにあるかはともかく、私がテーブルをテーブルと呼ぶ私の理由は、それが塔のなかにないという点にあるとすれば、それ〔塔外でテーブルをテーブルと呼ぶ理由〕は、どんな対象をも、私が塔外において呼ぶ名で呼ぶ私の理由と同じである。説明がどこかで尽きてしまったわけではない。これまで、どこにおいても説明は始まっていない。エッフェル塔の内側と外側とをある概念の機能のなかに組み入れる理由を私がもつとすれば（私がそのことを知っていようと知らずにいようと）、私がその理由を理解できるようになるのは、ただ私がその概念を内側や外側に適用する規準をすでに所持しているときに限られる。だから、たとえば、テーベア概念を適用するとき、私は確かに対象を塔外のテーブルと塔内の椅子に限定している、そしてそれゆえ、テーベアが「チェーブル〔chable〕」あるいは「テーベースボール〔tabaseball〕」と混同されないようにしている。私は、懐疑的攻撃が私たちの規準に向けられている、すなわち私たちがもつ世界への関係および世界からの関係、そして私たちと世界の相互関係に向けられている点には同感である。しかし懐疑論の支配のなかで起こっていることは、私がウィトゲンシュタインの言葉を使って述べたように、なにか私たちが自分自身から規準を剥ぎ取られるのを強いられるようなことであって、規準を（「テーベア」のように）勝手に複雑にしたり洗練させたりできるようなことではない――もっとも私に、後者の可能性あるいはその潜在的な意義に対する異論はない。

なお、テーベア概念の説明において懐疑論者が、ウィトゲンシュタインのいう私たちの「自然な反応」の領域から規準を切り離している事実は強調するだけの価値がある。私の反応がエッフェル塔を前にして変化すると言うことはできるだろう。しかしその場合、そうしたことが起こった理由や、その概念を生みだす仕方に対する説明の成否はまさに私次第ではないのか。ウィトゲンシュタインは一四五節で一般的な観念を与えている。「これ以上いくら説明しても、その効果は生徒の反応に懸かっている」。一八五節では、生徒が数列を指しながら「でもぼくは同じようにやってきたんだ」と言う場合に対して、ウィトゲンシュタインは「《でもきみには……が分からないのか》と言ってもむだであろう」と指摘する。ウィトゲンシュタインはこの生徒の場合が「ある人が手でなにかを指さす身振りに反応するさい、自然に、手首から指先に向かう方向ではなく、指先から手首に向かう方向を見てしまう」場合に類似していると主張する。私たち健全な人間の見る方向が妥当であるための決定的な理由（正当化、説明）が存在する――そのおかげで私はいま見ている方向をあなたに指し示すことができる。平安さや正確さの度合いは、逆方向に妥当性がある場合より、比較にならないほど増大する。しかし私はその身振りを理解しないような人を想像することができる。あるいは、私たちが指さしと呼んでいる行為をひどく無礼なことと思う人、あるいはなんらかの理由で、ライフル銃に視線を走らせるかのように私の腕を見つめる必要があると感じる（この場合、指先を起点にするほうがよい）人を想像することもできる。この場合どんな理由づけも役に立たないだろう――もう片方の手でさらに指さしたり、両腕を使ってパンチを繰り出すような身振りをしたりしてもむだなように。こうした私たちの無力さ、あるいは他の人の威力に私たちが適応するかどうかは、そしてどのように適応するかは、私たちとまさにそこにいる他の人との関係に依存する

――そういう関係があるとして。

（ウィトゲンシュタインは、規則順守を指さし行為に結びつけるとき、正当〔right〕の観念、つまり「*Rechtfertigung*〔正当化〕」――これが「まっすぐなもの〔the straight〕」という観念を具体化する――における「*Recht*〔正当〕」の観念の根が、まっすぐな線を引くという観念、それゆえ（手を）伸ばして捜し求めるという観念にあることを知らなかったのだろうか。この秩序づける〔ordering〕という観念は、数える（物語る）〔(re) counting〕という観念にも関係している。）

こうしたむずかしく不透明な問題領域において、私はこう考えることにこだわりたい。すなわち、私たちは「〔語の〕適用が可能な場合のすべて」〔八〇節〕に対する規則をもつわけではないとウィトゲンシュタインが述べる眼目は――私の理解するかぎりでは――、非-数学的な概念の適用を特徴づけることにあり、たとえば、足し算の規則を特徴づけることにはないと。私は概念を「未来に遭遇するもの」に適用する（その根拠となる過去の事例数が限られるのは避けられない）問題についてのクリプキの考察――数学の事例は言語の問題を比較的「抵抗なく」明らかにするとの考察――を引用した。私は、すでに述べたとおり、ウィトゲンシュタインにおける概念を根拠づける問題が広く言語一般に適用され、また数学的事例を包含するものとみなされていることに同意するだけでなく、その事実の重要性にも同意する。しかし数学的事例と日常的事例との関係――差異――は、前者がこの〔言語の〕問題を比較的抵抗なく（あるいはたぶんほかに特段の条件もなく）明らかにすると言うことによって、明らかになるとは私には思われない。

私はこう思う。数学的規則を数学的規則にする――とにかく足し算を足し算にする――のは、何が規則の例のうちに入る《カウント》かが（計算が正しくても正しくなくても、関数が期待どおりに振る舞っても振る舞わなくても）直観的にあらかじめ決定されているとの事実である、すなわち何が規則の最初の例であり、後続する例とのあいだにどれだけの間隔があり、例がいかなる順序をもつかを規則が決めているとの事実である。足し算の規則は適用が可能な場合のすべてに及ぶ。（クァディションの規則も同様である——クァディションは、こう表記しなければ足し算《アディション》と韻を踏まず、したがってなんらかの数学的関数として認知されないだろう。）しかし私たちの日常的概念——たとえばテーブル概念——は適用の観点から見て数学的ではない。私たちは直観的に日常的なものの枠内から、正しい最初の例とか、例の正しい順序とか、後続の正しい間隔とかをあらかじめ知っているわけではない（抵抗がなくてもあっても——日常的なものの神話のなかに、その種のものは存在しないので）。また私たちはときとして、ある例がある概念の下に収まるかどうかを知らない。いかなる概念も日常的規準によって「束縛される」ことはない。もっとも特別な場合では——たぶん「テーベア」の場合がそうであるように——概念を束縛することができるけれど。

　何が数学的なものを数学的なものにするかを定義するつもりはもうとうないが、こう言っておくのは私の務めであろう。すなわち日常語の適用を文法的に制御している規準に対するウィトゲンシュタインの考えのなかには、日常的概念——ここでは非-数学的概念——がやはり数えることによって支えられているとの考え、概念を適用することと数えることの結びつきが規則をもつ足し算の場合において強いように日常言語の場合においても同じくらい強いとの考えがふくまれると。規準は（拙著『理性の声』で展開された議論によるならば）、なにかを標示し（たとえば記入し）切り分けるための手段である——そうした観念には、差別化する、選別する、分割する（鋤の刃先などで）、分断するといった観念がふくまれる。ここではとくに集計すること〔tallying〕が重要となる。数学的規則と、それによって可能となる数えること〔counting〕とが数学的概念に特有なものであるように、日常的規準と、それによって可能となる集計することとは日常言語の概念（の残余）に特有なものである。精密さ、正確さ、伝達《コミュニケーション》する力という点において、日常的概念は数学的概念と同等である。（非-数学的）概念のもつ日常性は、けっして、たとえば抽象性や普遍性や完全性といった（通常の）数学的概念と同等ではない。日常言語が最初の例や後続する例や例と例の間隔を決定しないと言うことは、おそらく、日常言語〔の概念〕の下に収まる例が数列を形成しないと言うことに等しい。（もちろん私たちは様々な目的で、日常言語の例を、たとえばサイズや色にしたがって——たとえば「赤い林檎《りんご》」の概念の下に収まるすべての例を分類し——順序づけ数列を作るかもしれない。しかし日常的な状況の下にあるなにものも、「赤い林檎」以下に完全には、そうした区分けができないだろう。日常的なものを褒めたいのではなく、日常的なものが完全であるのはごく当たり前のことだと指摘したいのである。それがうまく機能しない状況もあるだろう。ある種の林檎は偽装梨であったり、出し抜けに色を変えたりする。こうしたことには数学も役に立たないだろう。）日常的概念が数学的には精密でないと言うことは、単に、日常的概念が数学的ではないことを意味する。それは、日常的概念が精密ではないことを意味しない。数学や論理学のもつ「規範性」や「崇高さ〔sublimity〕」はこれとは別の印象を与えるが、そのことには診断が必要だ（八一節、八九節参照）。

いいかえるならばこうだ。「日常的概念は精密ではない」はかならずしも誤っているのではなく、大ざっぱにいえば曖昧なのである。この文言が明確に（しかし誤解を招くような仕方で）言っているのは、数学的関数（たとえば足し算《アディション》もしくはクァディション）に結びつく概念とそうではない概念との区別が日常言語の内部にあるということだ。その考え方はかなり正しいように見える。またこの文言がいわば言おうとしているかもしれないのは、数学的関数に結びつかない日常的概念にはなにか欠けているものがあるということだ。最初の考えは、結びつきを指定するとき、日常的な精密さと数学的な精密さの区別に意味を与える。この考えによれば、数学的な精密さは〔日常的なそれと比べて〕より精密なわけではないが、こういってよければ、精密さに若干の形態を与える。したがって数学的概念と非-数学的概念とが違うということは、正当であり、明白であり、実践的にとても重要であり、知的な影響力をもつ。第二の考え、すなわち日常的概念にはなにかが欠けているとの感覚は、もっとそれ以上のことを言おうとする。このもっとそれ以上のことをウィトゲンシュタインは崇高化・昇華[8]と診断する。とすれば――この点にかんする私のウィトゲンシュタイン理解が正しく、そしてウィトゲンシュタインが正しいならば――、崇高化への願望は数学者のものではなく哲学者のものである。日常言語の一部である（日常言語の概念に結びつく）数学的関数を超えるような、そして日常的概念では表現不可能な観念を表現するような数学的関数が存在するという事実に疑問を投じようというのではない。日常言語が数学に劣らず精密な観念を表現するという事実、日常言語が数学と同じように常識を超えていく、そして哲学的探究を要求する、そうするだけの価値があるという事実に疑問を投じようというのでもない。ウィトゲンシュタインが概念は境界づけられていないと言うとき（六八節、八〇節）、私はこう理解する。すなわちウィトゲンシュタインは「境界づけられる〔bounded〕」という語を日常語として使っていると同時に、数学との結びつきをもつ語としても使っていると。要するに、日常的なものと数学的なものとでは精密さに相違がある点を強調するひとつの仕方なのである。二つの精密さはそれぞれが数えることの形式であるというこの考えから出発して、私はウィトゲンシュタインにおける根拠づけの問題が広く言語一般に適用される事情を理解したいと思う。

日常において数える《カウント》ことは、数学のそれとは違って、私たちにとって物の数に入る〔物を言う〕こと、重要なことと相関関係にある。そういうふうに文法は、私たちが存在するとみなす《カウント》ものを言う（三七三節参照、「文法としての神学」）。当然ながら、列挙という意味での数えることと、重要という意味での数えることとが、同じ概念の曲用〔inflection〕であることを否定する人もいるだろう。しかしそのさい日常的なものの議論における両陣営は、互いの論点をはぐらかすことになる。「語る〔telling〕」という概念が「数える〔counting〕」という概念の根底にあるというふうに見えるかもしれない。「語ること」はいわば、「話すこと〔talking〕」がとりもなおさず「数えること」であると言う。しかしここには近道がありえず、だから、「集計する〔tallying〕」や「列挙する〔enumerating〕」としての語ることと、「言う〔saying〕」や「伝える〔imparting〕」としての語ることとが、同じ概念の曲用であるかどうかという問題が繰り返し生じてくる。ウィトゲンシュタインは、コミュニケーションという観念を強調しながら「伝達〔telling; Mitteilen〕はどのように為されているのか」（三六三節）と問うとき、「Mitteilung」つまり「imparting〔分け合う・伝える〕」に焦点を当てる。ここでの「分かちもつ〔sharing〕」という観念は、規準という観念と交差する。とすれば「数える〔counting〕」と「物語る〔recounting〕」との関係はどうなっているのか。数学としての「recounting〔数え直すこと〕」と物語としての「recounting〔詳述すること〕」はどちらも、ある答えを検証することとみなすことができる。しかし数学の場合では結論〔conclusion〕に重点がおかれるのに対し、物語の場合では結末〔end〕に重点がおかれる。『冬物語』における懐疑家（レオンティーズ）の肖像は数えることを崩壊させる男の肖像である（拙著『悲劇の構造』三一二―三二三頁参照）。

日常言語はなにか崇高なものを切望するかのように数学を切望する。そうした切望は日常言語の条件に特有のものである。日常言語はその規則においてなにかが欠けているとの観念はこの切望と切り離すことができない（どちらも同じくらい必要不可欠なものである）。この地点でウィトゲンシュタインは論理学を「規範的」なものとして、語の使用と比較されるものとして（八一節）――語への不信として――特徴づける。この問題はこれより少し後の節《セクション》でさらに論及される。「どのような意味で、論理学は崇高なものであるのか」（八九節）。この規範的なものという役割から見るならば、数学的なものは、日常的なものにおいて生じる問題の特別な事例ではない。数学的な事例がなかったならば、日常的なものの問題は生じなかったであろう。

ウィトゲンシュタインにとって、規準に対する私たちの失望と規準からの拒絶とを明らかにすること（拙著『理性の声』が懐疑論の可能性や脅威あるいは誘惑を解釈する眼目はこの点にある）は、規準における私たちの同調を明らかにすること（オースティンの問題はここに限定される）と同じように重要である。私たちは当然のことながら、私たちの概念が私たちにとって重要なものを根拠にして〔私たちの都合によって〕成り立っているとは思いたくない（これはウィトゲンシュタインが『探究』五七〇節で「概念は……私たちの関心の表現である」と言うときの論点である）。こんな事情で私たちの言語は不安定なものに見えてしまう。そして言語が不安定であるということは、すなわち私が私たちの規準の安定性に対して責め〔責任〕を負うということを意味するように思われる。私はその責めを望まない。この責めが崇高さへの私の願望の妨げとなるからだ。私たちの規準を肯定し否定もする人間的能力――そして衝動――が、日常的なものの議論を構成している。そして規準に対する失望の跡を辿ることは、とりもなおさず崇高なものへの切望の跡を辿ることである――こうしたことは懐疑の進行を表す描像。私はこの議論の道具である、つまり、私たちが皆その立場に立とうとしないならば、だれひとりそこに立つ者はいないということだ。だから、日常的なものの力が立ち現れる（あるいは立ち現れない）のは、遺憾にもというべきだろうか、あるがままの私たちひとりひとりのなかにおいてであって、それ以外のどこにおいてでもない。（私たちにとって日常的なものなどもはや存在しないと考える人もいる――たとえばチェーホフやベケット。そういう人にとって、これは――ワーズワスやソローにとっても同じことがいえるけれど――もはやどんなことも私たちの興味を引かない、すべてが他のすべてと同様ありふれているということを意味するように見える。彼らはこう忠告するかもしれない。おしゃべりをやめるように努めよ。彼らは、いったいどうして、そしてだれに、そんな忠告を与えようというのだろうか。ウィトゲンシュタインの忠告をそんなふうに理解することはできないだろう。）

ある物がテーブルであるための私たちの規準――「テーブル」という語の文法の一部――は、これが「テーブルに着く」と呼ばれることであるという事実にある（『青色本』五六頁、『理性の声』p. 71参照）。物を食べるにはこういうふうに、物を書くにはああいうふうにテーブルに着く（手書きで物を書くときは、もっとテーブルに近づき片方の腕をテーブルのうえにおいて）、またコーヒーカップを配置するには別なふうにテーブルに着くという事実はすべて、それをテーブルと呼ぶための規準である。あなたはテーブルや帆柱《マスト》に腰掛けることができるけれど、いま述べたようなふうにではない。そして帆柱とは違って、椅子はテーブルとして（逆にテーブルを椅子としても）使うことができる。また切り株をテーブルとして使うこともできる。それは椅子や切り株をテーブルにすることではない。しかし頑丈な切り株の輪切りに幾本かの脚をつければ、樹皮を剥がなくても、テーブルになるだろう。すでに述べたように、テーブル面がとても滑らかで水平であること、一本ないし数本の脚によって（一般的に腰の高さで）支えられていることが当然ながら本質的である。本質的な点はこれで尽きているだろうか。私の辞書によればこれで十分である。しかしこれまでのところ、規模やバランスや形状についてはなにも言及されていない。しかし円盤の半径がフットボール・スタジアムのサイドラインほどの長さで、テーブル面がくるぶしの高さであるようなものをテーブルとは呼べない（こう言ったほうが正確だろうか、つまり、直径が私の座っている場所から地平線の彼方まであり、私の正面に座っている人を見ることができないようなものをテーブルとは呼べないと）。二センチ幅の桟《レール》が「正しい」高さでダイニング・ルームの壁に端から端まで走っているとしても、それをテーブルとは呼べないだろう（その桟に横桟《クロスレール》を加えるならば、ある目的にとっては、テーブルを表象するかもしれない）。スタジアム大である可能性と桟のあいだには、様々な疑わしい事例があるだろう。クリプキの懐疑論者が正しく考察しているように――とはいえ懐疑論者の心情《アニムス》から――、私はたぶん、「テーブル」という語を習得したとき、切り株やフットボール・スタジアムの可能性も桟も考えていなかったのである。さらにいうならば、テーブルを支える脚が床のほうへ伸びていて（テーブルの脚が壁のほうに伸びて突っ支い棒になっているなら棚である）、だいたい腰の高さで固定されていなければならない（テーブルに着くときを考慮して）、テーブルの支えが習慣的に脚〔leg〕と呼ばれる理由はまさにそこにある、などと明示的に考えていたわけではない。私はこう証言してもよい。すなわち次のような形状をもつテーブル面が除外されるとはこれまで考えたことがないと。その物体の規模やバランスや高さはテーブルの範囲内にある。ただしテーブル面は連続して並ぶ三角形の突起物によって縁取られている。突起物の高さは人間の腕の長さほどで、その底部はコーヒーコップの底ほどの幅もなく、突起物の間隔は狭すぎて痩せた人でも入り込めない。これではテーブル面には（手では）物をおけそうにない。私は、「テーブル」という語を習得したとき、こうしたことについて考えなかったが、いまは考えることができる、熟考することができる。さらに多くのことを考えることもできる。こうしたことができるのは、私たちの規準において私たちが一致するからである。

クリプキは私たちが規準によって「一致〔agreement 同意〕を達成する」（二〇六頁）と述べるが、それは私からすれば、一致に対するウィトゲンシュタインの考えを拒絶しているように、あるいはこういってよければ、あまりに契約的《コントラクチュアル》なもの、規約的《コンヴェンショナル》なものにしているように思われる。

ウィトゲンシュタインの見方によれば、規準の根拠となる一致が成立するかどうかは私たちの自然な反応に懸かっている。私たちは同じ事柄に笑うかもしれないし泣くかもしれない、あるいは笑いも泣きもしないかもしれない。なんらかの経験をもつがゆえに私たちは一致できないこともあるだろうし、即座に一致することもあるだろう。しかし喜劇や悲劇を想定して、一致を達成するという考えは場違いだと思われる。子供が歩きはじめるとき、彼または彼女は、おずおずと、私がそうするのをまねて、歩こうとする。私たちは歩くという点で一致している。しかし私たちはこの一致を達成したのではない、一致するようになったのではない。私たちは皆歩くようになったと言うことにはもっと多くの意味が伴う。子供が私たちの言語を習得するまえ、彼または彼女はテーブル〔table〕と受け皿〔tray〕とを区別しないかもしれない。この問題にかんし私は、私たちがテーブル（あるいは受け皿）とは何かについて一致していないとは言いたくない——子供は私がテーブルと呼ぶすべてのもの（とにかく、多くのもの）をテーブルと呼ぶだろう、そして私は子供がテーブルと呼ぶ（ほとんど）すべてのものをテーブルと呼ぶだろう（子供に話しかけているとき）。この点にかんする私たちの一致はある種の深さを欠くと言う人がいるかもしれない。しかしこの欠落は、受け皿がテーブルであるという私たちの（当面の）一致の背後にある一致の広大さの前では些細なことである。

テーブルに対して私がなす過去の振る舞いや未来の振る舞いはどのように違いうるのだろうか。椅子というものがこの世界からなくなれば、立つこと、もたれること、横になることに対する選言肢は、〔椅子に座ることを跳び越えて〕しゃがむこと、地べたに座ることである（ようになる）。そして私たちが（いま）テーブルと呼んでいるものが祭壇と区別できなくなる、あるいは陳列ケースと区別できなくなるとき、私たちのテーブル概念になにかが起こるだろう。概念が変化することを認めるべきだと言いたいのではなく、私たちの生活においてテーブル概念の役割が（テーブルの役割のせいで）違ったものになる、たぶん消滅するだろうと言いたい。何が原因で、私は何かをテーブルと呼びたくなるのか。（『探究』五七〇節によれば「概念は私たちを探究に導く。概念は、私たちの関心の表現であり、私たちの関心を操縦する」。）私たちは数学的概念がそうした世界の圧力によって「変わる」あるいは消え去るとは考えない。そして、日常的な概念には歴史があり、数学的概念にはないと言うことが正しいように私には思われる。数学的概念には前と後があって、過去と未来はない。数学的概念は永遠である（「私はつねにこれを意味している」）。したがって私たちは「テーベア」のような事例についてこう言っていいかもしれない。すなわちそうした事例は私たちの日常的な概念を特殊な数学化あるいは定義のひとつに従わせる可能性を例証していると。

しかし日常語たとえば「傾向〔inclination〕」の適用に対する私たちの文法的規準が、傾向とはどんな種類の物であるのかを言う（大ざっぱにいって傾向とは、ある欲望の表現であるが意識的抑制に従うものである）と私が主張したところで、それが何の役に立つというのだろうか。語の適用が傾向に従うと考える見方からすれば、いうまでもなく、「傾向」という語の選択はその語が傾向と呼ぶものに従うということになる（そこにおいて役割を果たすのは、大ざっぱにいって、欲望でもその抑制でもなく、なにか一般化されたエネルギー源のようなものである）。（傾向が心的なものの領域《レルム》を形成し、この領域は総じて理性的なものの領域から区別されうるという考え方は、「物それ自体」と同じく決定的にカントの遺産である。）とすれば、ある数列に従う一歩《ステップ》を進めているときに、すぐ目の前に水たまりがあって水しぶきを上げたくなる〔inclined〕場合を除いては、数列のなかで次の一歩を進める気にならない〔not *inclined*〕と主張したところで何の役に立つのか。何の役にも立ちはしない。

このように私たちから私たちの規準を剥ぎ取るがゆえに、クリプキの解決（あるいは、それがウィトゲンシュタインの解決であるならば、ウィトゲンシュタインの解決）は、それが解決したとされる問題よりも懐疑論的であると私には思われるのだ。かりに私がこう主張するとしよう。すなわち「心《マインド》が次の一歩を進めるたびに特定の傾向にもとづいて自己を表明している」と考えるような観点は、「心がなにものか〔something存在〕となにものでもない〔nothing無〕とを媒介しているように見える、だからいうまでもなく、恣意的な仕方でしか世界と結びつくことができない」と考えるような観点であると。ではなぜ「それならそれでよい！」ということにならないのか。ウィトゲンシュタインの曖昧《ダーク》な所見「それ〔感覚〕はなにものか〔something〕ではないが、なにものでもない〔nothing〕でもない」（三〇四節）は、感覚がなにものでもないとの結論にいつも達するとの非難に答えたものである。この所見は規則や規準に従っているときの意図にも適用されなくてはならない。とはいえウィトゲンシュタインの所見は、心がなにかの物と物（たとえば印象と印象、観念と観念）を媒介するとの考えに甘んじる人、あるいはそう考えるように強いられている人にとっては、なんの意味ももちえない。

「とにかく私はこうするのだ」によって要約されるような身振りに達するとき、私は、なぜ私がするのか、私がすることをどう呼ぶのかに対する説明において、私が考えうるような規準の終わりに達する。そのとき私はこう言う――すなわち私は私が正しいと言うことができないと。そしてこうも言う――すなわち逸脱を拒絶することは、反対を表明し社会的抑制を表明するひとつの立場であり声であると。さらにこうも付け加える――すなわちなんの権利《ライト》もないところで正しさ《ライト》を主張する暴力は日常的なものを拒絶すると（それは日常的概念を適用する規準への拒絶でもある。たとえば「傾向」の概念――欲望と切り離されているから――、「これ〔こう〕」の概念――すでに斥けられている規準を拠り所にしているから――、「私」の概念――存在しない共同体を代表しようとするから）。すでに述べたように『哲学探究』は、こうした対立のなかに、両陣営を超え、私的な声を超える道があることを証言していると思う。ここでこそ私はエマソンの突破口となったエッセー「経験」を引きあいに出したかった。（エッセー「経験」のなかの文言のいくつかを読むことが、拙論「樹立としての発見」の課題である。）ここでは私自身の節約《エコノミー》の都合から、あえて、そのエッセーが私の興味を引く点に的を絞って議論を進めさせていただく。

エッセーの題名でいう「経験」は、第1講義で述べたように、哲学が経験を叙述する仕方への嘆きを露わにする予兆である。哲学において――たとえばヒュームやカントの場合――経験は、世界に対して（世界との結びつきに対して、世界内に存在することに対して）私たちが渇望するものからたえず私たちを遠ざける（それに置き換わろうとする）現実《リアリティ》の構成として叙述される。「私はそれ〔息子を亡くしたという事実〕を身近に引き寄せることができない」[9]とエマソンは言う――つまり彼はここで、息子の死という事実が彼にとって世界の近さのベストケースであると言っているのだ。

彼はこの跳び越ええぬ隔たりを〔そこでは〕「物事がなんの印象も残さない」[10]隔たりと診断する。これはエマソン流のものの言い方であって、その含意はこうだ。経験論者の「印象」という観念は、すべての経験がそれによって形成され、すべての観念がそれから派生するといわれるけれど、まさに私たちと事物との結びつき、私たちの事物への関心、事物への反応、事物における何が私たちにとって重要であるか、何が物の数に入るか、を説明することができないのである。（哲学的観念としての「傾向」は内的印象のひとつであろう。）（六〇〇節参照――「私たちの目を引かないものはすべて、目立たないという印象を与えるのだろうか。日常的なものはつねに日常的だという印象を与えるのだろうか」。）これに対するエマソンの治療法は、世界へ近づく方向を転換し、世界が私たちに近づくというふうに考えることである。これはアニミズムのように聞こえる。だがここでの眼目は、私たちにはなにか否定するのをやめなくてはならないものがあるという点だ。それを遂行するやり方は、エマソンのエッセー「経験」によれば、歩く、階段を昇るという描像によって与えられる。この幻想的な描像の狙いは、人間的な意味で歩くことが考えることと同じように重要で（あるいは精神的で）あることを――さらには人間的思考に対する哲学的な表象としての歩行というエマソン特有の考えをも――示す点にある。

しかし結論を述べるために、『探究』二一七節における「とにかく私はこうするのだ」と言う傾向にもう一度立ち帰ってみよう。ここでの「とにかく」は、動物は考えないがゆえに話さないという考え方に対するウィトゲンシュタインの返答における「とにかく」（ドイツ語では *eben*）と同じである。「しかし――」とウィトゲンシュタインは注意する。「動物はとにかく話さないのだ」（二五節）。これは、私たち（人間）が話すことに説明を求めないのと同じように、動物が話さないことに説明を求めてはいけない、という意味ではない。むしろ、どのように哲学的説明があなたの注意をあなたの（日常的な、科学的な、美学的な）関心から逸らすかを理解せよ、どのように哲学的説明が必然性の仮装を身にまとうかを理解せよ、という意味である。この忠告に従うことはほとんど不可能である、それがウィトゲンシュタインの主題だ。私たちは探し求める、それゆえ結果を要求する、そしてそれゆえ懐疑的な結論あるいは解決がもたらされる。哲学的な解決を要求することは懐疑論である。（これはいうまでもなく科学や芸術には当てはまらない。では、いつ哲学が介入したのかを、あなたはどのようにして知るのか。単なる心神喪失の結果なのか。）

『探究』の最初の節においてウィトゲンシュタインは身振りをもちこむ、コミカルな唐突さで――「説明はどこかで終わる」と。「赤い林檎五つ」と書いた紙片をもたせて買い物に行かせるのは『探究』の最初の例である。[11] そこで初めて他者の声が示唆される。「しかし、どこでどうやって《赤い》という単語を調べたらいいかが、そして《五つ》という単語で何をすべきかが、その店主にどうして分かるのか」。それに対しウィトゲンシュタインはこう答える。「まあ、私としては、いま述べたとおりに店主が行動すると仮定しているわけだ。説明はどこかで終わる」（一節）。だがすでに？ そしてここで、〔つまり〕そこで述べられているようなとても奇妙な一連の行為への応答のなかで？ 「店主は《林檎》と標記された引きだしを開ける。それから一覧表のなかから《赤い》という単語を探しだし、それに対応する色見本を見つける。それから基数の数列を（……）《五つ》まで数える」。こうした行為――とても機械的で、奇妙な行為、私がそんなふうに行動したとしても、その正しさに確信をもてないような行為――は、私の自己理解を危険にさらす？　しかしこの場面の滑稽さが示唆するのはこうだ。すなわち正当化への説明が終わる瞬間は遅かれ早かれ来る、ばつが悪く、間の悪いときに。

私の根拠づけの説明や正当化において言うべきことがある、しかし不可避的にきわめて少ないという事実――教師はすぐにも黙らねばならない（どんなときに、どのように待つべきかを心得ていればいるほど良い教師）という事実――は、いわば人間の孤絶性にかかわる、ある種の不安を生みだす。それでもやはり、この驚愕の力は懐疑的パラドックスではない。私の考えでは、ウィトゲンシュタインが唐突に終わりを告げるとき表現されているのは、この不安なのだ。ここでふたたびエマソンの「自己信頼」がもつ同じくらいコミカルな瞬間に立ち帰ろうと思う。彼の内なる天才が彼を呼ぶとき、彼は父も母も妻も兄弟も遠ざけると断言してから、こう述べる。「私は門柱の楣《まぐさ》に〈気まぐれ〉と書くつもりだ。ゆくゆくは気まぐれよりもいくらかましなものであってほしいと希望するが、しかし説明に一日を費やすことはできない」。私はこの文言をこう読む。すなわち、私がこのように書き、このように話す理由について私に言えることはなにもない、と。この段階において、あるいは他のいかなる段階においても、それはあなたから見れば、私の気まぐれ、いわば傾向の問題に帰着するかもしれない。しかし私が書く理由は、ある意味で、私が書くあらゆる語のなかで一日中説明している、あるいは示していることなのだ。だからそれはいつもおのずと明らかなことであるかもしれない。（私が門柱の楣に書くのは、だれもが見えるようにと聖書が命じているからだという説明はほとんど役に立たない。なぜならそのときあなたは私が聖書の命ずるとおりにしたいと思う私なりの理由を知りたいと思うだろうから。そして今度は「私なりの」とは何かを知りたいと思うだろうから。私にそれを言うことができるだろうか。）

だからこう言おう。私にとって教示の場面（二一七節）で賭けられている眼目は、アウグスティヌスによる言語習得の描写すなわち『哲学探究』の冒頭で引用された言葉の含意を具体的に述べる点にある、すなわちこの冒頭部もひとつの教示の場面であり、『探究』全体につきまとう場面であるのを明確化する点にあると。というのもアウグスティヌスの言葉はまさに『探究』の主題の全体を告げているのだから。ここにアウグスティヌスの言葉を引こう――年長者たち、ある対象、名前で呼ぶ、声に応じて、ある方向へ、体を向けた、私は見た、理解した、発した、音声、呼びかけられ、指す、つもりだった、意図、明らか、あらゆる民族に共通な自然の言語、体の動き、表情、顔つき、目つき、声、心の状態、探し求め、捉え、斥け、正しい場所、様々な文章、しるし、理解、習得、言葉、繰り返し、使って、記号、慣らす、私の願望を表現する――。私はよそで、繰り返しこう強調してきた。すなわちアウグスティヌスによる描写には競合する解釈（いわば表向きの陽の解釈と裏面に控えた陰の解釈）があると。一方にこの描写を日常的で、きわめて分かりやすく、なんの変哲もないと見る解釈の仕方があり、もう一方に形而上学的で、きわめて異例の、孤立を招くと見る解釈の仕方がある。アウグスティヌスの最初の文はこうである。「年長者たちがある対象をその名前で呼び、その声に応じて、あるものの方向へ体を向けたとき、私は、彼らが物を指そうと思うときには、物が彼らの発する音声によって呼びかけられるのだということを見て理解した」。私は拙論「没落に抗して」[12]において、『探究』で提示された「建築家」の最初の例と関係づけながら、アウグスティヌスによる描写を解釈する（少なくとも）「二つの仕方」を素描した。私はこう読む。すなわちここでは、命名する〔naming〕場面、呼びかける〔calling〕場面が問われている（だからすべてが問われている？）と。競合する二つの解釈はそれぞれこんな言い分をもつかもしれない。「年長者の身振りや音声にかんするアウグスティヌスの見解より凡庸なものがあるだろうか」。それに対して「いやそうではない――私たちがいまだ答えのない問いの袋小路に迷いこんでいるならば、たとえば、命名するとは何のことか、何がある物やある人を呼ぶことであるのか、何がある対象を構成するのか、どうして私たちは他のではなくむしろこの観念や像や概念を（確信をもって）把握するのか、どうして指さす人は指すのか、どうして話す人は意味するのか⁉」なにも間違っていない。すべてが間違っている。それが哲学の瞬間だ。

　ウィトゲンシュタインにおいて形而上学的なものは日常的なものの誇張――ウィトゲンシュタインはときどきそれを昇華と呼ぶ（『探究』九四節参照）――として現れる。（不慣れなものとしての慣れ親しんだもの、フロイトはこれを不気味なものと呼ぶ。）どのような事情においてエマソンのいう崇高が哲学的昇華〔崇高化〕への応答であるのかという点に（フロイトのいう昇華が哲学的昇華への応答である点はいうまでもなく）私の問いがある。エマソンの崇高は日常的なものを哲学的に超越することがない、だから日常的なものへの内在を表明する必要がない。超越的なものと対決する超越論主義――カントはまさにその完成をめざして踏み出したのだ。私は先にこう述べた。すなわちエマソンにおける書くことへの引き籠もりは主張することがなにもないとの告知であると。おそらくこう言い換えることができる。エマソンは彼が言いたいことへの主張可能性条件を断念している（すなわち諦めつつ同時に呼び求めている）と。哲学者は意思伝達《コミュニケーション》の度合いを測るために主張可能性条件を探す（たとえばクリプキ、一七六頁参照）。ウィトゲンシュタインにとって、主張可能性条件の主張は、語の形而上学的な使用を阻止したり治癒したりすることが問題となる彼の著述の役には立たない。（私たちの内なる）形而上学者が主張可能性の（日常的）条件に異議を唱えている以上、ウィトゲンシュタインにとって、そうした条件の（再）主張はなんの「解決」にもならない（拙著『理性の声』pp. 66–70を参照）。

ここで、どういうわけか、アウグスティヌスによる描写で私の印象に残るのは孤立した子供の姿である。子供は大人たちのしるしに慣らされて、みずからしるしを作りはじめる（まるでベケット劇の登場人物のように）。子供は文化を観察されることなく観察する。この場面は言語を相続として描くが、いわば盗まれた相続としても描いている。とにかくそこにおいては言語を取る《テイク》能力（そしておそらく動機）のほうが概して言語を与える能力《ギヴ》（そしておそらく動機）よりも大きい。冒頭場面に登場する子供の形象は『探究』の全体につきまといながら、こう告げている。すなわち（子供が登場する二ダースほどの節《セクション》においてだけでなく）どんなときも「あなたはどこで概念を習得したのか――概念の故郷《ホーム》は何か」との問いが投じられていると。そして文化の相続――修養の過程（あるいは働き込むのは何のためか）――には、自然本性的な終わりがあるのではなく、あるいはそれ本来の固有な終わりがあるのではなく、乏しい資源によって、あるいは権力《パワー》によって強いられた終わりがあると。特定の状況において説明が尽きるとき、教えることが前面に出て、教えられる（いわば示される）事柄への制御が背景に退くと。『探究』における声と沈黙のひとつひとつは私たちのそれであると私は言った（そう言いにくい場合もあるが）。対話者とのやりとりが問いかけのまま終わるならば、それに対する返答があるのかどうかが分からない（「どうして私は、痛みと痛みの表現とのあいだに、言葉を使って入り込もうなどと思えるのか」二四五節）。またそれが断言で終わるならば、それを聞いている人がいるかどうかが分からない（「私たちは情報にならないことを言いたがる傾向がどれほど強いか」二九八節）。どんなときも私は孤立しているのかもしれない。したがって、この方向で私が『探究』から引き出す教訓はこうである。私を私自身から分断する説明、私自身に敵対する説明、私の合意を（魅惑するのではなく）要求する説明に甘んじないこと。それは私の声を私の孤立に譲り渡すことになるだろう。私はけっしてそこにいないであろう。

第3講義

正義の会話〔*〕

ロールズと合意のドラマ

この講義に、ハインリヒ・フォン・クライストの小説『O侯爵夫人』の映画版（エリック・ロメール監督）を論じる時間はほとんど残されていない。たとえば、まだ眠りに落ちている侯爵夫人のショットで始まる映画の冒頭シーンについて考察する時間はほとんど割けない。侯爵夫人は眠っているあいだに伯爵に犯されたとの事実を私たちはやがて知ることになる。冒頭シーンにおいて侯爵夫人は、彼女を襲おうとした兵士たちに死刑を執行する銃殺隊の一斉射撃の音に驚いて目が覚める。彼女は伯爵に危ういところを、さしあたり、救出されたということになっている。ここで目が覚めるとの演出からは、まるで銃殺場面が彼女の夢の一部であるかのように読み取れる。そしてそこから、彼女の夢は身に受けた暴力を表すのか、それとも復讐として――伯爵への――彼女が要求する暴力を表すのかという問いが生じてくる。（後者の可能性が高まるのは、伯爵がふたたび登場するときだ。なぜならそのとき侯爵夫人も彼女の母親もまるで亡霊を見るかのように彼を見るからだ。彼女の胸中では伯爵が死んだことになっていた。）しかしこの講義に（ここ数年来私の大きな関心事である）映画についての考察を加えたいとの傾き《おもい》に従う唯一の理由は、その道徳的な次元にある。

これまでこの次元はほとんどが暗示されるだけであったが、この機会——エマソン的な方向に舵を切ったこの機会——に、道徳的次元を明確化する必要があるように思われる。私はよそで映画に関連する（たとえば写真や動作や音声や色彩や話法からなる映画の表現（諸）媒体の可能性と必然性に関連する）美学的問題と、映画について（幻想と現実に対する、現前性に対する、生物と無生物の違いに対する映画の関係について）考察するときに不可避な認識論的問題とを検討した。しかし私が詳しく論じた特定の映画（私が「再婚コメディ」や「知られざる女性のメロドラマ」と呼ぶ関連する二つのジャンルに分類される映画）は、私がいま〈道徳的完成主義〉と考えるものの研究という形式を取るような語り口で、美学的なそして認識論的な問題もしくは次元を探求する。私は映画研究を始めたころからずっと、映画がエマソンの影を帯びていると主張してきた。しかしいうまでもなく、それは、映画のなかで描かれる個々人が与える粗野でおどけたような印象の強烈さに紛れて見えなくなり、道徳への呼応というよりむしろ道徳への挑戦であるかのように見えてしまうのがつねであった。

ここ二十年のあいだに文学の世界ではエマソンが復活したといわれているが、概して、エマソンの道徳的想像力を再考するまでにはいたっていない。それどころか、ここ数年のあいだにハロルド・ブルーム（もっとも著名なエマソン賛同者）やジョン・アップダイク（エマソン誹謗者の長い系列に連なる人）は、エマソンにかんし、最良の場合で民主主義の希望に対して言葉を濁し、最悪の場合でファシズムへ道ならしをすると論じてきた。私のエマソン理解からして、そうした権威が発するそうした見解を反論もせずに見過ごすわけにはいかない。本書の補遺として収録した私の講演原稿「一縷の望み」の執筆を駆り立てたのは、主としてブルームとアップダイクの発言だった。ロールズの『正義論』はそこまで極端ではないものの、ニーチェの立場――そして私の読んだかぎりでのニーチェとエマソンからすれば、エマソンの立場――が道徳的に見て多かれ少なかれ擁護しえない立場であると示唆する。いずれにせよそれは、エマソンの名においても私の名においても、擁護したいとは思わない立場である。

こう言ってもいいかもしれない。すなわちロールズが卓越性〔完成〕原理を説明するとき、ニーチェの立場が擁護しえないものだと示唆するのは、私的なそして個人的な会話というよりむしろ社会的な制度にロールズの注意が集中している点に原因があり、その副産物のようなものでしかないと。したがってロールズはかならずしもニーチェの考えの全体には、いうまでもなくエマソンのそれには、関心を払っていないのである。ここが重要な点である。だが私から見るならば、そう言うだけでは足りない。私的な会話がかならずしも『正義論』の前景を占めていないのが事実だとしても、このテクストは全体を通じて私が正義の会話と呼ぶものを織り交ぜている。私のいう正義の会話とは、原初状態において正義の原理を確立するために必要とされる明確な論議が始まるまえに、あらかじめもつべきものである。他方、私の見方からすれば、エマソン的会話の擁護は公的な利益の擁護でもある。

私が研究した二つの映画ジャンルは総じて道徳的な視点をもつが、その根底には〈エマソン的完成主義〉がある以上、二つのジャンルのうちから、どちらにせよひとつ選んで道徳的な視点を例証するために使うこともできたであろう。その代わりに私は様々な理由から、その視点が奇妙な屈折を経て『O侯爵夫人』のなかに保持されているのを明確化することにした。この映画はアメリカ映画の二つのジャンルと内的な関係をもつ。こうした映画に対する私の考えを作り上げる拠り所となった文学的作品のなかで、クライストの小説『O侯爵夫人』――映画はこの作品を驚嘆すべき忠実さで再現している――は、シェイクスピアの『冬物語』やイプセンの『人形の家』とともに、おぼろげながら特別な役割を果たした。私にとって決定的なのはそうした事実だ。とはいえ、その事情を説明するには、この講義の大半を費やして、こうした映画ジャンルが〈道徳的完成主義〉にどうかかわるかを明確にしなくてはならない。

一九三四年から一九四九年のあいだに登場した七つのハリウッド・コメディ作品において総合的に扱われた主題や構造をめぐる一種の議論を土台にして私は再婚コメディを特徴づけた。私が選んだ七作品はこのジャンルのなかで最良のものである、それゆえこのジャンルを明確化する。すなわち『或る夜の出来事』『新婚道中記』『赤ちゃん教育』『ヒズ・ガール・フライデー』『フィラデルフィア物語』『レディ・イヴ』『アダム氏とマダム』であるが、これらの映画は映画史上最大の称賛に浴した忘れがたい作品として数えられる。これらの映画には道徳的（あるいは芸術的）なまじめさがあるとの主張を疑わしく思う人は（他のいくつかの映画にはまじめである可能性があると認める場合ですら）、そうした映画を「大恐慌時代のお伽噺」として片づけ、道徳に冷淡なというよりは道徳とは無縁な映画とみなす場合がある。あたかもこう言うがごとく――、そうですね、もちろん、こういった映画でキャサリン・ヘプバーン、スペンサー・トレイシー、ケリー・グラント、アイリーン・ダン、バーバラ・スタンウィック、クローデット・コルベール、ヘンリー・フォンダ、クラーク・ゲーブルらが演じる登場人物と同じように社会的に優遇され、天賦の才に恵まれている人が行儀よく振る舞うことになんの不思議もありませんよ、と。これらの映画（あるいは映画一般）を正当に評価する傾向のある人ならばさしあたり、こうした映画がもつ道徳的な問題に気づくかもしれない。ここでの道徳的な問題は、主役のカップルが社会全体から孤立している、あるいは引き籠もっていることにかかわる（彼らを優遇しているまさにその社会環境に背を向けていることへの叱責）。またこの問題は、主役のカップルの関係が不均衡であることにかかわる。男性は女性に教育――彼女が必要だと感じているまさにその教育――を提供するという不均衡である（また、彼女がその必要を――じっさいに必要があるとして――感じるという事実そのものが、彼らの生活を支えている社会の不正のしるしにほかならず、この不正は社会が彼女に強いる道徳的要求を破壊してしまうほど深刻であるというような不均衡である）。それに加えて、私の考えを言うならばこうである。社会から引き籠もっているとか、裕福であるとか、教育を受けた人とそうではない人がいるとか、さらには円環《ループ》をなす特徴――たとえば子供の不在（いいかえればヒロインが母親としてはけっして描かれていないとの事実）とヒロインの母親の不在――があるとか、そうした事柄のもつ意義は、これらの映画の中核的な条件が特定の会話様態にあるとの事実から引きださなくてはならない。

「再婚」という名称はこのジャンルのもっとも際立った物語的特徴を想定している。このジャンルに特徴的なモチーフは、一組の若い男女がなんとか障害を乗り越え、結婚と呼ばれるもののなかで結ばれることではなく（ここでの障害は社会的禁止という障害である――一般的には喜劇に特有の老爺役、たいていは娘の父親がその象徴となる）、むしろ若干年長の男女がなんとか離婚の危機

（結婚への内的な障害）を乗り越え、ふたたび結ばれる、戻るようにして結ばれることにある。私はこのジャンルについてこう考える。すなわち結婚という絆が認知しえなくなる、あるいは見えなくなる（男女の結婚式のショットがない、あるとしても、結婚式はパロディ化されるか、台無しになるか、中断されるかする）。ここに投影されているのは次のような観念である。結婚を構成するものは、いわば結婚の外側（教会、制度、性的満足、あるいは子供を授かること）にではなく、結婚したいという強い心の傾きにある。これは結婚の事実を繰り返し承認したいという強い心の傾きである。あたかも本当の結婚はすべて再婚[1]であるかのように。この物語において、結婚の主題をめぐり一組の男女が本質的な議論をし、それによって男女のあいだに語らいの状態が形成される。交わりを求める心の傾きが結婚を構成するという考えを、ジョン・ミルトンの革命的な論考《トラクト》のなかに見いだすことができる。それは離婚についての考察だが、ミルトンは結婚を「ふさわしく幸福な会話〔meet and happy conversation〕[2]」とみなし、その観点から離婚を正当化する。ミルトンの会話という観念は、当然ながら言葉による会話《まじわり》を指しているが、言葉によるものとは限らない（現代英語における「intercourse〔交際・交接〕」という語から分かるように）。ミルトンの文章には耳を傾けるだけの価値がある。この論考は、ホッブズの『リヴァイアサン』〔一六五一年〕より八年まえ、ロックの『市民政府論』〔一六九〇年〕より一世代まえに発表されたが、社会を作りだす契約の類比として結婚を作り出す契約を記述している。

結婚する人は、忠誠を誓う人がそうであるように、わが身の破滅を謀ってそうしているわけではもうとうない。人が悪《あ》しき結婚に出会うのは、国民全体が悪しき政府に出会うのと同じようなものである。もし人々が、権威や契約や法令のことごとくに逆らって、愛の至上命令に従い、彼らのいのちばかりか誠実な自由を不当な束縛から救うことができるとすれば、それと同じように、人々は個人的な契約——不幸になるためにこの契約を結んだわけではけっしてない——に逆らって、みずからを耐えがたい悩み事から救済し、誠実な平和と公正な満足に達することができるだろう。ましてや（……）というのも、暴政の影響が国家《コモンウェルス》に重くのしかかるのにもまして、この家庭の不幸は家族に重くのしかかるからである。家庭においてそのような悪が気づかれぬまま顧みられぬまま居すわっているときには、国家において真の改革をめざすあらゆる希望に別れを告げなくてはならない。この悪の矯正にこそ、私たち成人の溌剌として秩序正しい生活の成否ばかりか、私たちの子供のための自発的で周到な教育の成否が懸かっている。
（『離婚の教理と規律』[3]）

国家《ステイト》にとって暴政の影響に抗して闘うこと（一般的には改革すること）以上に重要なものがないように、国家にとって不幸な結婚から解放すること以上に重要なものもない。ということはつまり、一般的にいって、国家はそうした不幸な生活に縛られている人を慰め元気を与えるに足る利害関心をもたないということを含意する。ミルトンの記述からはもっと明確にこういう帰結が導かれるように思われる。すなわち不幸な生活に苦しむ人は、その苦しみと似たような苦しみを国家《コモンウェルス》に与えていると。結婚における不幸とは「もの言わぬ気の抜けた相手」[4]に縛られていることであるのを思い起こそう。ミルトンによれば、国家に不幸の影響が「重くのしかかり」、その不幸を矯正しないかぎり、その成員の生活は「溌剌として秩序正しい」ものになりえない、つまり国家における生活が元気のなく無秩序なもの、あるいは無政府的《アナーキー》なものになる。あたかも国家がそうした成員を離縁する資格をもつかのように。しかし国家からの離縁とは国家からの追放にほかならず、そして単に不幸であるという理由でその人を追放するわけにもいかないのだから、国家は個人が離婚するのを認める資格をもつ。いずれにせよ国家はそれによって個人の不幸とは縁を切ろうとする。ここから帰結するのは次のようなことだと私には思われる。すなわち国家に忠誠を誓った人は、幸福のいくばくかを、溌剌として秩序正しい生活のいくばくかを国家に負っている——結婚の契約が国家の契約の縮図《ミニチュア》だとすれば、ふさわしく快活な〔meet and cheerful〕会話となって現れる生活を国家に負っていると言うことができる。

　私は再婚コメディのジャンルからメロドラマのジャンルを導き出したが、このジャンルの名称にかんしては、それをもっとも完璧に例示する作品であるマックス・オフュルスの『知られざる女性からの手紙』〔邦題『忘れじの面影』〕（このジャンルには再婚コメディと同時期に上映されたハリウッド映画『ガス燈』『情熱の航路』『ステラ・ダラス』もふくまれる）から借りている。メロドラマのジャンルは、ひとりの女性と彼女を取り巻く複数の男性とが会話する可能性をきっぱりと否定する。それが意味するのはこうである。これらの映画では、いくつか注目すべき例外があるけれど、ヒロインが結婚することなく終わる、いずれにせよ私たちがよく知っているような結婚はしないのである。メロドラマにおいて会話に取って代わるのは、重苦しく象徴的なアイロニーだ。全体的に見て、これらの映画は、女性のもつ最高の美徳とは気高い自己犠牲であると説く物語――男性や子供の必要のために自己を犠牲にするいわゆる女性向けお涙頂戴もの――として理解され記憶されてきた。しかし私にはこう思われる。すなわちこうした映画のヒロインが道徳的な感性や知性に恵まれているように提示され、それによって映画そのものがその判断する力を得ているということ、そしてヒロインのもつアイロニーの力が糾弾するのは、犠牲にかんする迎合的な考えを彼女に強いるまさにその社会であるということはまったく明らかだと。こうした文化に反発する力がこれらの映画を生みだした文化によって否定される理由はおそらく明白なように見えるかもしれない。しかしそのとき、どうしてこのことをこれらの映画が示すのか――これらの映画は、文化によって生みだされ、人々から愛されていながら、私たちの文化によって拒絶される姿すなわち私たちの拒絶された自己を表象するのはどうしてか――との問いから、映画とは何かとの問いが立ち上がる。

『O侯爵夫人』は始めから終わりまでアイロニーに満ちている。のっけから救い主が悪党であるという事実にも、父親が娘の純潔を容赦なく拒絶する嘲りの言葉「眠っているあいだにしたこと！」にも[5]、そして新聞広告に返答を寄せた男の身元を娘が知っているかどうかと思案する母親の胸中にもアイロニーが満ちている[6]。まるであらゆる言葉は、それがもつ無意識の真理によって、叱責されているかのようだ。とすれば『O侯爵夫人』が投ずる問いはこうなる。男女の会話はどのように取り戻されるのか、あるいはむしろ、どのように始まるのか。

私が『正義論』における正義の会話と呼んでいるものの観点から、再婚コメディにおける結婚の会話を見直し、それがもつ直接的な含意について少し述べておこう。

すでに述べたように、ロールズの著作は繰り返し正義の会話に訴える。この身振りは『正義論』の序論にあたる章において明示的であるが、かならずしも著作全体において明示的なわけではない。序論にあたる章によれば、原初状態で私たちが受け入れた正義の原理については以下のように言うことができる。すなわち、その原理を充たす制度に関与する人々は「自分たちが自由で平等な人格であり、相互の関係が公正であるという条件下で合意できるような契約条項に従って協力している、と互いに言うことができる」（一九–二〇頁）。私が注目するのは次のような考えだ。すなわち私たちが互いになにかを言うことができるという条件下で生活するとの考え、そして私たちが言えることは私たちが同意する（あるいは同意できるであろう）という事実であるとの考えである。この考えは同意表現（社会契約説が参照を求めなくてはならない表現）にかかわる。ロールズの原初状態――彼によれば伝統的な社会契約説でいう自然状態に対応する（一八頁）――という考え方は、その状態を暴力の場面とみなす伝統的な説明（ホッブズやロックの場合――いくつかの違いはともかく）を避けることができる。この考え方の大きな利点は、ロールズにとって、厳格なあるいは理想的な順守理論と部分的な順守理論とを区別できる点にある。前者は完全に正義を実現した社会がどのようなものであるかを問い、後者は「私たちが日常生活において直面する（……）切迫した喫緊の問題」（一二三頁）をふくむ。したがって『正義論』はユートピアとみなされる立憲民主政の理論への貢献である（制度を組織し運営するとの言葉遣い《レトリック》がこのことを十分に示している）。私が表明したい留保は――それが留保であるとして――、ロールズには不可能に見えるような仕方で、完全なユートピアが〈完成主義〉に取って代わられるという点にある。

暴力の文脈を避けるという目標を達成するためには、「原初的な契約を特定の社会に入るためのもの、もしくは特定の統治形態を設立するためのものだと考えるべきではない。むしろ本書の主導的な考え方からすれば、社会の基礎構造に資する正義の原理こそが原初的な合意の対象となる。（……）人々は互いの権利要求をどのように統制すべきか、および自分たちの社会の根本憲章がどんなものであるべきかを、あらかじめ［これを最後にとの覚悟をもって］決定することになる」（一六―一七頁）。しかしそうであるとすれば、この「社会契約というよく知られた理論を一般化しかつ抽象度を高めた」（一六頁）正義の構想は、私の社会を確立するとき、私の社会へ私を結びつける絆――いわゆる社会への同一化――を確立するとき、社会契約という伝統的な役割（あるいは神話）にどのような影響を及ぼすのだろうか。（何がこの「同一化」を構成しているのかを明確にするとき、フロイトは、ロールズが想定する以上に重要な役割を果たすことになるだろう。具体的にいえば、こうである。ロールズは道徳心理学の原理を、私たちが、正義の下で、私たちを愛する者を愛するという法則にもとづいて作り上げている（六四二頁以下）[7]。フロイトの見方によれば、私たちは私たちを愛する者を憎みもする。なぜなら、正義の下で、私たちを愛する者は、私たちに脅威と制約を与える者でもあるからだ。どうみても契約は、自然〔状態〕の暴力に打ち勝つのと同じ程度に暴力的な脅威になりうると考えられる。）私は、正義の原理を受け入れるようには、「これを最後に〔最終的に〕」私の社会を受け入れたいとは思わないであろう。正義の原理に照らして見るならば、社会は私の忠誠に値するものではなくなるかもしれない。しかし正義の原理は、一方で私が社会に合意しないとすれば、どのように合意への（あるいは解消された合意への）革命的潜在力をもてるだろうか。

　私はこう仮定している。原初状態において私たちは、いかなる現実社会も不完全にしか正義を達成しないであろうということを知っている。すなわち、『正義論』の理論は原初状態において得られる知識だけから構成されている、現行の制度は「正義に欠けることを余儀なくされている」（四七五頁）、そして「理想との乖離の尺度はなにより直観に任されている」（三三一―三三二頁）。合意をいわば社会そのものへ向けさせるというよりはむしろ、社会を基礎づける原理に向けさせるという構想は、私が社会に与える合意を制限する（あるいは合意を社会に釣り合わせる）のを想像する努力であるように、あるいはそうした努力に通じていくように思われる――それは社会契約が以下のように明言しているものと想像する努力である、すなわち、私に自然権をいくばくか放棄させた正義の公的制度が（判断や矯正にかんし）道を誤るとき、私は社会に対する私の合意を取り消すことが許されると、またそれだけでなく契約は原則的に、正義が（立法的なあるいは司法的な意味で）無力化するにつれ、私の合意をどれほど（範囲や程度において）無効にすることが許されるかを定めていると。しかし私の直観をいえばこうだ。私の合意をそのように変更したり、〔社会に〕釣り合わせたりすることはできない（心理的な追放は追放ではない）。私の合意は社会の美点や恩恵ばかりを見ているわけではない。社会にとって不可避である不面目な側面、醜悪な側面をも見ている。正義の原理への厳格な順守を重んじる社会と、市民の不服従への大義を重んじる社会とのあいだに、現行の立憲民主政が日常生活を制限画定する基盤がある。私たちは、原初状態が何を私たちに覚悟させてきたかを、遮蔽幕をもちあげたら何が見えるかを、知っている。私が生活している、私が参加している、そして私がそこから利益を得ている公的状況とは、すなわち私が合意している状況である。そこには、なにがしかの不正があり、自由や財貨にかんし少なからぬ不平等があり、回避可能な改革の遅延がある。社会への合意は非制限的なものでも制限的なものでもない。その合意は正義の会話の一部を構成しているのだ。

ここで、「公正としての正義という考え方がもつ説得力は二つのことから生じているように思われる」というロールズの主張を考えてみよう。そのひとつが「すべての不平等はもっとも不利な立場にある人々に対して正当化されなければならないという要件」（三三七頁）である。これもまた正義の会話の例だ。この会話は前へ進むことができるのか。もっとも不利な立場にある人々は物事の現状に折り合いをつけ、現状について口をつぐみがちであり、正義の会話の口火を切ったりはしない傾向がある。そういう人々の沈黙は失意のしるしであるかもしれず、彼らのためになされうることはすべて、すでに、通常の政治過程において現になされているとの確信を表しているのかもしれない。しかし彼らの身に起こる出来事が彼らの気分《ムード》を根本的に変え、憤慨を誘発するかもしれない。ロールズによれば「憤慨を表明する人々は、なぜある制度が不正なのか、あるいはどのように自分たちは他者によって傷つけられたのかを説明する用意ができていなければならない」（六九九頁）――これもまた正義の会話の例だ。だれに説明する、だれと会話する？　満足のいく仕方で憤慨に耳を傾ける人がいないということが憤慨の一部となっているかもしれない。私はこう思う。もっとも不利な立場にある人々に対する正当化の要請は、もっとも不利な立場にある人々よりは恵まれた立場にある人々に対する不平等の正当化を容易にする利点をもつ。すなわち、多かれ少なかれ恵まれた立場にある人々、たとえば私たちに対する。だが、これは本当だろうか。

私がエマソン的完成主義とかかわるとみなす喜劇やメロドラマの経験にとって根本的な事例――『人形の家』のノーラの事例――を詳しく検討してみよう。彼女は、物質的な意味で不利な立場にあるわけではない――あるいは、最後に不利な立場ではないと分かる――が、じっさいやがて、彼女のもつ比較的恵まれた立場は、彼女が自分自身をもたないことのしるしであると分かる。彼女は自分のありようをこう理解する。すなわち、自分自身の好み〔inclination〕をもたなくなってしまった人々に対するミルの描写と符合するような仕方で自己を理解する。ノーラの憤りがもつ道徳的重要性は、彼女が夫と交わす明白な道徳的議論の顕在的内容――死期の近い実父へ心配をかけずに、夫のいのちを救うために借金をする権利が彼女にあるかどうか、そして借金の利子を払うために家計を切りつめ自分のものを切りつめることが正しいかどうか――に限定されるものではない。そうした問題は家庭内メロドラマか、あるいはソープオペラ〔昼ドラ〕の定番である。『人形の家』において、夫（トルヴァル・ヘルメル）に対するノーラの糾弾がもっとも尖鋭化するとき、社会秩序そのものが問題の渦中に投ぜられている。そこで展開され関連づけられる主題系はとりわけ次のような概念をめぐってである。すなわち、会話、教育、幸福、人間になること、父親と夫、兄と妹、醜聞、他人になること、教育の適性、遊びの時間、名誉、変化の奇跡、旅あるいは旅立ち、結婚の絆。彼女の糾弾の語調は、彼女の生んだ子供の父親であり生活を共にしてきた男に対して当然払うべき礼節の範囲においてではあるが、「この身をずたずたに切り裂きたい」という激越な訴えによって特徴づけられる。彼女は憤慨し、辱められ、恥じる。彼女の糾弾のもっこうした主題もしくは概念のどれもが再婚コメディにおける会話をも制御している。そしてここでの様々な事例は、本書の序論で主題化したように、私が〈道徳的完成主義〉と呼ぶような物の見方を形成する。

私の問いはこうなる。ノーラは自分がおかれているいわゆる結婚の状態に対して不名誉と憤慨を表明するが、そのとき彼女はなぜある制度（ここでは結婚の制度）が不正であるか、あるいはどのように彼女は他人によって傷つけられたのかを説明する用意ができていなければならないという気に私たちはなるだろうか。しかしノーラがこれを夫トルヴァルに説明しようとすると、彼はこう返答する。すなわち、彼女は子供みたいなことを言う、彼女は自分が住んでいる世界が分かっていないと（彼女はそれに同意する、またそれこそが夫と子供たちを捨てるという彼女の決意の本質的な部分を構成している）。したがって彼女が彼に、この最後の会話は夫婦がこれまでにもった最初のまじめな話し合いであると言うことは、彼女の「議論」（そう呼ぶことができるなら）にとって本質的な意味をもつ。これに対し彼は「まじめにだって？　どういう意味だ？」と答える。ノーラは夫を納得させる理由をもたない、そしていうまでもなく彼女はあらゆる理由を並べ立てることができるのを知っている。彼女はこれまでにこうした理由をさんざん聞き、いわば彼女の歴史のなかに声をもたずに生きることへ合意してきたからこそ、その身をずたずたに切り裂きたいと思うのだ。ロールズは著書の初めでこう言う。「すべての人々は正義にもとづいた不可侵なるものを所持しており、社会全体の福祉をもちだしたとしても、これを蹂躙することができない」（六頁）。しかしノーラは自分が侵されていると感じる。そして私の見るところ、侵されているという彼女の感情は、「彼らの口にする言葉はすべて私たちを口惜しい思いにさせる」というエマソンの総決算的な文言が表明する感情である。（侵されているとの感覚について、私はこう主張した。すなわち、すべての言葉に払う注意の原点には、あるいはすべての言葉に寄せる魅惑的な信頼の原点には、この感覚があると。この感覚が完成主義的な筆法の素性を特徴づける。読む者を別の道へ連れていく。）こう主張する人などだれひとりいない。すなわち、女性への、あるいは哲学者への侵犯は社会福祉全般のためであるとか、あるいはとにかくだれか他の人のためであると。その反対に、一方が侵犯と感じるものを、他方は自分たちの福祉だとみなすかもしれない。そのことが侵されているとの感覚の一部を構成する。この感覚は病理的なものであるかもしれない。エマソンはこう報告している。「伝統の神聖さ」などよりむしろ自分自身の衝動を信じると言ったエマソンに、「ある評価の高い助言者」が、その衝動は「上からではなく、下からのものであるかもしれない」と示唆した（「自己信頼」[8]）。またノーラがトルヴァルに「世間と私のどちらが正しいかを確かめなくてはならない」と言うと、彼はこう答える。「きみは病気だ、ノーラ――正気を失っているとしか思えない」。私は若きマルクスの言葉をノーラの場合に当てはめてみたいわけではもうとうないが、マルクスによれば社会には「なにか特定の不正ではなく不正そのものを被っているがゆえに、いかなる特定の権利をも要求しない」ような、ひとつの身分もしくは「領域」がある（「ヘーゲル『法哲学』批判序説」[9]）。私はこうも思う。ここで私が言っているのは、明らかに、正義との理想的な合致からいわば本性的に外れていくすべての社会はたたき出すか、門前払いを食わせるかすべきであるということではない。それでは、いかなる現実の社会も支持するに値しないということになるだろう――それもひとつの見解であるが、私の見解ではない。私はむしろこう主張する。理想的な合致から不可避的に離れていくことに対し、私たちは、いつまでも黒白のつかない良いか悪いかの議論を念頭に入れることによって、折り合いをつけるべきではないと。

これは二つのことを意味する。ひとつはこうである。日常における道徳的な問題は、かならずしも、社会が完全な正義から隔たっているとの問題を提起しない。〔議論の〕両陣営はその種の隔たりを当然のものとみなすであろう。他方で、約束の反故やら、利害の衝突やら、差別とマイノリティ優遇措置やら、中絶と安楽死やらに直面しつつ市民生活を継続していけるための解決法や処置が探求される。もうひとつはこうである。私の社会には完全な正義からの隔たりがあり、私自身がその隔たりに巻きこまれているというこの感覚は、いずれ耐えられなくなるかもしれない。そのとき、なんらかの議論が起こらなかったら（現在の条件下で？）、何がその代わりに起こるというのだろうか。（ここは憲法的〔constitutional〕な議論をするにふさわしい場所ではないと思われる。）

こう指摘しておこう。ノーラは、彼女自身を超えて、いわば個人的な憤りを超えて、代表しているると感じている（彼女あるいはイプセンが男性である彼女の夫に羨望を抱いているとはだれも思わないだろう、それどころか、彼女は夫に対し愛情と怒りを覚えるのと同様に憐憫と軽蔑をもつ）。私には、女性の領域を超えて、代表しているように思われる。トルヴァルは彼女のためにはどんな苦難にも耐えるだろうが「愛するもののために自分の名誉を犠牲にする男などいはしない」と言う。それに対する彼女の返答「何万、何十万という女はそうしてきた」は、かなり無造作な印象を与える。まるで議論の余地もなく明白な事例を指摘してすまそうとするかのように。彼女の代表性がもっと一般的なものであることは、作品の山場である最後の会話が始まるときに生じる大胆であからさまな劇的アイロニーによって暗示されている。極端な無知と逆上のなかで自己を祝福し、ノーラに（赦しを請うのではなく）赦しを与えると言うトルヴァルに、ノーラは感謝し、そして出ていく。彼がノーラのあとを追い、ドアの向こうの彼女に真意を問うと、彼女は仮装を脱ぐのだと答える。するとすぐに彼は、ドアの前を歩き回りながら、自分が与えた赦しがまともであり彼女には赦しが必要であることを長々と話しはじめる。トルヴァルの話が終わるのは彼女がふたたび現れるときだ。「何だ、それは？　寝るんじゃないのか？　着替え《チェンジ》を？」ノーラが答える。「ええ、トルヴァル、私は変わった《チェンジ》〔着替えた〕のよ」。ささやかな外面の変化から根本的な内面の変化への連想、あるいは、少しあとでノーラがいう変化の奇跡（彼女が自分たちには起こらなかったと言う奇跡）への連想、そして眠ることが問われている文脈への連想、こうした大胆な連想は、ある種の喜劇的恍惚のなかで、新約聖書の一節（「コリントの信徒への手紙一」15・51–52）を実現している。「わたしはあなたがたに神秘を告げます。わたしたちは皆、眠りにつくわけではありません。わたしたちは皆、今とは異なる状態に変えられます」〔新共同訳〕。ここで聖書へ言及するのは、「宗教の批判はあらゆる批判の前提である」というマルクス、エマソン、ニーチェが共有する考え方をイプセンも共有すると思うからだ。マルクスはこの言葉に先行するかたちで、ドイツにおいては宗教の批判が本質的にはすでに果たされていると述べている。[10] それに対し、一世代あとのニーチェは――実質的にエマソンが教えたように――宗教の批判がまだ始まったばかりであることを明かにするだろう。

ここでイプセンの作家としての重要性を指摘し、次世代の革新的な作家たちによる評価が高いことも指摘しておこう。それは、ノーラとトルヴァルの場合を、道徳的生活の状態《ステイト》や道徳的生活への切望を代表していないとみなし、大急ぎで片づけてしまう衝動へ警告を発するためである。知識の理論と同様に道徳の理論における、ある事例がもつ説明領域の問題は——肯定的な意味でも否定的な意味でも——たやすく解決できるものではない。（拙著『理性の声』は事例のもつ決定的重要性を「最良の場合《ベスト・ケース》」の表題の下で議論している——たとえば、pp. 53–55, 329を参照。）詳細にいえば、ここでこそ、劇場性《シアトリカリティ》の話題が——恥の問題、理由〔がないこと〕にかんする困惑の問題において暗黙裡に触れられているが——、正義の会話において明示的に触れられているのである。社会状態《ステイト》を検討し判断するための起点となる「状態《ポジション》」という観念《アイデア》は[11]——私はこう提案したい——劇場的な次元をもつ。そしてそれゆえ共感（たとえば他者の価値づけ）の問題圏を呼び覚ます。この問題圏は、一八世紀以来、シャフツベリーやルソーの著作によって知られるようになった（cf. David Marshall, *The Figure of Theater*, and *The Surprising Effects of Sympathy*）。

ノーラが実現する変化や旅立ちは次のような事情の例証であるように思われる。道徳的正当化が終わるような、そして現状の正義の下でなしうることはすでになしたような領域にあって、なにか特定の不正を訴えることはできないが、しかし他方で、不幸なことに、正しさ〔権利〕を主張することもできない。むしろ、なにかが示されねばならない。これは〈道徳的完成主義〉の領域である。この領域では能力と無力とをあわせもつ特異なエコノミーが機能している。新たな参入者を言語や文化に導き入れるための教示の場面とは違って、道徳的な場面において、正当化をやり尽くすことや、受け入れえないなにかがあるとの感覚をもつことに真っ先に達するのは、権威をもたない人、生徒の立場、あるいは犠牲者の立場にある人なのだ。こうした感覚には理由があって、それを羨望として片づけることができず、憤慨の叫び声をあげられない無能さ〔incompetent 不適格さ〕として片づけることもできない。とすれば、あくまでも自分が正しいと言い張るための別の方策は、新参者を導き入れる教示の場面でそうするように、「とにかく私はこうするのだ」と言って待機することではありえない。これでは別の方策にならず、ただ自分の正しさを繰り返し言っているだけであろう。別の方策は、私が私のなすことに、私の合意することに不満を覚えるという点に求められるだろう。それは、言語が私にとって自然なことであるように、私にとって自然なことではない。にもかかわらず、それはやはり、私の手で変えることもできないのだ。ここで私は、理由〔正当化〕が突然、ばつが悪くも尽きるとき、社会の道徳的代表として、没人格的〔非人称的〕な恥の状態へ投げ出される。これはエマソンやニーチェが語っていたことだ。

私が現状に合意しつづけるならば——十中八九そうなると思う——、示され、承認されねばならないことは、私の合意いってみれば私の約束〔promise〕が私の信用を傷つける〔compromise 私を巻き添えにする〕という事実であり、そういうことがありうるのを私がつねに知っていたという事実である。さらには、真っ先に私自身において変化が求められているのを、変化は闘い取るべきものであるのを私が知っていたという事実である。しかしそのとき私は、私の信用が傷つくことよりもっと悪い自己-買収〔腐敗〕を覚悟のうえで、理由もなく現状に合意しつづけることをも示さねばならない。理由もなく現状に同意するとき、私にはただ次のような直観があるだけだ。すなわち、完全な正義から私たちを集団的なかたちで遠ざけているその隔たりは、ときおり耐えられぬほどの痛みを伴いつつも、まだ住むことが可能であり、変化が継続する場所として必要ですらあると。ノーラとトルヴァルはこの痛みを分かちあい、この痛みによって分離させられている。芝居の観衆のひとりひとりは自分のなかにこの分離を見るのだと思う。

トルヴァルの未来を様々な仕方で想像することができるだろう。トルヴァルの未来は、いつかノーラを理解するにいたるトルヴァルの姿を私たちがどんなふうに想像するかによる。ここはたぶん、人生の計画の選択にかんしてロールズが提唱する原理を有益な仕方で考察することができる場所である。「合理的な個人はつねに、自分の行為が最終的にどんな結果を招いても、自分をけっして非難する必要がないように行為すべきである」(『正義論』五五五頁)。これは、次のような考えにもとづく。「なぜなら、その時点で最善であると思われることを彼〔合理的な人〕は行なっているのであり、のちに彼のこの信念が誤りであると不運な結果を伴って証明されるとしても、彼自身の落度ではないからである。彼には自分を非難する理由がない」(五五四頁)。これは親切な忠告である。なぜなら私たちは不必要で無益な自己非難で金縛りになるかもしれないのだから。しかし私にはこう思われる。すなわち舞台上で見るかぎりトルヴァルがこれを自分に言い聞かせない、あるいは自分に適用しないという点、そして私たちは彼がこの結論に達したり、あるいは達するのを拒んだりするのを想像できるという点が重要であると。トルヴァルは初めこの種の考え〔ロールズの忠告〕をもつ(「愛するもののために自分の名誉を犠牲にする男などいはしない」)、しかし彼はその状態にとどまらないように思われる。そのため私たちは彼が前進したように感じるかもしれない。道徳上の難破があった。トルヴァルがかならずしも個人として非難されるべきではないというのは、おそらくそのとおりなのだろう。しかし彼にとってどんなふうに船の破片を拾い集めるかは、ノーラにとって家を出ることがそうであるように、道徳的な意味で決定的なのだ。トルヴァルにかんしては、おそらくこう想像することができるだろう。すなわち彼女が激怒したときにトルヴァルの念頭に真っ先にうかんだ考えに固執するだろう、あるいはその考えに立ちもどるだろうと。彼にとって、彼女はばかげた子供であり、正気ではないのだ。あたかも難破にかんする責めは彼女にあるかのように、難破したのはただ彼女がそう言うからにすぎないかのように。そうした可能性の帰結を考えると、私は次のような忠告に対し困惑を覚える。その忠告とは「私たちの行ないには非難の余地がないということを確実にする」(五五五頁)ように行動せよとの忠告である。私はこの忠告を〈道徳的完成主義〉の拒絶に結びつけてみたい。

それは、ロールズの初期論文「二つのルール概念」のある論点にかんし、拙著『理性の声』で表明した困惑に遡る。私はそこで、ロールズがゲームと道徳性のあいだにみとめた類比に異論を唱えた。ロールズの類比によるならば、たとえば、野球におけるスリー・ストライク・ルールを盾にとってフォー・ストライクを要求する人を想像することができるように、約束の制度のルールを盾にとって約束の取り消しを求める人を想像することができる。この類比に対する私の批判は、スリー・ストライク・ルールがゲームにおいて機能しているように、道徳的生活においてはいかなるルール〔規則〕も機能していないという点にある。野球のゲームにおいてフォー・ストライクを要求する人はこのゲームをする能力に欠けている〔incompetent ゲームに不適格な〕のであり、おそらくその人に野球のやり方を教えてやることができる。道徳的生活において相当する目的性が担保され推進されるのはルールによってではなく、ただ道徳的目的性についての判断によってのみである。[12]

人はこの判断に対し適確に〔competently〕反対することができ、そのとき判断の内容が道徳的議論の俎上に載りうる。この議論の決着は制度を規定しているルールに訴えることによってなされるものではない。したがってこの判断が、ゲームのなかでは予見不可能な、あるいは禁じられている帰結をもたらすこともあるだろう。

　私があなたの行為を侮りや裏切りとみなし、これ以上そうした行為に耐えることを拒むとすれば、この判断それ自体が私の応答であり私の責め〔責任〕である。共同体に直接かかわる利害をもつがゆえに契約として認証されるような約束がある。たとえば両替や財産権や結婚にかかわる約束である。共同体の利害関係を別にして、あなたと私のあいだにはある種の了解〔理解〕があった――私はそう言う。たぶんあなたもそう言う、あるいは否定する。私たちより事情をよく知る審判やルールなど存在しない。また私たちは、問題に決着をつけるような、あるいは問題の解決に不適格〔無能〕だとして私たちのうちのどちらかを除外《ルール・アウト》するようなルールをもってもいない。ここにこそ、私たちが道徳的議論をする理由、その議論がその形式をもつ理由がある。いかなる明示的約束も私たちの了解ほど神聖ではなかったであろう、あるいは――私たちの相互信頼といわれているものを考慮するなら――〔私たちの了解より〕ふさわしいものはないであろう。あなたの衷心からの謝罪なり、私にあれほどの苦痛を与えたこと（あなたがよく知っていること、完全に知っていたこと）を二度としないとの約束なりに対する応答として、あるいはそうした謝罪や約束を要求しつつ、私はあなたを赦すかもしれない。もしあなたがまたそれをやったら、私はあなたが道徳的に不適格であると結論を下すかもしれない、それゆえ、あなたをふたたび赦すかもしれず、あるいは絶交するかもしれない。

交際をつづけるならば、それは、道徳的な意味での優位さを感じるような関係を保つことが私にとって有益であるからかもしれない。あるいは、あなたの裏切りに対し私自身がある種の責めを感じるからかもしれない。この感情は正当化されることもあれば正当化されないこともあるだろう。もし裁判所に訴える根拠があるならば、私はそうする場合もあるだろうし、そうしない場合もあるだろう。訴えたからといって、私は裁判所に、こんなことはもうたくさんだと言ってもらいたいわけではない。裁判に訴えるということは、もうたくさんだという私の判断の表現なのだ。裁判所（あるいは調停人）が何を決定しようと、それは、あなたにかんする私の判断（たとえばあなたが道徳的に不適格であるという判断）を強要するものではなく、私が判断する必要のあることを代行している。これはまた別の話《ゲーム》である。私が裁判に訴えると決断するのは私の道徳的不適格性を表すものだという印象をもつかもしれない。私を告訴すればいい。裁判に訴えることは、復讐する必要の代わりにはならないかもしれないが、復讐がとる形式を変えているのだ。

トルヴァルの判断「きみは子供みたいなことを言う」は、ノーラの道徳的主体としての不適格性にかかわる。彼の判断は彼を断罪するが、法的ルールは彼に味方する。こう反論するむきもあるだろう。すなわちノーラが子供じみているという彼の非難は熟慮のうえでの判断ではなく、単なる瞬間的な痛みの発露にすぎないと。しかし『人形の家』が投げかける問題は、まさしく大人の女性、妻、母親を子供として扱うことにかんする問題なのだ。トルヴァルが妻のほうへ向かうための帰路――私と同じようにあなたも、彼がその道に就くと考えるならば――、妻に対する彼の以前の評価が彼の彼自身による判断にもとづくのでも、彼が下すこの判断へ応答する能力にもとづくのでもなく、いわば彼の判断に取って代わったルールによる想像力にもとづくのを承認するときに始まる。(ゲームにおけるルールは——限られた特定の場合を除き——まさにそういう働きをする。このおかげで、ゲームの練習をする〔practice〕ことや、ゲームをプレイする〔play〕ことができ、ゲームの意図を形成し、ゲームの結果を限定し得点化することができるのだ。応答の及ぶ範囲の境界は——契約の場合がそうであるように——あらかじめ知られている。)そしていまや、ひとつの社会——たとえばトルヴァルが当てにし頼りにしている社会——がそっくり人形の家に、あるいはマリオネット劇場に見えてくる。

こうした問題は様々な方向に枝分かれしていくが、いずれ、正義の会話や「非難の余地がない」生き方にかんする議論の枠組みを越えることになる。ここではそうした問題を置き去りにして、こう指摘しておこう。拙著『理性の声』でロールズの論文「二つのルール概念」を取りあげ、私は約束することは制度であるというロールズの考えに反対して、じっさい、こう述べた。約束することは制度ではない、警告することや罵倒することや懇願することや容赦することが制度ではないように。しかしこれは次のような問い、すなわち、なぜ約束する行為が契約や法ともつ関係は、警告とか懇願とか容赦とかをする行為が契約や法ともつ関係とはまったく違うのかという問いを未解決のままにしておく。約束することがあらゆる制度の基礎にある、約束することは制度の制度であるという印象をもたれるかもしれない。たぶんニーチェは、約束する権利が人間の本当の問題であると考えたとき(『道徳の系譜』第二論文)、このことを見ていたのだろう。こういう見方から、人間は言葉を与えることができる動物であるという事実、そのことと言葉をもつ、つまり言語活動を有することとが相関関係にあるという事実を見直してみたい。この観点から見れば、約束することを制度とみなすのは、話すことを（契約に似た）言語行為《スピーチ・アクト》とみなすようなものだ。しかし私は教示の場面が念頭にうかぶ。「とにかく私はこうするのだ」と言いたくなるが言わないということは、一種の約束の合図、いってみれば文化へ、（それがもつ）言語へ、（それがもつ）約束へ手引きする合図、それがもつ未到達であるが到達可能な状態へと手引きする合図である。（こうしたむずかしい問題に取り組むのは他の機会に譲って、ここではこう指摘しておこう。『正義論』は五二節でふたたび、約束することが制度であると主張している。こうした主題にかんしては、アネット・バイアーの論文「Promises Promises Promises」を参照していただきたい。Cf. *Postures of the Mind*, 1985）

ノーラが出ていくとき自分の未来をどのように見るかは、教育が必要だという彼女の感覚によって決まる。教育のもつ変様の力は、人間になる好機として彼女の前に立ち現れる。エマソンの言い方を借りれば、これは人間的本性を要求する動きであり、本当の人間（どのような人間？）の基準に随う動きであり、未到達のものに随う動きである。私はすでにこう言った。これは再婚コメディの仕事を記述していると。女性が侵されていること、女性が変様すること、すなわち女性が人間となる、あるいは人間であるのを受け入れること、そして会話を拒絶すること、こういった概念的環境は、『O侯爵夫人』へ向かうには格好の環境である。

クライストの作品は、いずれにせよ、この一連の講義において様々な角度から見てきた着想やテクストを背景にしたときにはじめて私の注意を引いた。『冬物語』のように『O侯爵夫人』は、どうやら男性が女性に赦され再婚に達して終わる。再婚に到達する事情はこうだ。男性は女性に対し明らかに赦しえないことをした。それは（どちらの場合も）妊娠という事実にかかわる知識の危機、懐疑論的狂気の極みにいたる懐疑の危機に結びつく重大な過ちであるが、女性によって赦しを与えられる。再婚コメディや、そこから派生したメロドラマにおいて、懐疑はその居場所を与えられる（こうして悲劇が回避される）――メロドラマでは、女性の自己確認《アイデンティティ》が明示的なかたちで変様し、彼女の子供の存在へ結びつけられることによって。再婚コメディでは、女性が有するある問題のなかで懐疑がその居場所を与えられる〔accommodated 調停される〕。その問題にかんして、ひとりの特定の男性がその解決を彼女と共有することができる。その問題の必要性や代償は子供の不在によって形象化されているようだ。あたかも女性にとってこの不在が、世界のなかに男たちの世界のなかに自己を傾注する覚悟への留保を示唆するかのように。

クライストの言葉は、ショーペンハウアーについて考察した文章のなかでニーチェが引きあいに出してもいる。ニーチェの考察は、『正義論』のなかでロールズが引きあいに出し、本書の第1講義のなかで私もまた引きあいに出している。ニーチェが引用するのはクライストが一八〇一年に婚約者へ書いた有名な手紙である。

少しまえに私はカントの哲学を知りました――そしていま私はあなたにそこから導き出したひとつの考え方をお伝えします、この考え方が私と同じようにあなたにも深く痛切な動揺を与えはしないかと気遣いもせずに。――私たちが真理と呼んでいるものが本当に真理であるのか、それとも私たちにそう見えるだけなのか、私たちにはこれを決定することができません。後者ならば、私たちがこの世で集めた真理は私たちの死後にはもはやなにものでもありません。そして墓場までもっていく財産を獲得しようとする努力の一切もむなしいものです。

(「教育者としてのショーペンハウアー」第三節第四パラグラフ)[13]

ニーチェの考えによれば、これは「人間的実例」(同前第三パラグラフ)であるような人が冒す危険を例証している。ニーチェはショーペンハウアーを「人間的実例」とみなしているが、それは私がエマソンのいう「本当の人間」や「基準」や「人間を代表すること」[14]として解釈するものにあたる。ここでいう危険は「真理に対する絶望」(第四パラグラフ)であり、ニーチェはこれを「懐疑主義と相対主義」(同前)の最終段階と見ている。

これから『O侯爵夫人』の複雑な話に取り組むが、それはただ、正義の会話が途切れるような極端なかたちをもつ道徳性の瞬間にかかわるものに限定される。そこにおいて一方は他方が知っているすべてを知っている。それぞれが正義の約束によって屈服させられる。いかなる特定の悪をも声に出して言うことができず、制度の構造や規則にどう訴えても正しさを確立するには不十分だ。私はこう言った。会話をしつづけることができない――言うべきことがなにもない――、憤慨の声を向けられた人によって、社会的に有利な立場にあって社会を代表する人によって、なにかが示されないかぎり、と。それは再婚コメディにおいて離婚の克服が表現する瞬間である。それがもつ含意はこうであろう。すなわち、離婚にかんするミルトンの論考《トラクト》がそうするように、再婚コメディは結婚を社会の紋章《エンブレム》として提示しているのだ。これは、たとえば『市民政府論』のロックとは対照的である。ロックにとって結婚や親子の絆は社会的絆と対立する。再婚コメディにおいて一組の男女が、終局で和解の場面あるいは〔会話の〕再開の場面で、社会から孤立している、社会の現状と直接和解したり〔会話を〕再開したりしていないとの事実は――それ自体が社会の現状に対する叱責であるが――、彼らが身をおく社会に対する解釈となっている。彼らが孤立しているとの事実から明らかなのは、社会が完全には社会化されていないという点だ。それ相応に秩序立ってはいるが、不連続な面をもつ社会。こう言えるかもしれない。すなわち、正義の紐帯で固く結ばれた集団や一組の男女のあいだには、私たちが自然状態でありつづけるような未踏の領域がある、そしてそれが示唆するのは、（エマソンやニーチェが求めるような）完成主義的な自由への呼びかけを理解する必要性であると。それには文化への新たな洗礼（いいかえれば自然から脱すること）が必要だ。

再婚コメディにおける主役の男女にとって、離婚する明白な動機はなにもない。結婚の会話が不幸なものになったわけではない、会話は中断した、たぶん脇道に逸れた、たぶん彼らは〔会話の再開を〕待っている。それはかならずしも男性が女性になにか特定のことをしたからではない、あるいは女性がなにか新しいことを受け入れねばならないからでもない。『アダム氏とマダム』において会話の遮断が描かれるのは、好意的な平手打ち《スラップ》と悪意のある殴打《スラッグ》との違いに女性が気づく場面である。彼女は殴打に腹を立てる、まるで男の本性そのものに潜む悪行の汚点に憤るかのように。会話が再開されるのは、男性が新たな自分の姿を（たぶん涙顔を彼女に見せたり、屈辱に耐えたりするのを厭わず、彼女を謙虚に受け入れて正当に評価しつつ）彼女に見せるときである。こうして彼は、彼女に知性的世界が開かれるときの、彼女のさらなる自己〔further self〕が探求され承認され、人間的な国《シテイ》の冒険が企てられるときの同伴者となる。彼らが縒《よ》りを戻すことは、功利主義的な観点からすれば、なすべき良いことでもないし、義務論的な観点からすれば、なすべき正しく律義なことでもないが、彼らにとっては、道徳的な出会いの根拠、道徳法則（目的の王国を証言する基準）を告知する制約の根拠である。〈エマソン的完成主義〉において展開されるのはこうしたことである。（さらなる自己──エマソンは途上の自己〔onward self〕とも表現する──がもつひとつの機能として他者へ結びつくことは、ある段階で、ナルシシズム（「鏡像段階」）への結びつきや性愛的フアナティシズムへの結びつきと対比しながら理解する必要があるだろう。完成主義はこうした結びつきを見て、それに抗議する。すなわち私たちをさらなる自己へと引っ張る〔draw〕のは、私たちを自由へと引っ張る〔魅惑する〕力である。それは社会が捏造した鉄鎖からの自由ではなく、社会的なもののなかでの欠如や虚偽が形成した暴力からの自由である。エマソンやニーチェはそうした欠如や虚偽を社会的共謀と呼ぶが──それは、いってみれば社会による自然状態の分有〔partaking〕であり、完成主義的な見方からすれば、彼らが文化と呼ぶものの欠如である──、彼らはそれを自然なものであり、人間にとってひとつの達成である、とも特徴づける。）

クライストの小説を原典とするエリック・ロメールの映画では、暴力と美とが執拗に並置され、そして戦争や社交界から借用した堅苦しく様式化した身振りや音声と、ダヴィドやアングルやフェルメールなどの完璧さから借用した造形とが執拗に並置される。それをとおして立ち現れるのは自然と文化の絡み合いである。こうしてこの映画は、映画という媒体が──様々な征服様態を結合しながら──表象と欲望とを相互に形成する媒体であると全面的に宣言する。しかし完成主義はどのようにしてクライストのテクストに適応するのか。『O侯爵夫人』には特定の悪があるだけではない、もっとも卑劣な悪がある。憤りを覚えるというのではない、それは絶対的に侮辱的な醜聞なのだ。ここには単なる「悪行の汚点」があるのではない。ここには完璧にメロドラマ的な悪党がいる。その男は名誉に浴しているかに見えるが、実際は徳を暴力的に破壊する者である。彼は粗野な兵士たちから彼女を救ったけれど、（義務論的なあるいは功利的な根拠にもとづいて）兵士たちに科せられた刑罰と同じ刑罰に服するのに十分値する。にもかかわらず彼女は彼を赦した。どういうわけで？　その根拠は何か。この暴力的で理解しがたい男性は、かつてこの女性からは会話することを拒まれていたのだが、いまや、彼女のさらなる自己であり、彼女に知性的世界を予感させるしるしであり、最終的に到来すべき国《シティ》における相互の自由へ通じる道であると彼女から認知されている——道徳性の起源としての完成主義的な関係とは、なにかそうした種類のことであるかもしれない——、ということを私たちは知るべきなのだろうか。

クライストの小説の忘れがたい結句のなかで、女性は男性にこう言ったと報告されている（映画では映し出されている）。すなわち彼女の前に男性がはじめて現れたとき天使のように見えなかったら、あのとき（彼が彼女の子供の父親として現れたとき）彼は悪魔のようには見えなかったであろうと。これは、彼女にとって、彼が人間性のしるし（人間の不安定な目的としての人間性）を代表するようになったという明白な告知であるように思われる。あたかも私たちが不完全な冒険を代表するかのように、あるいはパスカルになぞらえれば、終わりなき誘惑を代表するかのように。「人間は天使でもなければ獣でもない。不幸なことに、天使のまねをしようとして、獣になってしまう」〔第2講義で引用、本書、一九九頁〕。そうした観念や想念〔天使や獣〕の下に包摂されなかったのは〔私たちにとって〕幸運であるかもしれない。とすれば完成主義は私たちがかならずしも幸運ではないときに起こることを示唆する。女性の念頭にあるのは、まさに、彼女の最悪の瞬間をもたらしたものが彼女の完成主義にほかならないとの観念であるようだ。彼女はいまやそれを人間的なものを超えたいとの切望として理解する。とはいえ彼女の最良の瞬間は、彼女がまさにこの切望を（そしてその切望を日常になじませることを）人間性のしるしとして受け入れることによってもたらされるようだ、しかもそれ自体が変様を被り、人々から切望されなくてはならないのだ。

しかしなぜこの男性とともになのか。彼らはどうして互いの運命を分かちあうようになるのか。どうして汚辱がロマンスを生みうるのか。あるいはクライストの狙いは、単にロマンスをパロディ化する、いってみればロマンスを汚す点にあるのだろうか。あたかもロマンスが純潔への可能性（ある意味で権利）を要求した点を咎めるかのように。

その答えは出来事が不可視の起源をもつことに対する憤慨のなかにあるはずだ。すなわち女性は睡眠中に犯されたとの事実、不可視の暴力が闇のなかの犯行として制限されているとの感覚、そして暴行〔violation〕が女性の眠りを妨げなかったとの感覚に問題の核心がある。幻想を説明するものとしては、男女のそれぞれにとって、この幻想がどのように願望を叶えるかを巧妙に説明する精神分析的な経済《エコノミー》がある。女性の場合、それは自分自身が知らないままという条件下で欲望を充足させることへの願望である。男性の場合、彼以外のだれにも（とりわけ欲望の対象である女性に）知られないままという条件下で欲望を充足させる願望である。フロイトの研究「制止、症状、不安」が巧妙であるのは、様々な特徴を統一的に論じている点だ。この論文の観点からすれば、この女性はヒステリーとして特徴づけられ、男性は強迫神経症として特徴づけられるだろう。この男女は性行為を汚し汚される〔soil/soiled〕ことであるとの幻想を共有している。男性は対象を侵すこと〔violation〕を可能にするために対象を汚さなくては（白鳥に泥を投げつけなくては）ならず、女性は対象から侵されることを可能にするために対象を純化しなくては（対象を天使とみなさなくては）ならない。さもなければ彼の名誉への感覚と彼女の純潔への感覚は性行為と両立しない。とすれば女性が赦しを与えうるのは、互いが同等であると見ているからだろうか。被害者と加害者が同等なのか。

懐疑論を表象するものとして『冬物語』を解釈することが正しいならば――『冬物語』では数えることができないという不能性として狂気が描かれ（狂気それ自体は概念を世界に適用できない、首尾一貫した話し方ができないという不能性として描かれる）、そして自分の子供が自分の子供であることに対する否認として懐疑論的な疑いが表象されている点から見て――、懐疑論には性別があるかという問題が生じる。シェイクスピアのテクストにおける全体的な傾向として、疑いをもつのは男性であって女性ではない。しかしいうまでもなく、このことは疑いの対象としての子供にかんする特殊な表象とかかわりがある。『O侯爵夫人』における女性の疑いは気が狂うかと思われるほど強烈なものだが、彼女の疑いの対象は子供ではなくて子供の父親がだれであるかという点にある。『冬物語』における父親は、狂気から立ち直りそれから十六年間正気を保ちつつ悲嘆に暮れたあとで、すなわち彼が否定し追放した子供が成長しふたたび現れたときになってはじめて、女性からふたたび受け入れられる。『O侯爵夫人』における父親は、女性を犯しその後も沈黙しつづけたために女性を狂気の淵に追い込んだのだが、女性がそこから立ち直ったあとで受け入れてほしいと言う。彼女は結果的に男性を受け入れることになるが、その根拠をどう見ているのだろうか。『冬物語』や『O侯爵夫人』の場合、私たちが女性による男性への赦しと呼びうるものを引き起こす要因は、男性の側にはない。どちらの場合も、赦しを急き立てるのは子供の認知を確保するためである。男性の側からは十分な贖罪も補償もないということがシェイクスピアのロマンス劇の基調であるようだ。あたかもこの徳を達成するためには、〔男女のもつ〕共通の人間性を認めるだけで十分であるかのように。どちらも赦しの例であるが、それは人間であるということへの赦し、人類への赦しを表す縮図であるかのようだ。この例が示すのは、こうした赦しのあり方を病理的なものとして片づけてはならないということである。でなければ、問われているのは赦しではなく、たぶん恋愛沙汰であったり、罰を求める罪悪感であったりすることになろう。だからこの共有された幻想は、人間の性的活動そのものがトラウマ的本性をもつというフロイトの発見に対する承認なのだ(ラプランシュの『精神分析における生と死』pp. 42, 105を参照)。

男性と女性の双方にとって人間であるという事実の承認が必要であるとすれば、苦しみそして赦さなくてはならない、少なくともさきに行かなくてはならないのが女性であるという非対称性はどこから来るのか。こう指摘することができる。すなわち、どちらの場合も、女性には同伴者や保護者の役回りをする年長の女性がいる(侯爵夫人には母親が、ハーマイオニにはポーライナがいる)。この年長の女性はどちらも不思議な認知能力をもつ。しかしこのことが示唆するのは単に、女性は赦す手段をもつが、赦しを与える根拠はもたないということにすぎない。

人間のもつ性的幻想における男女の違いを比較してみよう。男性の語る子供のころの物語は分かりやすい。[15] 彼は子供のころ白鳥に泥を投げつけたことがあった。白鳥は水に潜って、ふたたび輝くような清らかな姿を水面に現した。彼は病気のあいだ破傷風の熱にうなされながら、白鳥の姿を侯爵夫人の面影に重ね合わせる。彼が白鳥の名を呼んでも彼女は彼のもとへ近づこうとはせず、炎のように波立つ流れのなかで悠然と泳いでいた。男性によるこうした語りは、女性には、愛の物語あるいは愛の証しとして受け入れることができる。(映画版はここを強調するために、クライストのテクストに対し、もっとも根底的な叙述的置き換えを行なっている。それでも物語の結句は映画における最後の科白に充てられている。また公爵夫人が悪魔と天使という言葉で彼女の男性像を明かすのは、男性の物語への応答である。) 彼の語りは彼を促している動機――すなわち、彼は睡眠中の彼女を犯したが、彼はその行為を彼女の疎遠な態度に対する復讐として解釈し、さらには彼自身と欲望の萌しとの隔たりを跳び越える行為としても解釈する動機――の寓意《アレゴリー》である。彼を受け入れたければ、女性はこの事実を受け入れなくてはならないだろう。

隔たりと略奪を乗り越えようとして彼女が語る物語は分かりにくい。妊娠についての彼女の考えを聞かされただれもが――医者が、産婆が、真っ先に母親が――彼女を嘲笑し、あるいは叱責する。神の子を生むとの幻想に結びつけることによって、彼女は最終的にこの男性を受け入れるのだが、それによって彼女は単にそれ以外に説明のしようがない状況を自分自身に釈明しているのではなく、この男性が天使のように見えたという観念を継続しているのである。しかしこのように言うことは、単に話の信じがたさを複雑にするだけだろう。彼女には自分の話を語り聞かせる相手が――この男性を除いて――だれもいない。だがこれでは彼女が彼を受け入れる理由にはほとんどなりえない。それはむしろ彼女の新聞広告に応えて姿を現した男性を拒絶する理由となる――まさにその男性は彼女と同じように惨めな単なる人間であるから。その男性から理解が得られたとしても、それは彼女の立場を男性の立場と同等なものにするだけであろう。それは悪魔がそうするように、天国を完全に覆い隠すことに等しい。彼女は彼を受け入れる。単に彼が彼女の呼びかけに応えたから（子供の父親であることを皆の前で認めたから――そうしなければ父親になりえない）。そして彼女はだれが現れるかを知っていたから。彼女の母親が「ああ、私たちは迂闊でした――彼以外のだれだというの？」[16]と言うように。彼女は二つの点から現れるのが彼だということを知っていたはずだ。ひとつは男性が、神的なものを身籠もったという彼女の感覚の前触れであるかのような〈受胎告知〉の天使として彼女の前に現れたという事実。もうひとつは男性が彼女の新聞広告に応えて現れたという事実。というのも見られることなく犯した者以外のだれがこの呼びかけに応えて不面目な懺悔をするだろうか。この呼びかけは、女性を危難から救った者という誉れ高い彼の自己像を保守しつつ皮肉る。女性はこの事情を受け入れ、やがてはさらに、彼が完成の必要から救出されるのを求めていることをも受け入れるだろう――この救出自体が彼女自身の必要からの救出であることを受け入れるように。こうして彼は彼女が拒絶した自己であり、彼女は彼が拒絶した自己である。これは〈道徳的完成主義〉が偽りの完成主義（偽りの自律性）からの救出であることを示す。

侯爵夫人が悪魔と天使とを結びつけて語ったあと、映画はエンドタイトルでクライストの小説のむすびから次の一節を引く。「一年を経過してのち彼女から二度目の承諾を得、二度目の婚礼も催されたが、それは最初の婚礼よりも晴れ晴れと陽気なものとなった。このあと家族全員はV町へ転居した。最初の男児を頭に、次々とロシア人の血筋を汲む子供が生まれた」。結婚を二度繰り返したとの記述は、当然ながら、私にとって挑発的な部分である。それが示すのは再婚コメディが示すものと同じであるように思われる――すなわち合意や契約にかんする疑念が問われているのだ。その一方で、クライストの小説と主題を共有するコメディやメロドラマの映画はどれもが、産めよ殖やせよとの命令を不気味にも〔eerie〕[17]実現するような仕方では終わらない。ここでは単にこうした事情にかんして私が考察してみたい問題を列記するにとどめよう。

再婚コメディの場合がそうであるように、侯爵夫人における夫婦の絆の条件が現代社会をつくる合意についての寓意《アレゴリー》になっているとすれば、その結合にひそむ暴力性はそのような仕方で基礎づけられた社会の可能性に疑問を投げかける。女性が二度合意するとの事実から帰結するのは神話的に無限な家族であるが、その向こうにはいかなる公的生活も観取することができない。合意にかかわるこの謎は、契約にかかわる謎のなかで複製される。最初の婚礼に先だって侯爵夫人の父親〔司令官〕は「伯爵に結婚契約書を差し出した。それには伯爵が夫としての権利をすべて放棄するという条項があった」[18]。この契約が気に入るのは父親だけであろう。二度目の婚礼は最初の契約を乗り越えるために必要なようだ。とすればたぶん実際には契約が存在しないのだろう。これはその家族が自然状態のままであることを含意する。社会への合意が存在するうえで、そこに欠けているように思われるのは、ロマンスを共有する男女のあいだの赦し(一種の忘却)の瞬間に対する政治的等価物である。あたかも私たちが初めから、新しい憲法への合意においてはどの歩みにも恩赦〔amnesty 記憶の喪失〕が伴わなくてはならないのを知っていたかのように。社会が不在であるもうひとつのしるしは、娘と父親の描き方である（クライストの小説でもロメールの映画でも同じように率直で明確な描き方がなされている）。娘と父親はまるで恋人どうしであり、母親にすべてを取り仕切きらせておけばうまくいくかのように描かれている。あたかもこのファミリー・ロマンスこそが家族を無傷のままにしているかのように。フロイトやレヴィ＝ストロースの見方、すなわち自然的なものから社会的なものを創出することは近親相姦の問題を克服する過程であるとの見方を考慮するならば、哲学における社会契約という観念もまた自然的なものから社会的なものを創出するときに役割を果たしている以上、近親相姦の忌避と社会契約の神話とのあいだの構造的な繋がりを探求してみたくなるかもしれない。（どちらの場合においても、ある暴力形式――より秩序正しい暴力形式――のために別の暴力形式を断念しなければならない。いってみれば、内的な形式のために外的な形式を、公的な形式のために私的な形式を断念しなければならない。そしてどちらの場合も、孤絶性と呼びうるようなものが形成[19]される。それは、異邦人〔foreigners〕ではなく、よそ者〔strangers〕である、異人〔aliens〕である、すなわち私にとっての他者である。私は彼らとの違いに関心をもたなくてはならない。）

　クライストの小説においてこうした謎が働いていると見ていいだろう――この小説を、真理か見かけかの決定を不可能にしたカントから深い衝撃を受けたことに対するクライストの応答の寓意《アレゴリー》としてみなしうるならば。侯爵夫人の物語は、懐疑に打ち砕かれた――無知を知ることによって孤立させられた――人が、名を明かさぬ人へ公的な呼びかけを書くことにより、とりわけ公表することにより、世界に帰還する道を発見する物語である。この呼びかけへ私的に応答することはできない。伯爵が公爵夫人の耳元で秘密を打ち明けようとすると（おそらく彼女の「潔白を心底から確信している[20]」ことを彼女に説明するために）、彼女は新たな侵犯から逃れるかのように彼から身をふりほどく――明らかにこれは彼が自分を〈受胎告知〉の天使に重ね合わせようとする即興である、そしてそれが示唆するのは、自分の私的な利益のために仲介の立場を利用することが悪魔の所業であるという点だ――、こうして男性はすべて簒奪者である、いわば偽物であるとの可能性が開かれる。伯爵が彼女の耳元でなにかささやこうとして思わず口をついて出るのは、彼女の純潔を信じている、「私の魂はあなたの胸を住処《すみか》としているようなもの[21]」であるからという言葉だ。それに対して彼女はこう叫ぶ。「お放しください」。彼女が彼から逃れ去るとき、彼女は事実上こう告げている。すなわち男性がすべてを知っているとの言い分はつねに、女性を犠牲にして成り立つ取引のようなものだ。その取引において女性はみずからの孤絶した生活を奪われ、みずからの正気を盗まれる。男性は、これをどう解釈するにせよ、いずれ女性が書いた公的な告知に対して、彼自身が書いた公的な告知で応えなくてはならない。したがってカント読解に対するクライストの応答がもつ寓意は次のような認識の形式をとる。すなわちクライストは書くこと――つまり懐疑論の知らせから回復するとの哲学的課題をみずからに割り振ることとしての書くこと――が二つの立場から同時に発現すると解釈していると。呼びかけと予約〔appointment〕の二つから同時に、一方は母性を告げ、他方は父性を告げている。

もうひとつ重要なのは、侯爵夫人の呼びかけが結婚の申し出であり、いわば公開された結婚契約のようなものであるという点、そして伯爵の返答がその受諾の申し出である、あるいはむしろ〔侯爵夫人に〕受け入れてほしいと請うための予約であるという点だ。もしこのやりとりが懐疑からの回復を構成しているとすれば、そこには、懐疑は世界の回帰《リターン》を要求するとの認識がある。それは、なにか表象することで克服されるような欠けたものに対する無知や疑念という構造ではなく、なにか不気味な〔uncanny〕姿をまとって再来するものに対する否認や暴力的忘却という構造をもつ。この再来するものは失望させるものとして始まり繰り返されるかもしれない。だからそれは過ぎ去ったものの現れや現前化《プリゼンテーション》ではない。

これまでの講義で話題にしてきた失望〔disappointment〕という観念の意義についてひと言述べよう。この観念が現れたのは、民主主義的な生活の状態に対する私たちの関係という文脈においてであり、そして私たちの日常語の規準に対する私たちの関係という文脈においてである。それぞれの場合における関係は明らかに、共同生活を発見し維持するという観念（とその不安定さ）にかかわりがある。人間の生存にとっての認識論的な脅威と道徳的なそれとの結びつきは、私たちのもつ展望と自由が交差する隘路をどのように明け渡すのか、その仕方によって左右される――道徳の場合、私たちから私たちの偏りを剝ぎ取るような迎合が問題となる。認識論の場合、どうやら生得的な倒錯性が問題となる。それは私たちから私たちが共有する規準を剝ぎ取り、その替わりに選択するのは偽の全体性や私たちの生活の理論である。これまで私はこうした結びつきを懐疑論と悲劇を結びつけるものとして論じてきた。民主主義という文脈において、悲劇はその外観あるいは舞台を変える。そして完成主義的な哲学者（私はこのなかにウィトゲンシュタインやハイデガーをふくめる）の手なかで――そこでの倫理はもはや別個に切り離された研究分野ではない――、到来する言葉、ひとつの語がひとつの語に取って代わるかのように到来する言葉、それを声に出して言うことが道徳的な行為となる。

しかし結論にとりかかろう。私はこう主張する。すなわちアメリカの再婚コメディとそれに関連するメロドラマの映画はアメリカの文化と会話していると。こうした映画において描かれる会話は嫌悪-背反的な〔aversive〕会話であるが、それでもやはりふさわしく幸福な〔meet and happy〕会話なのだ。そしてこうも主張する。すなわちこうした映画がもたらす展望は〈道徳的完成主義〉の展望であると。その民主主義的な異型《ヴァージョン》は、私の見るところ、正義の会話が終わるときに発動する。それは道徳的な正当化が尽きるときであって、なにかが示されなくてはならない。

こう言おう。こうした完成主義者が彼らの生活には正当化が存在しないことを理解するとき（それにはおそらくはっきりとした理由がある、つまり彼らは不利な立場にある人々に向かってこう主張する――すなわち不利な立場にある人々が恵まれた立場にある人々に対しいかなる要求ももたない、それでも社会は依然として彼らの下からの合意に値すると主張する――のを恥じるであろう）、彼らが示すものは彼らの社会に対する彼らの合意である、したがってそれは、彼らの生活と彼ら以外の生活とを可能にしている社会に対する上からの合意であると。上からの合意など取るに足りない、運と財産に恵まれているがゆえの些末な結果にすぎないと見る向きもあるだろう。しかし他方で、こういう見方は民主主義への切望を矮小化するとみなす人――私もそのひとり――もいると思う。上からの合意とは、民主主義の絶えざる失敗によって妥協させられているとの感覚を承認することである。そして上からの合意が示すのは次のような事実である。すなわち私たちは依然として社会のもつこうした恥ずべき条件に合意している、輝かしい《イラストリアス》君主国、ここから到達可能な（ここにいる私たちにとっては、ここからのみ到達可能な）君主国に住みながら。私たちは人間的な偏りの実例として生きている。それは〈道徳的完成主義〉が、どんな形式をとるにせよ人間的個体〔individual〕として認知するものの実例である。この人間的個体はそれ自身で完結しているのではなく、自分のなかでそして他者のなかで、さらなる自己〔further self〕に向かって開かれている。つまり変化の必要性を認識する存在なのだ。それは約束のなかで、しるしとして、あるいは代表的人間として生きる存在である。それは、同時に一方で、いまや、さらなる領域〔further realm〕——カントやミル、そしてノーラ・トルヴァルや『フィラデルフィア物語』のトレイシー・ロードはこの領域を人間の領域と呼ぶ——の住人として理解されるように努める存在であり、他者をこの領域の住人として認める覚悟のある存在だ。あたかも私たちがみな教師である、もしくはいわば哲学者であるかのように。問われているのは特別な道徳的要求ではなく、民主主義的な道徳性の条件である。委任することが不可能な、あの民主主義の代表性の次元である。エマソンは威厳の[22]〔属性を述定する〕述部（自律、権威、物腰、魅力、賛同者）を継承するのは個人であると繰り返し強調する。その説得力が問われている。だから学者に向けて発せられた彼のメッセージは奮起をうながし声援をおくるためのものだ。それに代わるのは、説得力をもたないこと（それを恐れることも欲することもできる）ではなく、意気阻喪させること、皮肉を言ったり冷笑したりすることであるかのようだ——これは民主主義における政治的感情だ。だから迎合は単なる共同体の欠如ではなく、共同体のパロディである。私たちは互いに対し何が間違っているかを学び教えあうかのようだ。自由の代価として私たちは絶えず警戒しなくてはならない。学者が私たちを元気づけるのは、こうした帰結に耐えるためだ。

伯爵と伯爵夫人（元侯爵夫人）が私たちの前から姿を消すとき、「最初の男子を頭に、次々とロシア人の血筋を汲む子供が生まれた」との文言から私たちは、この男女が社会性という観念に見切りをつけてしまったような印象をもつかもしれない。すなわちクライストは伯爵夫人の姿を借りて私秘的《プライヴェート》に懐疑論を乗り越えたが、他方で、伯爵の姿を借りて、「墓場までもっていく財産を獲得しようとする努力」（クライストが婚約者に明かした志）を——単に墓場までもっていくために——「次々と生まれた」子供たちとみなしたように見えるかもしれない。しかし会話する男女を物語るクライストは、私の考えでは、再婚コメディを示唆している。再婚コメディの主役である男女が私たちの視野から姿を消すとき、映画の警句《アフォリスティク》的なエンディング——映画が成し遂げたものの本質——は、まさにその瞬間を私たちに投げ返す。私たちが映画に立ち会っているとの事実それ自体を〔入れ子的な仕方で〕喚起させることによって（『或る夜の出来事』では床にずり落ちる毛布の溶暗カット、『新婚道中記』ではからくり時計から出てくる一対の陶器人形、『赤ちゃん教育』では様々な部分の組み合わせである〔恐竜の〕骨格標本《スケルトン》の崩壊——これ自体が映画のコマを示唆する——、『フィラデルフィア物語』では静止画像）。あるいは「他人の私事は放っておけ〔人に口出しせず自分の心配をせよ〕」と忠告することによって（『レディ・イヴ』や『アダム氏とマダム』では閉められるドアやカーテン、『ヒズ・ガール・フライデー』では私たちの視野から走り去る一組の男女）。あたかも私たちの眼前にある作品は、それが見せるもののなかで、そして見せないもののなかで、なにか未完成なものを私たちに考えさせようとしているかのように。だから私たちは主役の男女が互いに偏りをもつこと――二人ながらの幸福の追求――を幻想として片づけたり、なにか別の意味で、日々の生活に無縁のものとして片づけたりできるかどうかが問われている。あるいは彼らが打ち立てる偏りに促されて、私たちは自分自身の偏りを発見できるかどうかが問われているのだ。こうして彼らのふさわしく幸福な〔meet and happy〕会話は私たちに向けてなされている、それは世界に対する合意のしるしである。そうした生活の冒険に乗りだし、そうした生活が正当化されうるのは、ただ、不幸を否定せず受け入れもせずに、みずからを危険にさらすことによってのみである。そのとき、こうした民主主義的な技芸《アート》の事例は、変化を例証しつつ、憲法としての私たちの生活から離別することを想像し、生活それ自体が想像してきたような生活に対する離別から離別することを想像しつつ、このうえなく高度な技芸への切望という形をとる、だからいうまでもなく、同じような仕方で拒絶される場合もあるだろう。

締めくくりとしてエマソンの言葉を引こう。「書物は学者の暇な時のためにある[23]」。名高い一節である――とはいえ真意はつかみにくい。というのも学者とは、まさに、暇なあるいは無為な時間をもつ人のことだから[24]。したがってこの所見は一種のトートロジーである。エマソンはこうつづける。「直接神を読むことができるとき、他人の読み方を記録したものに貴重な時間を浪費すべきではない。しかし太陽が覆われ、星がその輝きを隠すとき、しばしば暗黒が訪れるのは不可避である。そのとき私たちは、彼らがともした灯火をたよりに、夜明けの始まる（……）ほうへ歩いていく」（「アメリカの学者」）。この一節はこう告げている。すなわち書物はもっぱら、その言葉のひとつひとつにおいて、暗い時代の始まりと終わりへ準備するためのものである。したがって書物はいかなるときも、暗い時代を生きる私たちに出会う用意ができていなくてはならない。しかしエマソンは絶えず――サンタヤナの言い方を借りれば――「悪の兆候に鈍感である」と非難されてきた。エマソンは彼の大志をこれ以上明確にできただろうか。だれに向かって？

エピローグ

「作法」（『エッセーズ・第二集』）というエッセーの終わり近くで、すなわち人類にとって作法《マナー》は私たちが想像する以上に重要であり、そして私たちが考えるほど重要ではないといういかにもエマソン的な主題を述べたことに満足し、また私たちに対し必要な警告は発したのだから、快活なエッセーとして筆を擱いてもよいところで、エマソンの気分が急変し彼は私たちのほうを向く。突如として焦燥にかられたその語調が鋭くなる。

しかし私たちはこれら色彩鮮やかな宮廷にずいぶん長居した。紋章《エンブレム》に対する私たちの嗜好《テイスト》は、紋章が意味するものの価値によって正当性を得る。（……）鋭くも決定的な理由にもとづいてなされる要求を拒絶すること以外に、どんなことが卑賤であろうか。

シーラーズの王は、その門前に住んでいた貧乏なオスマンほど鷹揚ではありえなかった。オスマンはとても広く深い人情をもっていた。だからその語り口がすべての修道僧の怒りをかうほど、経典なるコーランに対し大胆にして自由であったが、それでも世の哀れな無宿者、奇人や狂人、自分の髭を切り落としたり、なにかの誓願のため身を不具にしたり、あるいは脳内に宿痾となった狂気をもつ者たちは、こぞってオスマンのもとへ逃れてきたのである、――だから偉大な心は国の中央に横たわって日の光でそこを照らし人々を温かく迎え入れたのである、――だからすべての悩める者の本能がその人々を彼の傍らへ引き寄せたかのように見えるのである。しかも彼がかくまってやったその狂気を、彼は分かちもつことがなかった。これこそ富んでいるということではないのか。ただこれこそが正しく富んでいるということではないのか〔1〕。

こう考えてみよう。エマソンはここで自分の筆法が切り開く空間を、王の門前で貧乏暮らしをするオスマンのそれに重ね、そして自分の筆法がオスマンの鷹揚さに繋がっていくとみなしている。とすればエマソンは彼自身が「コーラン」に対し大胆にして自由であると言っているのだ。エマソンのいう「コーラン」とは大いに研究に値する聖書や書物のことである。大胆にして自由な語り口は、権威筋から、権威公認の物乞いたちからさえ、怒りをかうけれど、だからこそ狂人を快く迎えることができるのだ。悩める者を彼の傍らへ引き寄せる「本能」は、門つまり壁の向こう側に王が住む宮廷からの知らせに対して異議を唱える。その本能は、悩める者の苦しみに対して彼が抱く親近感への屈性《トロピズム》であり、彼の豊かさへの、あるいは「彼がかくまってやったその狂気」を分かちもたぬ能力への屈性である。彼はその狂気を（そのまま）さらに伝染させることもしないが、それによってみずから狂気に駆られたりもしない。そうではなく彼は狂気を日にさらし空気にさらす。哲学を求める訴えや哲学との競争において書かれ、そして哲学のパロディとして書かれたものが彼のエッセーという形をとり、それがもともと哲学であるとしたら、哲学の条件、この思考の条件は、狂気のさなかに忘我を快く迎え入れる覚悟である――だからエマソンが陽気すぎる、つまるところ苦しみを知らないとの主張はエマソンにとって狂気へ誘うために再送付された招待状のようなものだ。とすればエマソンのなかで問いが生まれる。私たちは哲学に異議を唱えるとき、哲学をヨーロッパから奪い取ってアメリカのものにする報酬として理解すべきなのかどうか。あるいは、私たちは哲学をヨーロッパ思想の偉大な建築物とみなすべきなのか（だからこそ私たちの思考はこの建築物を乗り越えるべきなのか）どうか。あるいはまた、哲学を超える哲学的建築物の礎石となるための哲学的差異がアメリカに存在するかどうか。だからこそ、ある国家の知的経済《エコノミー》のなかで、哲学がどこに到来するか、哲学がどのような姿をとるか、どの門前に身を持するかという問いがつねに投じられているのだ。こうしたことを考察すべしと要求するのはだれなのか。だれに要求する？　だれとは何であるかをだれが知る？

補遺A

一縷の望み〔*〕

これは一九八五年一〇月、アイオナ・カレッジの学位授与式のために書かれ、そこで読まれた講演である。以下に見られる形式をもつテクストは「アメリカン・ポエトリー・レヴュー」誌の一八八六年一月／二月号からの転載である。

このような祝いの場を不幸な話で台無しにする愚は避けたいけれど、教師であり書く人《ライター》であり市民である私にとって喫緊の問題を避けるならば、この慶事を軽んじることになると思う。私がすべての思考する人と共有する問題のひとつは、いま世界が直面しているだれの目にも明らかな問題すなわち核戦争の可能性を想像すること、あるいは想像するのを拒否することである。これに対し、もうひとつの問題は、世界についての、もっとも目立たない問題であり、私がこの問題を共有するのは、せいぜい少数の目立たない人々である。それは、私たちの文化の創始的／樹立的思想家のひとりラルフ・ウォルドー・エマソンの言葉に聞き入り、その言葉を共有財産としてもつ能力のなさである。すなわち、私たち自身に聞き入ること、私たち自身の最善の思想に聞き入ること、に対する拒否として立ち現れる無能さである。この場で――晴れ晴れしく家族が同席するなか、学生に学位を授与するために学部教員が集い、感謝とともに私も家族といっしょに参加している、この式典で――、私はとりわけ奇妙な問題を論じようと思う。それは、破壊衝動というこのだれの目にも明らかな問題と、思考の抑圧というこの目立たない問題が私のなかでどのように結びつくのかという問題だ。

これらの問題を大急ぎで結びつけたのは、昨年の夏、二つの一件書類に遭遇したからである。ひとつめの一件書類は、昨年発表された二つのエマソン論からなる。ひとつは、わが国でもっとも影響力のある文芸批評家のひとりハロルド・ブルーム（イェール大学）が書いたもの。もうひとつは、わが国でもっとも著名で多作な小説家のひとりジョン・アップダイクが書いたもの。二つめの一件書類は一種のキリスト教原理主義にかかわる資料からなる。この原理主義が信じるところによれば、核戦争は黙示録が描くとおりハルマゲドンという聖書的イメージを現実のものとするだろう。したがって私たちと敵とのあいだで勃発する最終戦争は予定されたことであり、この戦いで賭けられているのは宇宙的な悪に対する宇宙的な善の勝利である。（あなたは私がこれから述べる考えとは違う考えをもつ、あるいは私の考えを好ましくないと思うかもしれない。それでも私はこう希望する。あなたが少なくとも私の話に――相反する要請や抗議、矛盾する告発や糾弾のアマルガムが毎日私たちの注意を引こうとしている事実、私たちの声を貸せと要求するのは私たちを代表して話す権利を手に入れたいがためだという事実を明らかにしている点で――いくばくかの関心を向けてくれるのではないかと。私たちのもつ情報へのアクセスが全体的になればなるほど、私たちの無知――なぜ情報が私たちに与えられているのか、情報が何を意味するのか、だれを信じるべきなのか、情報にもとづいていかなる有益な行動をとれるのか、についての無知——は完全になるようだ。）レーガン大統領がこの原理主義的な考え——私たちの時代に時間の終わりを見るだろうと考えるがゆえに、ときどき「終末神学」と呼ばれる考え——に賛同したと繰り返し報じられている以上、レーガン政権は核戦争にかんし私たち人間に託された実践的英知のかぎりを尽くす毅然たる意志と分別《テイスト》をもつかどうかが、多くの人の関心事になるのも当然である。終末神学にかんする資料はある友人（厳格な原子力教育に取り組み、宗教教育に関心をもつ私の学生）に頼んで送ってもらった。私は開口一番、同じように原子力や宗教の教育に携わった人の大多数がもつ洞察に賛成であり、そして彼らに恩義を感じると言いたい。その洞察とはこうだ。最終核戦争を神がもつ人間のための道具や企図とみなすような考えは絶望の表現である。かといって私たちには恐れるべきものがなにもないと言いたいのではない。反対に、絶望とはつねに死への誘惑であり、いまやそれ自体が死を招く危険であると言いたい。絶望の風潮こそが私たちの最悪の恐怖を現実のものにすることへ手を貸すからである。

　ここで念頭にうかぶのはエマソンの思考が抑圧されていることだ。というのもエマソンは絶望の風潮のなかで書いているように感じ、彼の書くものはこの絶望に耐えこの風潮を追い払うためのものであったから。彼はこの気分《ムード》を「沈黙する憂鬱」[1]と呼ぶ。彼の弟子ソローはこの洞察を共有しつつ、この気分を「静かな絶望」[2]と呼び、よく知られているように、大衆は静かな絶望の生活を送っていると言った。これに対し、およそこんなふうに言い返したいと思う向きもあるだろう。「だがいまや事情が違う。エマソンやソローの時代には恐れるべき多くのものがあったが、現代を生きる私たちから希望を奪うような外的要因〔核戦争への恐怖など〕はなかった。生活にのしかかる外的脅威が絶望の原因ではなく、逆に、絶望それ自体が精神に対する究極の脅威であると言うことは、彼らにとってまだ意味があった。エマソンならこうも言えるだろう――学者の務めは、私たちを励まし、奮い立たせることだ。詩人の務めは[3]、平凡な力に働きかけられても喜びを感じることだ。その力が彼をとおして形を変えるならば、私たちのなかに喜ばしい思いを掻き立ててくれるから。しかし私たちにとって、エマソン的な陽気さや希望とは、私たちの現実的状況に対する子供じみた無知を表現するものでしかない」。この返答がもつ難点は、エマソンに対してはいつもこういう返答が投じられてきたという点にある。これまでずっと彼は、彼を誹謗する人からも、そうではない人からも、生に伴う悲劇的事実を知らないとみなされてきた。それに対してエマソンは、絶望とは生の認知ではなく、悲劇的認知ですらなく、生への恐怖であり、生の回避であると理解しているように思われる。どうしても私には、当時も、いまも、これが正しい見方だと思われる。

これを私の（アメリカ的）信仰と呼ぼう。楽観論ではない。私は必死でそれにしがみつくかのように初期の論考のひとつを書いた。二十年以上まえの論考だが、いまも私の仕事を支えている。世にいう文学と哲学とがどう作用しあうかを問いつつ、サミュエル・ベケットの劇作『勝負の終わり』を論じたものである。一九五〇年代半ばに初演されたこの芝居では、間違いなく、世界がなんらかの終わりを迎えつつあり、登場人物はなんらかの大惨事《ホロコースト》を生き延びた者たちなのだ。二十一年まえに書いた拙論から数行引く。「〔映画『博士の異常な愛情』の主題であると思われる〕『勝負の終わり』〔の示唆するところによれば〕（……）私たちは世界の終わることが正しいと思う。たぶん道徳的に正しいのではなく、不可避的なのである。悲劇的な意味で正しいのだ。救いようもなく無力な世界、運命が目に見える女神ではなく、目に見えない命令の序列であるような世界にあって、気に病むのをやめて核兵器を愛するようになれば気持ちが楽になるだろう」[4]。これは、私たちの時代がエマソンの時代と違っていることを否定するものではない。私としてはこう言いたい。二つの時代を隔てる違いは、どういう場合に絶望するかにではなく、どんな手段をもって絶望を表現し演じるかにある。私の『勝負の終わり』論からもう一文引いておこう。「私たちのもつ復讐への夢、幸福への絶望、自己や世界への憎しみに対して、核兵器はついに、そうしたものにひそむ破壊衝動を実行に移し満足をもたらすのにふさわしい手段を提供したのだ」[5]。私の考えはこうだ。世界‐破壊的な復讐とは、希望の幻が引き起こす、いいかえれば希望をもつ錯誤的な仕方が引き起こす一種の絶望である——全体としての生存に対する根本的な失望の過程であり、生に対して借りを返す〔復讐する〕最後の好機である。当時はそんな考えをもつことが恐ろしかった。いま時間が終わることへの願望が組織的な仕方で養成されているさなか、この恐怖は増す。

エマソンはほんとうにここでも希望を測るための尺度を見つけようとしていると言えるだろうか。この問いに答えるためには、どのようにして、私のいう「私たちの最善の思想」をエマソンのなかに見いだしうるかを明確にする必要がある。すべては、彼の言葉をなにか哲学者の発するような言葉であるとみなすかどうかに懸かっている。彼には一般的にその種の正確さが欠けると思われている以上、なぜ私がその点にこだわるかを言う必要があるだろう。

ベケットを解釈しながら、私たちの復讐への夢を満足させるものとして核兵器を論じたとき、私はたとえばこう考えていた。いまは二〇世紀の終わり近くにあるが、ニーチェは、一九世紀の終わり近く、無への意志としてのニヒリズムを予言し警告を発しながら、私たちの復讐衝動や陰鬱な破壊衝動を突き止めた。またニーチェよりまえの世紀の終わり近く、一七九四年に、イマヌエル・カントはある小論文（ここで再現しようとしている思想が思い出させてくれるまではほとんど失念していた）で、哲学者としての憤り（私は同感する）とキリスト教徒としての憤り（私は同感する立場にないが、称賛し喜ばしく思う）を完璧な仕方で表明した。それは、世界の終わりを人間的手段に結びつける試みを目撃しての憤りだった。カントの論考は「万物の終わり」という表題をもつが、記念碑的な『純粋理性批判』の著者ならではの仕方で、黙示録的な世界の終わりという観念が私たちには絶対に知りえない（世界や私たちの究極の本性が知りえないように）ことを示そうとしている。それが知りえないのは、まさに、万物の終わりが時間の終わりを含意し、人間の知る能力はその必要条件のひとつとしての時間のなかでのみ可能であるから。しかしカントによれば、時間の終わりは想像可能〔*conceivable*〕である。それは無意味な観念ではない。さらにその観念はその一般性において――ただ一般性においてのみ――人間的渇望そのものによって必要とされる。私たちの道徳的で宗教的な本性は、それがめざすべく生まれてきた完成を渇望しなくてはならない、そして完成に向かって変わる能力があると自己を了解しなくてはならない。そしてこの完成は道徳的闘争の目標と終わりとを視野に入れている。しかしながら道徳的闘争は時間のなかで終わることができない。なぜなら変化は時間のなかで呼び求められているのだから。したがって人間存在は、なんらかの仕方で、変化の終わりや闘争の終わりについて想像することを余儀なくされている。そしてそれゆえ、ある仕方で、時間の終わりについても。しかしカントにとって、この道徳的闘争はおのおのの魂が堕落のなかで自己と交わす内的闘争である。だからいかなる黙示録的な終わりも、その闘争の寓話や比喩として受け取るべきであり、字義どおりに受け取って道徳の外面的な代用物とすべきではない。寓話的もしくは比喩的なものと字義どおりのものとのあいだの葛藤を知ることは、読むことへの最初の教訓であると考えていいかもしれない。だから読むことを学ぶことは、いまや文字どおり、生死の問題となっている。核兵器による「終末」神学を説く者たちはかなり明確に、彼らが問題とする戦争のあとに変化が起こるであろうと信じている。だから彼らの念頭にあるのは、時間の終わりでも、最終戦争でもなく、単に、もうひとつの戦争の終わりである。彼らが考えているのは、いわゆる核戦争の終わりではない。なぜなら彼らが語る一団の生存者たちは、ひどく満ち足りた戦争の生き残りであるから。

　しかし、ある特定の日の終わりを知ったり予言したりできるのと同じように、日々の終わりがどのようなものになるのかを私たち人間が知ったりまじめに予言したりできると想定することは、すでに述べたように、カントにとって、哲学的にもキリスト教的にも憤慨に値する。その理由はこうだ。そういう想定につづいて人間は、神のもつ人類のための目的を遂行する手段は人間が自分の手で作ることができると想像する。「人間たちの手を経たその万物の終わり、彼らが善い目的をもつ場合ですら、愚かしいものである。ということは彼らが目的のために手段を使用しても、その手段が彼らの目的にまさしく反しているのである。［この］実践的な英知は（……）神にのみそなわっている」[6]。さらにカントはこう言う。人間が手段を手に入れるならばキリスト教の希望を破壊する結果になるだろう。「キリスト教は報いを約束する（……）いわば善き行ないに導くために賄賂を使うかのように（……）その場合、キリスト教は愛に値するものではなくなるだろう。ただ私心のない動機から生じるような行為をなすべしとの励ましだけが、そのような励ましを行なう者に対する尊敬の念を人間に注ぎこむことができる。そして尊敬の念なくして真の愛はない[7]」。その結果はこうである。「キリスト教は、たしかに普遍的な世界宗教となる定めをもつが、そうならずに運命から見放されるであろう。そして道徳的な意味での（倒錯した）万物の終わりが［つまり神ではなく私たちが責任をもつ万物の終わりが］起こるであろう[8]」。では神のもつ人間のための目的にかんする神の英知をどのようにして人間の実践的英知に翻訳することができるだろうか。カントの忠告によれば次のように認識することが大事だ。すなわち神の計画をつかみ取ったと思いこむ愚かしさに抗する保証をもちたいとの希望はただ「［人間による］多くの試みや計画の頻繁な変更[9]」のなかにだけある。また「大多数の市民が［権威の行使によってではなく］計画を立案し、それに同意し、信頼に足る仕方で［私たちの］関心が真理にあることを証明する[10]」点を認識しなくてはならない。

カントからエマソンへの一歩《ステップ》は計り知れぬ一歩である。ある方向に一歩を踏み出したのはエマソン自身だ。彼によれば超越論主義という肩書きは、彼と彼の友人がアメリカ観念論と呼ぶものを指しているが、直接には、カントの使う超越論的という語に由来する。計り知れぬ一歩というときの私の真意は、それを計測するために立つ場所がないという点にある。エマソンが前面に出ている一連の拙論のうちの最初の論考[11]において、私はこう言っている。エマソンは『純粋理性批判』の論拠に挑戦し」、実はそうすることで哲学そのものに挑戦していると。またこうも言っている。哲学に挑戦することは、デカルトやロック以来の近代の主要な哲学者に特徴的な身振りである。だが私はこう認めていた。エマソンにはカントに対して哲学的に挑戦する知的胆力があるとみなす人がいまやほとんどいないだろうと。本当にエマソンがカントへの挑戦を企てるとすれば、なにか文学的もしくは精神的な拠点から、あるいは他の拠点から、出発するほかないだろう。またこうも言っていた。あなたが哲学的に哲学に挑戦するならば——今世紀において、疑問の余地もない仕方で、マルティン・ハイデガーやルートヴィヒ・ウィトゲンシュタインがやっているように——、そのさいにあなたが生み出すものが哲学であるかいなかという問題に対する答えはどうしても不安定になる。(あなたが哲学そのものに挑戦するならば、どうして、あなたがやっている事柄が哲学のままでいられよう。しかしあなたがやっている事柄が哲学のままでいないとすれば、どうして、それが哲学的な挑戦でありうるだろう。)エマソンに関心のある人ならだれであれ、エマソンが生み出しているものはどんな種類の書きものなのかを知りたいと思うだろう。私の答えは、実はこうである。この問いへの答えが、正しいものであるためには、不安定でなくてはならない以上、そして、この不安定性が哲学に対するエマソンの挑戦と相関関係にある以上、エマソンがアメリカのために行なう哲学の捕捉〔capture〕には体質的にこの不安定性が伴う。(したがって私はこう願わざるをえない。私たちの知的注意を私たちの土着の作家たちに限定して向けるのではなく、エマソンはアメリカのための思考を創始しつつ——思考のなかでアメリカを発見しつつ——あること、ヨーロッパ思想に対する私たち固有の近づき方を発見しつつあることを認めてほしいと。)

だから私としては、さきほど言及したハロルド・ブルームやジョン・アップダイクによる最近の論考[12]に満足するわけにはいかなかった。両論考ともエマソンから哲学者の肩書きを取り去ろうとする。両論考ともエマソンの筆法が生みだすエッセーに疑問を投ずるが、エマソンの筆法それ自体がその疑問を認知し共有しているとは考えない。さらに両論考とも――私にとってはこの点が最大の驚きだが――エマソンの言葉のほとんどすべてを額面どおりに受け取り、解釈を加える必要があるとは考えない。こうした点やその他の点で、彼らが似ているという事実は以下の点を考慮するときいっそう際立ってくる。ブルームはエマソンを愛しており、ここ二十年間、彼はほかのだれよりも力を尽くし、エマソンを私たちのもとへ連れもどして、私たちの文化がエマソンに注意を払うように仕向けてくれたのだ。私たちはその点で彼に恩義がある。一方、アップダイクはエマソンを巧みに誹謗する者たち――彼らはときどき見下すような視点からエマソンを位置づけたくなるようだ――の名簿に新たに加わった。ブルームはエマソンを褒めるが、かならずしも間違った理由からではなく、こういってよければ、あえて言わずにおいた理由からである。そしてこうした事情があるために、エマソンを見下すような態度がいつまでも面目をたもつことになる。このため私たちの文化は、西欧のいかなる文化とも違って、文化を熟慮するための共通の基盤として創始的思想家をもつことができないのだ。評判が芳しくないように見えたり、あるいは評判が良すぎるように見えたりするのはエマソン自身に原因があるとももっともらしく言う人にはこう応じたい。エマソンのそういう側面を理解するには、真っ先にエマソンその人に協力を求めるべきだと。たとえば彼は、私たちから哲学の創始者を奪い、ある種の拠点はことごとく奪い取る、まさにそのために書きたいと思うのかもしれない。このことは、正しく理解されるなら、かならずしも悪いことではないかもしれない。しかしそれは不気味なまでに哲学的なことである。

エマソンが解釈を要求している証拠として、「自己信頼」から一節を引いてみよう。これはよく引用される一節で、ブルームもアップダイクも引いている（ブルームはこれよりやや長めに）。

それからまた、きょうもある善良な人が言ったように、すべての貧しい人の暮らしをよくすることが私の義務であるなどと私に言わないでほしい。彼らは私の貧民だろうか。愚かな博愛主義者にはっきり言っておくが、その人が私に属しているのでもなく、また私がその人に属していないならば、私は一ドルでも十セントでも一セントでも与えるのが惜しい。このうえない精神的な相性のよさを覚え、それによって私がその人に買われ売られていると思えるような部類の人々〔a class of persons〕がいる。彼らのために私は必要とあらば牢獄にでも入る。だがあなたがたのやる雑多な大衆慈善事業とか、大学で行なわれる愚者の教育とか、現在多くの者が賛同している空虚な目的のための教会建設とか、飲んだくれのための義援金とか、その他無数の救済団体とか——こうしたものへ、正直にいえば、恥ずかしながら私もときには断り切れずに寄付をすることがある。だがそれは有害な金であって、そのうち男らしく断ろうと思う。[13]

アップダイクはすぐさまこう応ずる。「ここで提唱されているのは有徳な利己主義の教説である」。ブルームは同じ結論に達するのに少し時間をかける。まず立ち止まって、こう指摘する。「エマソンのいう《部類の人々》とは、彼の友人ヘンリー・ソロー、狂える詩人ジョーンズ・ヴェリー、そして彼の先駆者ウィリアム・エラリー・チャニング牧師であって、かならずしも（……）ロナルド・レーガンやジェリー・ファルエル牧師ではない」。しかしブルームはさらにこう言う。「自己信頼は、内面の生活から公開の場へ引っぱり出されたなら、利己主義という現代の宗教と区別がつきにくい。ちょうど、最近ダラスで行なわれた大公現祭《エピファニー》で見せつけてくれた崇高な儀式のようなものだ」（私の想像では、一九八四年の共和党全国大会のことを言っているのだろう）[14]。

ほんとうに民主党全国大会より共和党全国大会のほうが利己主義を鮮明にしていたのだろうか。そしてほんとうにエマソンは、彼のパロディとみなしてよいような人々と区別がつきにくいのだろうか。私にはそうは思えない。そもそも、エマソンのパロディをする人々がエマソンに正面から向きあっているかどうかは怪しいけれど。ブルームはこう言う。「エマソンは人間である大衆に見切りをつける覚悟がとうにできている」。だがそれではエマソンは読者がどこからやって来ると思っているのか。なぜエマソンはあのような仕方で、すなわちエリートといわれる人たち、教育があるといわれる部類の人たちを傷つけ不愉快にさせる仕方で書くのか。エマソンはパロディの的になりやすいというふうに見えるかもしれない。とすれば、その事情をきちんと理解し評価すべきである。そあらためてここに引いた一節を見てみよう。エマソンは貧しい人に与えないとは言っていない。その反対に彼は与えると言っている（ときには断り切れず、と。思うに、だれであれ、すべての義援金に応じるわけにはいかない。）また「彼らは私の貧民だろうか」というむずかしい問いは、エマソンがいかなる貧民も義援を受ける彼の貧民として認めないということを含意しない。反対にその問いは、幾人かの貧しい人が彼の貧民であるということを含意する。明らかにソローやジョーンズ・ヴェリーは、エマソンのいう、彼がその人に属しその人が彼に属するような人々に数えられる。彼らは彼の人々、いわば対等の人々である。それが示唆するのはこうだ。義援金は対等でない人々に与えられるがゆえに有害である。義援金は彼らを劣等にしておくだけである。それはさらにこう示唆する。エマソンが有害な金について「そのうち男らしく断ろうと思う」と言うとき、かならずしもさらに心を頑なにするとの意味ではなく、そのうち男らしさを達成した社会になるであろう、いつか人類は施し物を要求したりされたりしなくなるだろうとの意味である。だからソローやヴェリーやチャニング牧師のような人々を彼の貧民と呼ぶのは的外れのように思われる。

エマソンの貧民とはだれなのかを見るために、さきに引用した一節より前にある文章を引いてみよう。この箇所もよく引用される一節である。

私の内なる天才が私を呼ぶならば、私は父も母も妻も兄弟も遠ざける。私は門柱の楣《まぐさ》に〈気まぐれ〉と書くつもりだ。ゆくゆくは気まぐれよりもいくらかましなものであってほしいと希望するが、しかし説明に一日を費やすことはできない。（……）それからまた（……）すべての貧しい人（……）私の義務であるなどと私に言わないでほしい。[15]

父や母を遠ざけることとは、イエスが彼に帰依する者に要求したことである。その文脈において、貧しい人々の叫びはあなたがたといつも共にいる人々の叫びである（「わたしはいつも一緒にいるわけではない」ヨハネによる福音書12・8〔新共同訳〕）。こうした言い回しがもつ精神はつねに解釈を要求してきたが、利己主義的な目的に合わせても解釈できる。エマソンの場合もやはり解釈を要求するが、それは、彼を有徳な利己主義者であるとか道徳的狂人であるとか決めつけないかぎりにおいて、彼の財産を自慢するためにのみ貧しい人々を問題にしていると考えないかぎりにおいて。貧しい人々にかんするエマソンの言葉は「愚かな博愛主義者」に向けて語られている。いつもあなたがたと共にいる貧しい人々にかんするイエスの言葉は、ラザロとマルタの妹マリアが高価な香油をイエスの足にぬったことを非難するイスカリオテのユダに向けて語られている。したがってエマソンにとっては、いつどこで貧しい人々と出会うかがもっとも大事な勘所なのだ。

エマソンの貧民は、彼が貧しさを説き聞かせる人々、彼の話を聞く人々である。こうした人々は彼が（アメリカの）学者と呼ぶ人々である。

学者の務めは、人々に、外見のうちから真の事実を指し示してやって、彼らを励まし、奮い立たせ、導くことだ。（……）学者は長いあいだ口ごもりつづけ、しばしば死せる人のために生ける人を見捨てねばならない。さらに悪いことに、彼は貧困と孤独を——いく度も！——受け入れねばならない。旧来の道を気軽に楽しく進んでいく代わりに、社会の流行や教育や宗教を受け入れる代わりに、彼は自分自身の道をつくるという十字架を背負う。もちろん自責の念、弱気の虫、度重なる確信の喪失、時間の浪費に見舞われるが、これらけどれも、おのれを頼りおのれに導かれる者の道を妨げる茨《いばら》や絡みあった蔓草《つるくさ》である。彼は実質上、社会とくに教育のある社会と対立状態にあるように見える。〔16〕

ここから聞こえてくるのは、ブルームが言及しているダラス集会から聞こえてくるような自画自賛の語調だろうか。ダラスで起こったことはエマソンの考えと区別がつきにくいとブルームは言う。彼は自己信頼を「(エマソンによって)創始されたアメリカ的な宗教」とみなす。エマソンが彼の内なる天才の役割をイエスになぞらえて語り、その過酷な呼び声に従うというのだから、たしかにブルームの見方には根拠がある。だがエマソンのここでの比喩的表現は、大まじめに語られていると同時に、自分自身をからかい、歴史が彼に割りふった立場をからかっている。これはエマソンが門柱の楣に〈気まぐれ〉と書くのを想像するときも同様であって、そのときエマソンは自分をからかいながら大まじめなのである。ブルームが想像するような党大会の登壇者たちや、敵に対し世界の破滅を予言し救済を説く者たちは、自分自身をからかっているのではない。門柱に書きしるしておくことは、旧約聖書の、とくに過越しの祭りでの命令である。これは死の天使へ向けた、家を過ぎ越し初子を見逃してほしいとの合図になる〔出エジプト記12章〕。また一般的には門柱に書きしるしておくことは、神の命令「わたしの言葉を心に留め、魂に刻み(……)家の戸口の柱にも門にも書き記しなさい」(申命記11・18、11・20)〔新共同訳〕へ忠誠を示す合図である。エマソンによる〈気まぐれ〉という語の自嘲的な使い方はエマソンを理解するうえで躓きの石となっている。いうまでもなく彼はわざとそうしているのだ。アップダイクはこう言う。

全体主義的な命令がもたらすのは(……)歪んだ鏡である。その鏡にねじ曲げられた姿で映っているのは、天才や閃きや気まぐれといったエマソンお気に入りの概念である。全体主義の首領は血迷った自己信頼の具現であり、こんな無法者が天下をとれば、法律や、討論や、抑制と均衡論の行く末はどうなることか（……）強制収容所は私たちとエマソン的楽観論とのあいだで生じている出来事のひとつなのだ。

全体主義の首領にかんするこの気まぐれな描像はともかくとして、門柱に〈気まぐれ〉と書くとの一節におけるエマソンが、私的な規則違反ですらどう勧めるというのだろうか。（彼が法に従わないことを勧めるとき、そこに不明瞭な点はない。たとえばダニエル・ウェブスターが支持する逃亡奴隷法に対して激しく非難するときがそうである。エマソンはこの法を原則に反すると考えた。）

エマソンが大ざっぱに描く絵柄について三つの事実を指摘しておこう。彼の内なる天才が彼を呼ぶとき、彼は家族との絆を斥けるという事実。何をするように呼びかけられているのかについて、彼は、自分固有の場所に〈気まぐれ〉と書く以外に説明のしようがないけれど、それは公共的な務めであり、また聖なるものにかかわるという事実。そして、このしるしの下で彼が行なうことは、希望とともに行なわれているという事実（「ゆくゆくは気まぐれよりもいくらかましなものであってほしいと希望する」）。私の考えでは、彼が〈気まぐれ〉と書くとき、彼の内なる天才によってとくになすべく呼びかけられていることは、まさに書くことだ——それこそ彼がやっていることであり、私たちが彼と出会うときはいつでも、それこそが彼の役割《パート》なのだ。したがって私たちの前に差し出されている「この一節をふくむ」文章はまさに、彼の書く行為がゆくゆくは気まぐれよりもいくらかましなものであってほしいとの希望がどうなったかを示している。いうまでもなく彼は、希望とともに自分の言葉を作りだしその効果（読者——彼の近くにいる人をふくめるにせよふくめないにせよ——を生みだすという効果）に言及するよりまえに、自分が言葉を作りだすことの正当化として当の言葉を公表することができない。彼は、自分の言葉を発見するよりまえに、事前に、「気まぐれ」や「希望」を口ごもりながら語ることより以上の何を言うことができるだろうか。もし彼が、母や父や妻や兄弟や雑多な救済団体に扉を閉ざして彼の内なる天才だけに耳を傾けながら書くときはいつでも、閃きにあふれた言葉を作りだせると知っていたなら——これを彼が知っていたなら、彼は希望を要求したりはしないだろう。とすれば、そもそもなぜ貧しい人々が問題となるのか。

大半はすでに答えた。彼は行為するために断る〔義援金を差し控える〕が、そうするのは貧しい人々のためだというのがエマソンの主張である。これは彼の行ないが道徳的であると告げている。これこそ道徳の原則であって、これが適用されるとき、道徳的義務を怠ったといって彼をとがめる人々のほうがとがめられるだろうと告げている。エマソン的場面においては、二つの補完的な道徳の原則が含意されている。ひとつはこうである。ある行為は、それを遂行するために家庭内的な義務を斥けなくてはならないほど重要である。このことを主張するには、その行為を支える希望を伝え届ける《コミュニケート》ことができなくてはならず、そしてそれ以上の説明も権威ももたないと公言する覚悟ができていなくてはならない。あなたに確信がないことを公然と表明するならば、人々に何をしてほしいと、何を甘受してほしいと望みうるのかが制限されるだろう。あなたが政治的権力をもつならば、あなたが人々に対して生殺与奪の権力をもつならば、あなたは人々に対してあなたの秘密を明かさなくてはならないだろう。秘密を明かしつつ〔in confidence 相手を信用して〕語ることは、スローガンを語ることや、秘密を露わにせず語ることとは正反対である。秘密を明かすとは、仲間の市民に語る仕方である。もうひとつの原則はこうである。あなたの行為があなたの内なる天才によって呼びだされたものであると主張するには、あなたは貧しい人々に役立っていると理解されなくてはならない。あなたの行為が、あらゆる瞬間に、目に見える世界の苦しみと釣り合っていなくてはならない。こうしたことは、私たちに政治的権力を行使する者が範とすべき――私はそう願う――原則であるように思われる。

私はエマソンの言葉が許容する以上のことを読みこんでいるだろうか。アップダイクによれば、エマソンの話にはまとまりがなく、その挑発的な主張は「新しい宗教の創始」を告げている。ブルームは自己信頼をエマソンによるアメリカ的な宗教と呼ぶ。エマソンは「けっして偉大なアメリカの作家ではない。たぶん作家というよりは屋内演説家であろう。エマソンは無視できない理論家であって、彼以降のアメリカ文学のほとんどすべてがその対象となる」。ブルームはエマソンの達成のすばらしさを認めているにもかかわらず、エマソンが自分の著述を理解する能力（哲学的に説明する能力と私は言いたい）をもつという事実を暗に否定することで、その達成を理解しにくいものにする。エマソンの達成は本質的に哲学的なものであるという私の主張から導かれる論点をいくつか列挙しておこう。(1) 彼の言葉遣いは正確で、そこに現れる語のどれもが批判にさらされる覚悟をもつ、絶えずリスクを伴いながら。これは哲学への祝福であり呪詛である――これは場合によって宗教にできる（あるいはできない）務めではない。⑵「自己信頼」はとりわけ読むことと書くことの理論を構成する。「自己信頼」における書くことそのものが十分な証拠である――彼以降のアメリカ文学においてこのテクストが役割を果たすよりまえに。また彼以降のアメリカ文学なしでは、この役割は信じがたいものである（多くの人にとってはつねにそうであるにちがいない）。このテクストはなによりもまずそれ固有の散文を記述し、自分を自分自身の存在の基盤であると主張する。ちょうどデカルトが、自己信頼のための彼の論法、つまり彼のコギト・エルゴ・スム〔我考える故に我あり〕を、彼の存在の基盤として、それゆえ彼の哲学の基礎として主張するように。エマソンはデカルトのコギト論法にそれとなく言及し、実質上、それを反復している――エマソンは「自己信頼」において「私は考える」、「私はある」と言う、あるいはむしろ私たちがそう言わずにいる点で私たちを叱責している――が、この事実も注目されていない。それはエマソンが大した思想家ではないとの風評が絶えなかったからだと思う。（彼の文化は上から下までこの風評を助長させることにどれほど夢中になってきたことか！　その中身は何なのか？）⑶エマソンの書くこと（彼の自己信頼を表現すること）と彼の社会（彼が迎合と呼ぶ領域）との関係は、「自己信頼」によれば、相互嫌悪〔mutual aversion〕の関係である。「自己信頼は迎合を（が）嫌う」。当然ながら、エマソンを批判する人々はこれを大ざっぱにこう理解した。彼は社会を嫌悪し、もはやこれ以上社会とかかわりたくないと。しかし「Self-reliance is the aversion of conformity[17]〔自己信頼は迎合を（が）嫌う〕」という文が表すのは、互いに一方が他方の観点から見られており、双方のあいだに係争がつねに発生していてけっして片づかないという事態である。だがこれはすなわち、エマソンの書くものと彼の社会とが互いに果てしなく議論する――いいかえれば果てしない議論において自分の書く場所をもつというふうに書く（彼なりの忠実な反対表明）――果てしなく互いから離反するけれど、まさにそれが理由で絶えず互いのことを心に掛け、それゆえ果てしなく互いに向きあうということだ。だからエマソンのいう嫌悪〔背反 aversion〕は宗教的な回心〔conversion〕とは似て非なるものなのだ。(4) この背反的会話〔aversive conversation〕において彼の散文はどちらの側にも味方するだけでなく、また、個々の主張についての（互いに背反し向きあう）読みを絶えず創り出しながら、この会話を実現していく（たとえば、貧しい人々は斥けられ、彼の貧民は受け入れられる。生死の決断として〈気まぐれ〉と書く。私たちは共同体と真理に関心があることを信頼に足る仕方で証明しなくてはならないとするカントの考えに応じるものとしての嫌悪-背反の教え）。たぶんこんな事情でエマソンの散文は、いつまでも本題に入らないように見えるという（ときとして腹立たしい）性質をすぐにも帯びがちなのだろう。アップダイクの最大の不満のひとつはこの点にある。ブルームはこの点に寛容だ。しかし私の見るところ、エマソンの散文はこんなふうにして民主主義の状態《ステイト》を実現しているのだ――私たちがこれまでに達成してきた民主主義的条件を称えるからではない、そうではなく、私たちの条件に対するこの散文の背反的な立場が意味をもつのはただ民主主義を私たちの生活として私たちの渇望として捉えるときだけであるから。そうした生活と渇望のなかでのみ、私たちのあいだの対話とか、そして私たちに権力を行使する者との対話とかの継続が可能性となり義務となる。エマソンのなかにこの創始的渇望を見いださないとしたら、エマソンのなかに創始的思想家を見いだすことに何の意味があるだろう。

私たちのなす行為は私たちの生活を決定づけ、私たちはそうした行為に私たちの家族や社会の生と死とを賭けているが、私たちはそうした行為を希望とともに選び取らなくてはならない、しかも私たちは確信もないままに、ただ私たちだけで希望に権威をもたらさなくてはならない――このようにエマソンが教えるとき、彼はカントが実践的英知と呼ぶものを教えているのだ。私はそこに希望をもつ――この危険な世界にあってはいかにも小さな希望であるが、やはり現実に即した、明快で強靭な希望である。乏しい感受性しかもたない私にでも分かるほど大きな希望である。エマソンは私たちにこう教える。私たちに権力を行使しながら、恒常的な平和への希望を私たちに伝え届けぬ者たちは、平和をあきらめ、彼らが希望と呼ぶものを科学的なもしくは魔術的な骰子の一擲に賭けているのだと。これは本当の希望ではない。良い目が出てほしいと祈ることが本当の祈りではないように。彼らは権力に囚われ、自己像に囚われ、彼らが市民から期待されていると思うもの、いいかえれば私たちの期待に囚われている。私たちは力を尽くして彼らに真相を教えなくてはならない、彼らに希望を教えなくてはならない。まず私たちが互いに希望を学ばなくてはならない。

補遺B

カバーレター

「解釈の制度〔Institutions of Interpretation〕」にかんするエルサレム研究会の参加者へ。〔*〕
一九八八年五月一五日、スタンリー・カヴェル。

「制度」とは設立《セット・アップ》を意味し、「解釈」とはすでに設立されているものを引き受ける様々な仕方を意味するとすれば、「解釈の制度」において問われているのは、配置されているものを配置する〔placing what is placed〕様々な仕方である。さらにこの表記はすぐさま、私たちが配置する様々な仕方それ自体がすでに制度ではないのかとの問いを呼び起こす。

私は私たちの議論の現状に役立てようと思ってこのテクストを送付する。ここに送付したテクストは、本年早春に「アメリカ哲学協会」で行なった（エマソンをめぐる）三つの講義のうちの最初の講義〔草稿〕の一ヴァージョンである。エルサレムでの私たちの会議をも予期しながらこの連続講義の草稿を書いたのだが、私としては、若干の言葉を手直しすればこの会議の目的に合わせられるだろうと考えていた。しかしこの考えは間違っていた。万全を期したいが残された時間はあまりにも少ない。

「アメリカ哲学協会」で連続講義をするという状況には私からすれば弁論術的《レトリカル》な状況と呼んでもいいようなものが前提として存在する。それは職業としての哲学と私の考えとの食い違いにかかわる。(アメリカの大学における)哲学研究の制度化を問いに付すという私の立場がこの食い違いのもつおおむね公的な意味合いを表す。また、それがもつ個人的な印象を大ざっぱにいうならばこうである。すなわち、この制度化から見れば、およそウィトゲンシュタインやハイデガーは自分自身〔の著述〕を哲学的に解釈することができない――ましてや哲学を職業(アメリカにおける?)として解釈することができない。したがってその含意はこうなる。すなわちウィトゲンシュタインやハイデガーが有益なあるいは興味深い著述家や思想家である、天才的ですらある、とみなす人でさえ、概して、この二人がまじめな哲学のあるべき姿を示す範例《パラダイム》だとは思わないだろうと。「アメリカ哲学協会」で私は、この二人の著述家の背後にエマソンを見ることができると示唆したが、その狙いは、あの弁論術的な状況に対し――私が考慮できる範囲で――解釈上の選択を促す点にあった。ウィトゲンシュタインやハイデガーに哲学的権威(あるいは範例的地位)を与えることへの制度的な拒絶を強化するほうを選ぶのか。あるいは、なんらかの仕方でエマソンを哲学者として制度化するのを認めるほうを選ぶのか。私は夢想してもいいだろうか、哲学の制度の体制(哲学による他の領域――古典に対する造詣、情報伝達、出版、講演活動、社会的信望――からの自己差別化)は、みずからを問いに付すよう強いられる、あるいは駆り立てられるだろうと。

アメリカの哲学制度の枠内において、解釈にかんする考えであれ制度にかんする考えであれ、そうしたものに対する研究の中心的な潮流は、不思議なことに、共通の了解事項――規則《ルール》という考え――をもつ。(たぶんこれはアメリカ文化の法律至上主義の表れであろう。)英語圏における、政治・道徳哲学に対する貢献という点では、ここ二十年間、ジョン・ロールズの『正議論』が圧倒的である。この著作は、制度が規則によって規定されるとの考え方にもとづいて練り上げられている(私の見るところ、なによりも第一に、約束という行為をひとつの制度とみなすことによって)。またソール・クリプキの『ウィトゲンシュタインのパラドックス』は、ウィトゲンシュタインの『探究』を、規則が無限に解釈可能である――したがって起こる事象のすべてを、見込まれる規則〔prospective rule〕に一致させたり、矛盾させたりすることができる――という考えにもとづくものとして理解している。ケーラス記念講義の第2講義と第3講義はそれぞれクリプキとロールズの上記著作に焦点をあてている。私の見るところ、彼らはそれぞれに、いわば根底をなす規則の役割を受け入れたり拒絶したりするが、まさにこの根底的な役割こそが決定的な仕方で彼らの言語観や正しい人間関係の見方を形成している。また彼らはどちらも(ロールズの場合はそれほど直接的ではないが)この規則の役割をウィトゲンシュタインの教えに結びつける(ウィトゲンシュタインに対するこういう考え方は、私の見るところ、規則の格下げに傾注する彼の熱意を否定するものだ――だがそれはウィトゲンシュタインを制度的なまじめさをもって取り扱う、いわば彼を手なずけるときに払わねばならない代償のように思われる)。

私の考えでは、規則に対する(とりわけ「規則に従う行為はどれもが解釈である」〔『探究』二〇一節[1]〕かどうかという問いに対する)ウィトゲンシュタインの見方を、『探究』第二部における

「として見る」という異論の余地が多く難解な研究とを結びつける必要があるだろう。『探究』第二部でウィトゲンシュタインは「として見る」の研究を解釈の研究に結びつけて考える。「しかし私たちはこの図形を、あるときはひとつのもの、またあるときは別のものとして見ることもできる。——だから私たちはこれを解釈し、解釈するとおりに見ているのだ」[2]。ウィトゲンシュタインのこの考え方を今度はハイデガーの見方と結びつける必要がある。「この《として》が、了解されたものが表立っているということの構造をなしているのであり、解釈を構成しているのである」(『存在と時間』三二節第二パラグラフ)。ウィトゲンシュタインとハイデガーは、やり方がどれほど違ったものであれ、その眼目は次の点にある。すなわち〔彼らのいう〕「解釈」が、知ること(あるいは真理)に対する可能なそして必然的な解釈であるための条件を解明する点にある[3]。

ここに共有されている解釈の「として」にかんし、私たちにとってとりわけ興味深い点が明確になるのは、ウィトゲンシュタインのあまりにも有名な例「兎《うさぎ》–家鴨《あひる》」図を考慮に入れるときである。拙著『理性の声』(p. 354)において私はこの図がもつ七つの特徴を指摘したが、それにからめてこう述べておこう。ひとつの解釈は他の解釈と対立するかたちで存在する。ひとつの展望あるいは観点から他のそれへの転換は私たちの意志に従ってなされる、ただしそれぞれの観点から私たちに何が見えるかは私たちの意志に従うものではない。対立は全体的であり、ひとつの解釈は他の解釈を覆い隠し抹消する——後者がそれ自身の抹消する力(あるいは弱さ)とともに戻ってくるまで。解釈に対してエマソンがもつ描像のひとつは円という描像、円の周りに別の円を描きうるという描像である。解釈とは〔他の解釈を〕覆い隠す全体的な選択(いわば聖なる土地を画定するのにも似た、中心地点の選択）とみなす解釈からすれば、解釈とは係争中の土地のなかからもっともくつろげる土地を選択すること、兄弟のなかからひとりを選択することである。これは解釈を相続や継承への要求として解釈する。ウィトゲンシュタインの謎めいた問いかけ「私は実際にそのつどなにか違ったものを見ているのか、それとも自分の見ているものを違った仕方で解釈しているだけなのか」（『探究』[4]）を考慮するならば、次のようなことを心に留めておく価値はあるだろう。すなわち「解釈」と「経験」は共通の根として、（危険に身をさらしながら）「向かって」「通り抜けて」「越えて」歩んでいく、過ぎていく、導いていくといった観念をもつ。（この共通の根という考えは、『この新しくもいまだ近づきえぬアメリカ』に収録された、エマソンのエッセー「経験」についての拙論に差し向ける、あるいは拙論に由来する。括弧内は一九九〇年に加筆。）

　私はこんな空想を表明した。（エマソンにかんする）予備的な言葉を若干述べることで、この研究会の取り組みに適切な仕方で、さらには有益な仕方ですら、貢献できるだろうと。それはこんなふうに始まったかもしれない。エマソンは自分の書きものが彼の「憲法〔constitution 体質〕」と同一であるとみなす（これは数ある彼の同一視――二匹の蛇が螺旋をなすヘルメスの杖を思わせる――のひとつ）。その任務は（彼のアメリカを代表して）迎合の制度を変形する、すなわちアメリカと呼ばれているものから、近づきえぬもの、あるいは不気味なものとしての、思考と呼ばれる人間の生活形式としてのアメリカへ変形する点にある。しかし予備的な言葉はたちまち私の眼前から消え去った。物語を急かし加速すべきでも、物語を先回りすべきでもないことが明らかとなった。というのもエマソンが私たちの場所《プレイス》を定めることにかんし、つまり私たちを配置するものを私たち自身が配置するその仕方をエマソンが配置することにかんし――すなわち私たちの釈明《アカウント》の語り-数え直し《リカウント》、私たちの迎合《コンフォーム》の変様《トランスフォーム》あるいは脱迎合《ディスコンフォーム》にかんし――（ここでは話題を「アメリカの学者」から「経験」への途上にある「自己信頼」の一節に限定するならば）、言うべきことは二つの足場〔stages〕において表すことができるからである[5]。

1　エマソンの問い――これら制度〔institutions〕が私たちの憲法〔constitution〕を代理〔substitution〕することで私たちの憲法を身売り〔prostitution〕することによる私たちの貧窮〔destitution〕のあとで、いかなる復元〔restitution〕が？

2　エマソンの答え――私たちの実体〔substance〕が情況〔circumstance〕のなかにあるのを了解〔understand〕することとは、とりもなおさず直立して〔stand upright〕いるがゆえに偏っているのを承認することだ。他の指に対置する親指をもつ私たちの手が基準〔standard〕を設置し、その目盛りが私たちを観点〔standpoint〕へと引き寄せる。私たちはその観点から私たちの立場〔stance〕を語り-数え直し、取り直す、すべての円の周りに新たな円を描く。私たちはそのなかに立ち〔stand in〕その円を代表〔stand for〕しているのだ。あたかも私たちはすでに自由であり、それぞれの囲いの外側にいるかのように（しかしそれゆえにすべての囲いの外側にいるわけではない）。

私が最初にケーラス記念講義を行なったアメリカ哲学協会においてであれば、このような語り口にはならないであろうと思う。それは、あえてそうしたいとは思わないからだろうか、それとも、そうする利点を見いだせないからだろうか――いいかえればアメリカ哲学協会がそのような語り口に理解を示すとは思えないからだろうか。とすれば、あの講義での語りぶりは、私がいましがたエマソンの問いと答えと呼んだものに近づく準備のようなものなのか――あたかもあの講義の文体〔prose〕は、聞いてもらう権利を得るために私が（試練としてあるいは通行税として）受け入れる重荷であるかのように？ しかし私はだれに向けてこんな問いかけをしているのか。私はだれに、私が投ずる権利の問いに答える権利を与えるのか。私はだれのために私の権利を先延ばしにするのか。どうして制度が重荷であるかを知る人のため？ それを知らない人のため？ その人とはだれなのか。とすればたぶん私はどの制度に向けて、問いかけや試練や許可や通行税の制度について問いかけるのだろうか。制度の外に漏らす秘密はない[6]。とすれば私たちはどうして別様に想像することができるだろう？

註記

原書にはいわゆる脚註がない。ロールズの『正義論』は初版から引用されており、引用頁は本文中に記載されている。本訳書では邦訳（改訂版）の頁数を記した。クリプキの『ウィトゲンシュタインのパラドックス』についても同様である。この二著以外からの引用は本文のなかで典拠が指示されている（版元や刊行年などの詳細は巻末の書誌（訳書では割愛）に一括して記載されている。未邦訳の書籍は本文中に英語タイトルを表記・付記した。若干の書籍は註記した）。エマソンのエッセー集の英語本は種類が多く、カヴェルはできるだけ出典箇所の頁ではなくパラグラフ数を使って言及しているようだ。本訳書では『エマソン論文集上・下』（岩波文庫）と『エマソン選集』全七巻（日本教文社）の該当箇所を指示した。したがって以下の註記はほぼすべてが訳註である。

〈道徳的完成主義〉のような〈 〉は原語「Moral Perfectionism」のような語頭大文字の単語の表記である（小文字表記のものは括弧でくくっていない）。『 』は書名に充てたので、引用内の引用には《 》を充てた。［ ］内は原著者カヴェルの補記、〔 〕内は訳者の補記である。

〔*〕ロールズからの引用該当ページは邦訳『正義論』（川本隆史＋福間聡＋神島裕子訳、紀伊國屋書店）による。

〔1〕「情態性」はドイツ語「Befindlichkeit」の和訳で、英訳は「state-of-mind」である。英訳者のJ.Macquarrieと E.Robinson は文字どおりには「the state in which one may be found」とも訳すことができ、ドイツ語でふつうに「Wie befinden Sie sich?」といえば「How are you?」や「How are you feeling?」の意味になると註記している。ここでのカヴェルは「Befindlichkeit」の「find」に注目し、「find oneself there〔そこに自分を見いだす〕」と「happen to be there〔そこに居合わす〕」の同義性を軸にしてエマソン－ニーチェ－ハイデガーの連繋を考えている。なお「情態性」は「気分」とほぼ同義で、ハイデガー風（？）にいえば「（歴史的・社会的・文化的・運命的な負い目をいわば本質とする人間が）そこに投げ出されているのを企投的に了解する（負い目を自覚的に引き受ける、それ以外に自己の本質をまっとうする道はない）様態」といった含意をもつ。いわゆる「disposition」は「傾向」「性分」「性向」とも訳される心理学用語であるが、この語はその成り立ちから「人間が種々の事情を担いながらそこに投げ出されている状態」（人間をいわゆる主体として第一義的に扱わないための戦略）とも読め、語義は「情態性」に近いものがある。本講義の鍵語である「偏り〔partiality〕」や「傾き・傾向〔inclination〕」は、この「情態性」や「性向」と意味的に重なる部分がある。

〔2〕該当ページのなかでカヴェルは『道徳の系譜』序文第一節を全文引用して、ニーチェによるエマソンの「変形」を指摘する。ニーチェの「私たちがいつか私たち自身を見いだすなどということがどうして起こりえようか」（序文）とエマソンの「私たちはどこにいるのだろう〔どこに自分を見いだすのだろう〕」（「経験」の冒頭）。ニーチェの「この〔道徳の〕国をはじめて発見する」（序文第七節）はエマソンのエッセー「経験」の明白な主題。ニーチェの要求である「〔『ツァラトゥストラ』のなかの〕語のすべてに傷つき深く魅惑されること」（第八節）は、「すべての言葉〔が私たちを口惜しい思いにさせる〕」というエマソンの語調に応答する。「悪の起源の問題」（第三節）を、神の起源の問題として解決するような児戯的な解決を斥け、弁神論

（Theodicy）ならぬ一種の人間弁護論（Anthropodicy）を主張するニーチェは、エッセー「経験」にいう「痛みの極み」である「子供の死」に対し、新たな人間の誕生をもって応えるエマソンと結びつく。エマソンの洞察によれば「哲学的な営みの作業（世界を実現することと呼ぼう）とは、フロイトの言葉を借りれば、喪の作業である」（*This New Yet Unapproachable America*, p. 26）。

〔3〕邦訳のあるものには訳者名を補記した。マクダウェルの論文「徳と理性」と「非認知主義と規則順守」は『徳と理性――マクダウェル倫理学論文集』（大庭健編・監訳、勁草書房）に収録されている。どちらの論文においてもカヴェルの試論「ウィトゲンシュタイン後期哲学の有用性」の一節が引かれているが、本書第2講義においてカヴェル自身もその部分をそっくり引用している。

〔4〕『ウォールデン』第一章「経済」第二〇パラグラフ。

〔5〕『エマソン選集3』小泉一郎訳、二一〇頁。

〔6〕同前二一五―二一六頁。

〔7〕『暗い時代の人々』（阿部斉訳、河出書房新社、九九、九七、九八頁）

〔8〕第1講義の註記〔61〕を参照。

〔9〕『ピグマリオン』小田島恒志訳、二二九頁、光文社古典新訳文庫。

この科白とニーチェの「極端な完成主義」とは一見同じ方向性をもち、直前に引用されているロールズの一節（「穏健な完成主義」）――文化の平準化にも見える――からすれば、ショーも議論の対象とすべきであろう（というふうに読める）。

〔10〕『判断力批判』第一部第八節参照。

〔11〕「小径〔footpath〕」は『純粋理性批判』最終パラグラフを参照。この語は、さきに引用されているハンナ・アーレントの文章の結句に見えるが、彼女の含意とは別の含意がこめられているようだ。

〔12〕「想起」は「remembering」であるが、「re（再）-membering（成員化）」と読むことができ、四つさきのパラグラフで引きあいに出されるアリストテレスの着想を暗示していると思われる。またこの部分は（「反断

片化」をふくめ）エマソンのエッセー「アメリカの学者」の第四パラグラフを連想させる。「社会の状態〔state〕とは、個々の成員〔手足 member〕が元の胴体から切断されて、ひとりひとりが生ける怪物となって闊歩している状態である」。なお、この一節にかんしてはカヴェルの『哲学の〈声〉』（拙訳八二―八三頁、一二六―一二七頁）を参照。

（13）「静かな絶望」「沈黙する憂鬱」については補遺Aの第三パラグラフ、および註記〔1〕〔2〕を参照。

（14）『ニコマコス倫理学（下）』高田三郎訳、岩波文庫、第八巻第一章、六六頁参照。

（15）「小鳥」の英語は「songbird」。この芝居は全三幕をとおしてノーラを「雲雀《ひばり》」「栗鼠《りす》」などと呼んでいる（幕開けはいやでもこれらの呼称が耳に残るように書かれている）。ここでの「小鳥」は「人形〔の家〕」と同義である。この科白は第一幕に見える。

（16）『ユダヤ人問題によせて ヘーゲル法哲学批判序説』城塚登訳、岩波文庫、九四頁。

（17）「competence」については、第3講義（二五二―二五四頁）を参照。たとえば、自転車に乗れる「能力」ではなく、野球でヒットを打ったら一塁側に向かって走塁する「能力？」が「野球をプレイする資格がある」という意味で「適格性」と呼ばれている。

序論

（＊）原題は「Staying the Course」。

（1）『この新しくもいまだ近づきえぬアメリカ』（一九八九年）に収録された論文。齋藤直子氏による部分訳がある（『現代思想』一九九八年一月号）。

（2）カヴェル著『センス・オブ・ウォールデン』（齋藤直子訳、法政大学出版局）に収録されている。

（3）『エマソン選集2』入江勇起男訳、八頁。

（4）「自己信頼」の文言（『エマソン論文集（上）』酒本雅之訳、二〇九頁、『エマソン選集2』入江勇起男訳、五四頁）。「stand for」には「表す、意味する、表象する」の語義もある。

〔5〕「自己信頼」の文言（『エマソン論文集（上）』二一五頁、『エマソン選集2』五九頁）。

〔6〕「経験」の最終パラグラフ（『エマソン選集3』小泉一郎訳、二一五頁）では「successively」「success」「succeeded」などの語が連動して使われている。

〔7〕『エマソン論文集（下）』酒本雅之訳、五四頁、『エマソン選集2』入江勇起男訳、二四三頁。

〔8〕*Selections from Ralph Waldo Emerson*, ed. Stephen E. Whicher, p. 139.

〔9〕「魂」を「大文字」で書けば「SOUL」である。カヴェルの念頭にはエマソンのエッセー「The Over-Soul」があるかもしれない。また小文字の「soul」には「人」の意味もある以上、「本来の人間」の含意もあるかもしれない。蛇足ながら、「soul」と「self」とは音素を共有しているが、「自己」を「魂」と読むことができる。このエッセー「The Over-Soul」は「大霊」（『エマソン論文集（下）』）、「神」（『エマソン選集2』）として邦訳されている。

「到達可能な自己」とか、「自己信頼」でいう「自己」という語の含意を特定するのはむずかしい。ヒュームは「自己のいかなる観念もわれわれはもっていない」のを論証する文脈において――『人性論』第一巻第四部第六節「人格の同一性について〔Of Personal Identity〕」のなかで――「自己もしくは人格〔self or person〕」「人間の心〔human mind〕」「心もしくは思考する人格〔mind or thinking person〕」をほぼ同義に使っている。「私自身と呼ばれるものに最も深く入り込んでも、私が出会うのは、いつも、熱さや冷たさ、明るさや暗さ、愛や憎しみ、快や苦といった、ある特殊な知覚であり」〔デカルトが想定するような〕「自己」に出会うことはない。また巻末の「付録」によれば「自己を形成するのは、これらの知覚の合成である」（『世界の名著27』函入版四七〇―四七六頁、四八七頁、担当訳者・土岐邦夫、参照）。蛇足ながら、第一義的に「私が出会う」のは「特殊な知覚である」という点はヒュームがいうほど明白なのだろうか。この点については第2講義の註記〔4〕を参照。

〔10〕『アメリカのデモクラシー・第一巻（下）』松本礼二訳、岩波文庫、三五五頁。

〔11〕エッセー「経験」の最終パラグラフはこの「仕事」について触れている。

〔12〕『エマソン選集3』一五二頁。
〔13〕この一節は最後から三番目と四番目のパラグラフにある。邦訳は数種類あるが、ここでは『世界の名著32 カント』（函入版）に収録された『人倫の形而上学の基礎づけ』（野田又夫訳、三〇九―三一〇頁）を参照した。
〔14〕ここでは「あの国の世界」ではなく「ユートピア」が想定されている。「Utopia」は「ou-topos（ない―場所）」と分節され「どこにもない場所」が原義。
〔15〕『エマソン論文集（下）』一二五頁、『エマソン選集5』斎藤光訳、三九頁。以下は参考までに（恐縮ながら）――詩人にとって自分の使う「語」は「思考の馬」であるというエマソンの考えに対するカヴェルの解釈（この直後のパラグラフ）にはやはり驚嘆すべきものがある。詩人は語を思考の馬として使うといえば、詩人は語の「主人」（作者＝権威 authority）であるというのが普通の理解になると思う。だがカヴェルの理解はこれとはまったく逆になる。「馬」が暗示するものからカヴェルは「私たちは、ある生の領域、私たちに属さない領域に対して、ある程度の権威をもつ立場あるいは態勢にある――その拠点もしくは地所を奪いそして見守るために。語はある種の支配下にある、語はそれに従い、人は語に従わなくてはならない」という（カヴェルによれば、ウィトゲンシュタインの）展望を引きだしてくる。そのうえでカヴェルは「語を故郷へ連れもどさなくてはならない」というウィトゲンシュタインの章句に繋げていくが、訳者は同時に、人間は「存在の牧人〔Hirt〕である」（『ヒューマニズムについて』）というハイデガーの言葉を想起しないではいられない。（詩人とは存在の牧人であるといえば、ハイデガーにも不服はないと思う。）「作者（権威）の死」を主題にした「最近の文学理論」に対する懸念、すなわち「文学の権威〔作者性〕を告発すると同時に神格化する傾向がある」との指摘も鋭いと思う。さらに「ウィトゲンシュタインは懐疑論を、私たちが語に対する責任を放棄し、語を私たちの規準というくびきから解き放つ場所として描写した」については、第2講義の註記〔2〕を参照していただきたい。「規準」はくびきであると同時に世界へ近づくための拠点でもある。
〔16〕「責任」と「応答」について。いろいろな状況・場面で「説明責任（accountability）」が問われるようになっ

て久しい。たとえば一消費者がどこかの組織（企業体）に苦情を言う場面で、「あなたじゃ、お話しにならない、責任者を出しなさい」と言うときの「責任者」とは「説明（返答）のできる人」のことである。こういう場合「応答可能であること」が「責任を負うこと」と同じ意味をもつ（ようだ）。本文「責任はあくまでも応答の任務である」の原文は「Responsibility remains a task of responsiveness」。「正義にかかわる出会い」において、私たちは（なしうることがなにもなくても）つねにすでに「責任の問われる空間」に身を持しているとの事情を考えるならば「責任」というより（ハイデガー『存在と時間』の和訳風に）「責め」と読み、「やはり責任とは責めに応答しつつ責めを負う任務である」とでも訳すべきかもしれない。

〔17〕『正義論』初版のこの文言は改訂版にはない。この文言は、「平等を求める傾向」と題された第一七節の「人間がそうした偶発性に甘んじて身を任せる必然性などまったくない。社会システムは人間のコントロールを超えた変革不可能な秩序ではなく、人間の活動のひとつのパターンにほかならない」（邦訳、一三八頁）のすぐあとにつづく文（改訂版では削除された文）「公正としての正義において人は互いの運命を分かちあうことに同意する」のなかにある。

〔18〕『エマソン論文集（下）』一〇八–一〇九頁、『エマソン選集5』二四頁。

〔19〕『エマソン論文集（上）』二〇二–二〇四頁、『エマソン選集2』四九–五〇頁。

第1講義

〔＊〕「背反的思考」の原語は「aversive thinking」。「aversive」は「aversion〔嫌悪〕」の形容詞形である。副題は「Emersonian Representations in Heidegger and Nietzsche」であり「ハイデガーとニーチェにおけるエマソン的代表」や「エマソンを代表するものとしてのハイデガーとニーチェ」といったほどの意味になるだろうが、本講のむすび近くの一節を参考に「ハイデガーとニーチェにおけるエマソンの変容」とした。

〔1〕『エマソン論文集（上）』酒本雅之訳、岩波文庫、一一五頁、『エマソン選集1』斎藤光訳、日本教文社、一一九頁。

〔2〕同前一三九頁、同前一三九頁。

〔3〕同前一四四頁、同前一四三―一四四頁。

〔4〕『ヤスパース選集19・ニーチェ（下）』草薙正夫訳、理想社、二三九頁。

〔5〕原語は「Cut these sentences and they bleed」、エマソンのモンテーニュ論に「切れば血の出るような言葉〔Cut these words, and they would bleed〕」（『エマソン選集6』酒本雅之訳、一三〇頁）がある。なお『ツァラトゥストラはこう言った』第一部「読むことと書くこと」をも参照。

〔6〕「investment」には「投資」「傾注」などの語義がある。カヴェルは精神分析でいう「備給」の意味をふくませて使っている（と思われる）。なお、この語に相当するフランス語「investissement」には「備給〔cathexis〕」の語義がふくまれる。

〔7〕「conversion」には「転向」「改宗」「回心」などの語義がある。

〔8〕『エマソン論文集（上）』一二八頁、『エマソン選集1』一三〇頁。

〔9〕同前一二八―一二九頁、同前一三〇―一三一頁。「朽ちるさだめの……」は「コリントの信徒への手紙一」（15・53―54）を参照。

〔10〕『啓蒙とは何か・他四篇』篠田英雄訳、岩波文庫、六〇頁、『カント全集14』望月俊孝訳、岩波書店、一〇〇―一〇一頁、『永遠平和のために／啓蒙とは何か・他3編』中山元訳、光文社古典新訳文庫、七八―七九頁。なお「自然の声に逆らう暴力」という言い回しはここよりひとつまえのパラグラフに見える。

〔11〕*What is Called Thinking?* P. 29. 英訳をそのまま和訳すれば「何が思考と呼ばれているか」ほどの意味。『ハイデッガー全集別巻3　思惟とは何の謂いか』四日谷敬子＋ハルムート・ブフナー訳、創文社、九頁。

〔12〕『エマソン論文集（上）』一九八頁、『エマソン選集2』入江勇起男訳、四五頁。原文は「The virtue in most request is conformity. Self-reliance is its aversion」。自己信頼は「それを嫌悪する」とした「its aversion」の「its」をどう読むかがエマソン的散文のむずかしいところ。一見したところ「社会でもっとも必要とされる迎合という徳」と読み「自己信頼は社会が嫌悪するもの」と訳すべきところであるが（酒本雅之訳、入江勇

起男訳、戸川秋骨訳)、カヴェルは「Self-reliance is the aversion of conformity」と読み、「of」を「主格」にも「目的格」にも読めるとする(本書の補遺A「一縷の希望」の最後から二番目のパラグラフを参照)。ここではさしあたり「目的格」と読んで訳出したが、「主格」として読んで「自己信頼は迎合の嫌うところだ」と(従来どおり)訳出することもできる。

なお、市村尚久氏は「Self-reliance is its aversion」を「自恃は、その迎合を嫌悪するものである」と訳されている(『エマソンとその時代』玉川大学出版部、一〇四頁)

〔13〕同前二〇三頁、同前五〇頁。原文は「Every word they say chagrins us」。

〔14〕英語原文は「Most thought-provoking in our thought-provoking time is that we are still not thinking」。「thought-provoking」は字義どおりには「思考を刺激し挑発・誘発するような」であるが、通常は「示唆に富む」「啓蒙的な」「いろいろと考えさせられるような」などの語義において使われる。この語に相当するドイツ語「bedenkenlich」の名詞形「Bedenken」は通常、単数で「熟慮」「考慮」、複数で「疑念」「懸念」の語義をもつ。ドイツ語原文(bedenken-denken 連関)も念頭にいれるならば「熟考すべきことの多いリスキーな時代にあってもっとも熟考すべきなのは、私たちがまだ思考してはいないということである」というほどの意味になるが、本文では、このあとに引用されるエマソンの文言(カヴェルの主著『理性の声』の巻頭エピグラフにもなっている)との関係で、「pro-voke〔前に・呼び出す、挑発する〕」が活きるように訳出した。前掲邦訳『思惟とは何の謂いか』では「我々の熟思を要する時代における最も熟思を要することは、我々が未だ思惟してはいないということである」(八頁)。なお(偶然かもしれないが興味深いことに)ハイデガーの技術論にいう自然への「挑発」は「Herausfordern〔provocation〕」である——この語は自然を明るみに出すとされる「Hervorbringen〔bring forth〕」(「手許《てもと》へともたらす=産出」)と対比的に使われている。

〔15〕『エマソン論文集(上)』一六一頁、『エマソン選集1』一五七頁。

〔16〕『エマソン選集3』小泉一郎訳、一八二頁。

〔17〕『思惟とは何の謂いか』七二頁。直後の引用も同所。

〔18〕「一緒に語る」は「speak together」、「条件」の「condition」は「con〔一緒に〕-di〔語る〕-tion〔状態〕」と分節できる。
〔19〕『エマソン選集3』一九三頁。原文は「I am thankful for small mercies」。
〔20〕エマソンのフルネームは「ラルフ・ウォルドー・エマソン〔Ralph Waldo Emerson〕」である。（同名の）長男ウォルドーは五歳で病死（猩紅熱）。
〔21〕『デューイ＝ミード著作集4 経験と自然』河村望訳、人間の科学社、一六頁、参照。
〔22〕『思惟とは何の謂いか』一一頁、七四頁。
〔23〕『エマソン論文集（上）』一三一－一三二頁、『エマソン選集1』一三三頁。
〔24〕同前一一四頁、同前一一八頁。
〔25〕同前一三九頁、同前一三九頁。
〔26〕『純粋理性批判』A15ほか参照。
〔27〕「アメリカの学者」の第一パラグラフに「学芸に身を入れるには忙しすぎる国民」とある。次のパラグラフでこの部分をふくむ一節が引用されている。
〔28〕「暫定的」は「provisional」、「見越す」は「envision」で、同じ語根をもつ。「pro〈前を）-vis（見る）-ional」、「en（なかを）-vis（見る）-ion」。
〔29〕以下は本書一一五頁で引用された「アメリカの学者」の一節からの間接引用。「朽ちるさだめ」は聖書への暗示。「コリントの信徒への手紙一」（15・53－54）。
〔30〕「素材」は『エマソン論文集（上）』一四一頁、『エマソン選集1』一四〇頁参照。
〔31〕「向きを変える」は『探究』一〇八節を参照。第2講義も参照。
〔32〕「歩み戻る」の原語「take a step back」はおそらく「Schritt zürück」の英語表現。
〔33〕「illustrate」には「説明する」「例証する」「図や挿絵を入れる」「啓発する」などの語義がある。「illustrious」の註記を参照。

（34）『エマソン論文集（上）』一三四頁、『エマソン選集1』一三五頁。「illustrious」は「うえに（il）‐光が（lustri）‐あたる（ous）」と分節されて、「輝かしい」「際立った」「著名な」「優れた」の語義をもつ。ここでは「おのずから輝きつつ他を照らして啓発する」と読んで「輝き照らす」と訳出した。なお、カヴェル補記内の「innermost（もっとも内的な）」「outermost（もっとも外的な）」については、「自己信頼」第一パラグラフの「the inmost in due time becomes the outmost（もっとも内的なものが時いたればもっとも外的なものになる）」を参照。
（35）同前一九七頁、『エマソン選集2』四五頁。
（36）同前一三六頁、『エマソン選集1』一三七頁。
（37）同前一四一頁、同前一四〇頁。
（38）「monarchy」は「mon（単一の）-archy（統治者）」に分節できる。
（39）同前一一五頁、同前一一九頁。
（40）同前一三九頁、同前一三九頁。「虫けら」「魚の卵」「群衆」「畜群」は順に「bugs」「spawn」「mob〔mass〕」「herd」。
（41）同前二一五頁、『エマソン選集2』五九頁。
（42）「締め出され禁じられた状態あるいは困窮」は「debarment or embarrassment」。「debar」は「bar（門）」を「de（外す）」から、「排除する、締め出す、禁じる」の語義をもつ。「embarrass」は「bar（横木・棒）」を「em（なかに）」おいて通さないから、「困らせる、狼狽させる、決まり悪がらせる、恥ずかしい思いをさせる」の語義をもつ。
（43）『エマソン論文集（上）』一三九頁『エマソン選集1』一三九頁。
（44）『反時代的考察』第三篇「教育者としてのショーペンハウアー」第六節参照。次のパラグラフで引用される一節の少しあとのパラグラフに出てくる言い回し。
（45）「穏健な見方」と「極端な見方」の区別は分かりにくいが、ここでは前者の要求の度合いが高まって厳格になったものが後者の見方であると解釈した。

〔46〕同前第五節の冒頭パラグラフを参照。「新しい義務の円環」は「a new circle of duties」で、エマソンには「円〔Circles〕」というエッセーがある。

〔47〕『カント全集10』北岡武司訳、岩波書店、一五八頁。「Archetype」のドイツ語は「Urbild」。

〔48〕「第六節」の第一パラグラフの終わりから第二パラグラフの始めの部分。

〔49〕第六節第二パラグラフ。

〔50〕第五節最終パラグラフ。

〔51〕同前。

〔52〕『エマソン論文集（上）』一四一頁、『エマソン選集1』一四〇頁

〔53〕同前一三九–一四〇頁、同前一三九頁。

〔54〕同前一四〇頁、同前一三九–一四〇頁。

〔55〕同前一四〇–一四一頁、同前一四〇–一四一頁。

〔56〕同前一六五頁、同前一六〇頁。

〔57〕同前一三四頁、同前一三五頁。

〔58〕同前二〇〇頁、『エマソン選集2』四七頁。「基準」は「stand-ard〔立つ–場所〕」、「立場」は「standpoint」

〔59〕Hurka, Thomas. "The Well-Rounded Life." *The Journal of Philosophy* 84 (December 1987): pp. 727–746.

〔60〕Weiskell, Thomas. *The Romantic Sublime*. John Hopkins U. P., 1986. Hertz, Neil. *The End of the Line*. Columbia U. P., 1985. カヴェルの論考は現在 *Contesting Tears*, Chicago U. P., 1996 に収録されている。

〔61〕『エマソン論文集（上）』二〇九頁、『エマソン選集2』五四頁。

〔62〕原文は「constrained to his standard」。本書では出典が不明であったが、後年カヴェルは出典を明記している。それによればエマソンの『エッセー・第1集』の初版（一八四一年）からの引用で、再版（一八四七年）以降はこの部分をふくむ一文が削除されたようだ。酒本訳（岩波版）、入江訳（日本教文社版）では削除され

ている（該当箇所は同前、同前）。戸川訳、岩波文庫旧版も同じ。削除された文は「You are constrained to accept his standard.」。前後をふくめると「[The true man] measures you, and all men and all events. *You are constrained to accept his standard.* Ordinarily everybody in society reminds us of somewhat else or of some other person.」（「[本当の人間が] あなたを、すべての人間を、すべての出来事を評定する。あなたは本当の人間の基準を受け入れるように制約されているのだ。ふつう、私たちは社会のなかのだれを見ても、その人以外のなにかを、あるいはだれかを思い出す」）となる。Cf., *Emerson's Transcendental Etudes*, Stanford U. P., 2003, p. 257, notes 35.

〔63〕『道徳形而上学の基礎づけ』第三章参照。「基準」は「standard〔立つ-場所〕」で、「立場」は「standpoint」。

〔64〕「私たちの誘惑からの誘惑」は「seduction from our seductions」で、「私たちの誘惑」は普通の意味での「（本道から逸れる）誘惑」、そこからの「誘惑」は「se〔離れて・逸れて〕-duction〔導く・誘う〕」の原義が含意され、同じパラグラフにある「背を向ける〔turn away〕」と同義になる。「誘惑からの誘惑」というからには（単なる語呂合わせというより）「誘惑」と「誘惑」に余計な価値づけ（区別）をしないという含意があるかもしれない（両者の等根源性？）。

〔65〕「entelechy」は、本来、アリストテレスの用語「エンテレケイア（完成態）」の英語表記であるが、ここでは「生気論」の用語として理解し「活力」とした。カヴェルがこの語の語源――「en〔なかに〕-tel〔目的・終わりを〕-echy〔保持する〕」と分節できる――に言及するとき、（蛇足ながら）ハイデガーに接近してくるように思われる。「終わり-死」へ臨む現存在の存在意味を顧慮するハイデガーによれば――《「終わり」はここでは決して、そこで何かがもはや進まなくなり、止まってしまい、やんでしまうといったような否定的な意味で言われているのではない。終わりは完結の意味での終了である。限界と終わりとは、それとともに存在者があることを始めるようなものである。アリストテレスが存在者に適用した最高の術語、すなわち *entelecheia* はこの観点からこそ理解されるべきである。*entelecheia* すなわち自己を-終了（限界）の-中で-保つ（護る）ことである。後の哲学が、いな生物学までが「エンテレヒー」という術語から作り出したもの

（ライプニッツを参照）は、ギリシア的なものからの完全な脱落を示している。限界を満たしながら自己を自己の限界の中へと置いて、そのようにして立っているもの、それは形態 *morphe* を持つ。ギリシア的に理解せられた形態は、その本質を、発現して－自己を－限界の中へと－設－置することから得ている》（『形而上学入門』川原栄峰訳、平凡社ライブラリー、一〇四頁）。さらに蛇足ながら、カヴェルが「変様する〔*transform*〕」や「変形する〔*transfigure*〕」というとき、ここでの「形態〔morphe〕」の含意（死に臨む現存在の存在様態）にどの程度近づいているのだろうか。

〔66〕「話題いいかえれば場所」は「topics or places」で、「topic」には「場所〔topos〕」の語義がふくまれる。

〔67〕カヴェルは著書『言葉の国《シティ》』でも、この一節をまるまる引いているが、「監視〔censorship〕」のところに脚註をつけている。《ここでこう指摘しておきたい、すなわちこの一節はミシェル・フーコーから引いたのでも、ましてやハイデガーの『存在と時間』第一篇第四章から引いたのでもないと》（*Cities of Words*, p. 96, 2004）。

〔68〕『言葉の国』から若干補足すれば《哲学者たちはこの議論をはなから拒絶した。彼らの主張によれば、「望ましい〔desirable〕」が意味するのは「望まれうる〔can be desired〕」ではなく「望まれるべし〔ought to be desired〕」である、だから「見える〔visible〕」や「聞こえる〔audible〕」との類比は成立しないことを認識するだけで、ミルの議論は無効になる。ミルはこの類似性にだまされたとき眠たかったにちがいないと断言した著名な哲学者を私は覚えている。もちろん、そういうことは起こりうる。それは「望ましい」を「望まれるべし」と理解するときに起こったかもしれない》（*Ibid.*, p. 95）。《あるものが望ましいかどうかの唯一の証拠は、人々がそれを望んでいるとの事実であるというミルの提言を受け入れるとき、彼が私たちに投じる問い、あるいはみずからに問えと私たちに要求する問いはこうである。あなたはそれを望んでいるのか？　それは私たち自身についての問いなのだ。この問いに答えるのにもっともふさわしい立場にあるのは原則的に私たちひとりひとりであって、ほかのだれでもない》（*Ibid.*, p. 97）。

〔＊〕原題は「The Argument of the Ordinary」、副題は「Scenes of Instruction in Wittgenstein and in Kripke」。「教示」については『探究』第六節を参照。蛇足ながら――私たちは何気なく「語を習う」と言うが、語を習得した瞬間に、「未習状態」を喪失する。私たちは、たとえば「生まれた」瞬間を覚えていないように、「語を習得した」瞬間を（習得以前の状態とともに）忘却する。（忘却しつつ、継続的に保持しているのかもしれない、無意識に？）（外国語学習の場合も同じではなかろうか――私たちは単語を習得した瞬間のことは覚えていない。）言語習得以前の子供について、カヴェルはクラインを引きながらある種の「狂気」を指摘する。とすれば「教示の場面」で問われていることのおよその察しはつく。

クリプキからの引用該当ページは邦訳『ウィトゲンシュタインのパラドックス――規則・私的言語・他人の心』（黒崎宏訳、産業図書）による。

『哲学探究』は邦訳『ウィトゲンシュタイン全集8』（藤本隆志訳）を参考にした。（「青色本」「茶色本」からの引用該当ページは『ウィトゲンシュタイン全集6』（大森荘蔵訳）による。）

〔1〕「気まぐれ」「泣き言」「口惜しさ」は順に、『エマソン論文集（上）』二〇〇、二二四、二〇三頁、『エマソン選集2』四七、六七、五〇頁。

〔2〕カヴェルの「規準」論はとてもむずかしく複雑なのであるが、以下は本書を読むうえでの参考までに――「他人の痛みを知ることができない」という懐疑論者に対してどう答えたものだろうか。（ここでは「知ることができない」という点が懐疑論の核心である。たとえば「感じる」とか「直観する」では、「他人の痛み」を「感じること」や「直観すること」が「できてしまう」からだ。――「感じる」と答えるならば、それに対して「なぜ？」とか「その証拠を示せ」などと切り返すことが無意味になる。なぜなら「感じる」ことには「理由」も「証拠」も要らないから。）懐疑論者に対して、たとえばA「彼女は顔を顰めているのだから痛みを感じているのだ」と返答する。それに対してB「いや、そうではない。彼女は目の下のしわをとろう

として美容のために筋肉体操をしているかもしれないではないか」と懐疑論者は言うであろう。あるいはC「彼女は嬉しいときに顔を顰める癖がある」とかD「考えごとをするときの癖なのだ」といくらでも反論はつづく。（ドッグショーには判定基準があり、ストライクゾーンにも判定基準がある。けれども「他人の痛み」には、ある意味で規準がない。あるいはむしろ私たちは「規準」をつくるとすら言えるかもしれない。）「顔を顰める」は「痛み」の規準にならないのだろうか。なる、というのがカヴェルの答えだ（と思う）。BやCやDは、いわばAという「判断」に対する反論のための「解釈」にすぎない。（もちろんBが「判断」でAやBやCが「解釈」になることもある。以下同様。）ここでAが「痛み」の規準であるとしても、BやCやDなどに反論することができない。この意味で懐疑論は反駁不可能なのである。懐疑論による「解釈」は「知る」ということに眼目をおくがゆえに、果てしなく解釈することになる。「顔を顰める」が「痛み」の規準だというとき、そのように「判断」するのであり、そのことに「責任」を負うという生き方の選択をしているのである（いわゆる「規範」の根拠はこの「決意〔Entschlossenheit, de-cision〕」以外にあるだろうか）。生き方の選択であるからこそ、ときに悲劇が避けられなくなるのだと思う。いうまでもなく喜劇も。

「語を形而上学的な用法から日常的な用法へ連れもどす」（『探究』一一六節）という文言をこの文脈で読むことができるのではないか。他人の痛みは「知る」ものではなく、いわば「責め」として「了解（理解）」され「判断」され「把握」されるものである。「規準」は世界へ近づくために選び取られている（クリプキの解決はこの規準を私たちから剥ぎ取ってしまうというのが、カヴェルの考え）。「知る」ことより一息早いこの「決意」を「エマソン的完成主義」の瞬間と呼んでもいいと思う。――カヴェルは苦笑いするだろうか。

（クリプキのいう「規則に従う」ことのパラドックスは、「規則をどのようにも解釈できる」ということを起点にする。とすれば、「顔を顰める」がどのようにも「解釈」できる、だから「他人の痛みを知ることはできない」という上記の懐疑論者と同型の推論になっているように思われる。）

〔3〕カヴェルの「懸念」について若干補記してみたい。クリプキが「盲目的に〔blindly〕」という言葉を使うのはここ（クリプキ、一七二頁）のほかに、「私はそのような規則を盲目的に適用する」（同、三二頁）、「私は

規則に《盲目的に》従うのであり、そこには、私が行なった選択について、いかなる正当化も存在しない」（脚註七〇、一五九頁）などがある。〔クリプキ、三二頁〕には「そのような規則の私の適用は、暗黒のなかにおける正当化されないひと突き〔stab in the dark〕であるかのように思われる」と劇的な叙述が添えられている。〔クリプキ、脚註七〇〕は、『探究』第一節の解釈のむずかしい、「赤い林檎五つ」と書いた紙片による買い物の場面に対するクリプキ独自の鋭い解釈である。クリプキは「赤い林檎五つ」（という指示あるいは命令あるいは規則）に「店主」が「盲目的に」従って行動すると解釈している。

「盲目的に」とか「暗黒のなか」という比喩によってクリプキは、「規則」とその「実行」のあいだに溝なり深淵なりがあると暗示したいのだと思う。その溝はいくら解釈を重ねても埋められないが、私たちは「解釈」することなく、あるいは「最後の解釈」として、規則を理解〔了解〕し、ただ「規則に従う」までである。「命令と実行のあいだには溝〔Kluft,gulf〕がある。その溝は理解することによって埋められねばならない」（四三一節）。「《規則に従う》ことは実践である」（二〇二節）。とすればクリプキのいう「暗黒のなかで盲目的に従う」ときの「不気味さ」は「規則に従う」場面ではなく、よそで（たとえば他者において、共同体のなかで）向きあわねばならないのではないか。

クリプキが「暗黒のなか」の含意をこめて使う「盲目的に」は、『探究』二一九節の「規則に従っているとき、私は選択をしない。／私は規則に盲目的に従っているのだ」に由来する。二一九節には「象徴的な理解」についての言及がある。ここでのカヴェルの「懸念」はこの点をめぐってである。

〔4〕『エマソン論文集（上）』二一八頁、『エマソン選集2』六二頁。

〔5〕カヴェルが重視する語〔constraint〕で、エマソンのエッセー「自己信頼」（初版）に由来する。カントの意味での「制約」が含意されている。第1講義の註記〔61〕を参照。

〔6〕「自己」を際立たせることは本書のテーマであるが、エマソンの「自己信頼」への目配せであろう。さらに『存在と時間』でいう「世人自己」と区別される現存在の「本来的自己」をも連想させる（二七節）。というのも後年（一九九三年）カヴェルは「哲学の自己〔The Self of Philosophy〕――スタンリー・カヴェルとの対

話」と題されたリチャード・フレミングによるインタビューのむすびでこう語っているからだ。《「言語をもつこと」は「自己をもつこと」の寓意《アレゴリー》であるという観念には様々な側面があり、私はたえずそこに立ちもどる。ある言語や自己が私のものであると言われるとき、それは何を意味するのか。この問いが生じたのはオースティン‐デリダ案件のなかで私がこう言ったときである。すなわち私が私の言葉を他者に遺棄するだけでなく私そのものが他者に他者のなかに遺棄されるということにもオースティンは気づいていると。こんなふうにして私は、私の手が私の声や息に繋がっているというオースティンの描像を理解する（講義のなかではかならずしもこういう言い方ではないが）。私は、言葉を使うために言葉を手放さなくてはならないのを理解するときに、言葉を私のものとして認知する。言葉を質に入れ、言葉を所有するために言葉を買い戻す。これは、自己をもつこと、すなわちわが身を世界のなかに投じ、そしてそこからわが身〔私の自己〕を受け取ることにかんして、別の仕方で（つまり寓意的な仕方で）何を言っているのか。自己をもつとは、エマソンの言い方では、自己を遺棄することであると？　私が書いた最初のエマソン試論〔「エマソンの思考」〕において、私はこう述べた。すなわち人間の任務は、ハイデガーの発見とは反対に、どのように居住するかを学ぶことにではなく、どのように出発するかを学ぶことに、遺棄を学ぶことにあると（だれによって？何に向けて？）――さらにいえば、それはほんとうに〔ハイデガーの発見に〕反対しているのか？　いま、与えること（あるいは費やすこと〔spending〕――ソローが理解するように）によってもつということが、あなたからもれるすべての音節《シラブル》のなかで寓意化されるとしたら、どうだろう。そのとき「自己をもつこと」がすべての音節のなかで寓意化される。息を吸い込み吐き出す、エマソンはエッセー「運命」のなかで思考をそんなふうに描写する。それは運命と自由を交換すること、他者の充満に耐えることだ。いうまでもなく息とは魂や自己に対する古風な形象である》（*Philosophical Passages*, p.103）。さらに連想を広げるならば、カヴェルのこの言葉には、これより三十年ほどまえのカヴェルの論考（一九六一年）の一節――

「私については（冗談でもないかぎり）《私は自分が痛みを感じていることを知っている》と言うことはで

きない」(『探究』二四六節)。しかしこの考察でいう「できる」とか「できない」とかは文法的なものである。つまり「そうしたことを言うことにはいかなる意味もない」ということだ。したがって私について「私は自分が考えていることを知らない」とか「私は自分が痛みを感じていることを知らない」とか言うことにも意味がない。ここで含意されているのは、私が私自身を知ることができないということではなく、自己自身を知るということは――他人を知る仕方とは根本的に異なる事柄であるのだが――心的作用や特定の感覚を認知する(従来の言い方では「直観する」)ことではないということである。(「後期ウィトゲンシュタイン哲学の有用性」*Must We Mean What We Say?*, p. 70)

――にいう「他人を知る仕方とは根本的に異なる」という「自己自身を知る」仕方への示唆があると思う。さらに蛇足ながら、「心的作用や特定の感覚を認知する」場面にかんしては、たしかにヒュームの(デカルト的な「自己」に対する――クリプキによれば)反論は妥当であるかもしれない。クリプキがリヒテンベルクを引いて言うように「私は考える〔I think〕」の代わりに「考えが生じている〔It thinks〕」と言うべきかもしれない(クリプキ『ウィトゲンシュタインのパラドックス』「補遺」二三四―二四一頁)。だがハイデガーならば、この「It」の存在規定が曖昧だと言うかもしれない。特定の感覚あるいは気分が可能であるには、どのような「負い」が先行していなければならないのか。「特定の知覚に出会う」とき、「現存在」は「気分づけられた情態〔gestimmtes Sichbefinden〕」のうちにあるものとして「つねにすでに自己を見いだしている〔hat sich immer schon gefunden〕」(『存在と時間』二九節 s135)。

(7)『デカルト著作集2』「第3反論と答弁」(担当訳者・福井純)、二一一頁。

(8)原語は「subliming」(『探究』三八節、九四節参照)。フロイトのいう「昇華」の含意がある。

(9)『エマソン選集3』一八一頁。

(10)同前二一六頁。

(11)『探究』冒頭の節は読みが分かれると思う。とてもむずかしい節である。このむずかしい冒頭の節に対して

（このパラグラフで、そしてこれにつづくパラグラフで）カヴェルが述べていることもむずかしい。以下は参考までに――。

『探究』第一節は四つのパラグラフからなる。第一パラグラフはアウグスティヌスの言葉の引用である。第二、第三パラグラフは引用部へのコメントである――「こうした言葉が与えるのは、人間の言語の本質にかんする特定の描像である」、「語が対象を名指し、文はそのような名指しの結合である」。ここでの「語」は名詞にかぎらない。形容詞や数詞もふくまれる。とすれば「赤い」や「5」も「対象」である。アウグスティヌスの言葉から理解できるこうした「言語像」は、一般論として言っているようにも、あるいはかつての『論考』の考え方に言及しているようにも、あるいはまったく別の狙いがあるようにも見える。

第四パラグラフが、「赤い林檎五つ」と書かれた紙片による「買い物」の場面になる（アウグスティヌスの言葉は「子供」が主役であったが、「買い物」では、「紙片に書かれた語」を読みとる店主つまり「大人」が主役である――この違いをどう読むかもひとつの問題）。言葉を覚えたての子供なら、ただ「林檎」と言われただけでは何をどうすればいいかは見当がつかないだろう。「林檎を売れ」という「指示」や「命令」だと「理解」していなくてはならない。「赤い」も同じである。「五つ」も同じである（「一、二、三……」と数えるのは「規則順守のパラドックス」を想定しているのかもしれない）。だがこの一連の行為は、カヴェルがいうように、「とても奇妙」であり「機械的」で「滑稽」である。それはカヴェルがアウグスティヌスの言葉を「単語」や「（連）文節」に区切ってみせ（第2講義の終わりから三つ目のパラグラフ）、その奇妙さを際立たせてから、あらためて「文」として引用することにかかわるかもしれない。ウィトゲンシュタインが店主の行動を「機械的」で「奇妙な」行動として描写するのは、これよりまえの二つのパラグラフのいう「言語像」を想定してのことであるのだから、その言語像への「説明はどこかで終わる」（終わりはしないが、終わらせるしかない）と言うためだろうか。

なおクリプキはこの第一節の店主の行動を「規則に《盲目的に》従う」ものと解釈している（クリプキ、脚註七〇）。

〔12〕Declining Decline, *This New Yet Unapproachable America*, pp. 60–64.〔序論の註記〔1〕を参照〕

第3講義

〔＊〕「正義の会話」は「conversation of justice」。「conversation」の動詞形「converse」は「con〔一緒に〕-verse〔回る〕」と分節でき、「うちとけて話す」「会話する」のほかに（古くは）「なじむ」「交じわる」「性交する」の語義をもつ。いうまでもなく本講義での「会話」にはこうした含意がある。（「対話」「問答」「話し合い」と訳されることが多いギリシャ語由来の「dialogue」は「dia〔横切って〕-logue〔話す〕」と分節できる。）なお第1講義では「conversion」（回心・変換・転向）が話題になった。副題は「Rawls and the Drama of Consent」。

〔1〕「再婚」は「remarriage」で、「re〔繰り返し〕-marri〔結婚する〕-age〔状態〕」と分節できる。この「反復」的な様態は、カヴェルの映画研究『幸福の追求』では、キルケゴールのいう「本当の結婚」としての『反復』や、ニーチェのいう「永遠回帰」としての「結婚の指輪」に繋げられている（*Pursuit of Happiness*, p. 241）。後年の論考「精神分析と映画」ではフロイトの思想がこれに加えられる。参考までに――《再婚コメディは、じっさいにフロイトのいう人間的性現象の二相的性格を演じながら、人間的経験のノスタルジックな構造を表出する。（……）／近親相姦的な知識を性的関係に変形することは、私のいう、日常的なもの、昼間的〔diurnal〕なものの達成、すなわち昼と夜を結合すること（古典喜劇が異なる季節を結合するように）と相関関係にある。これは意志的な反復のプロセスであり、こうした映画が提示する結婚のイメージがどれほど驚くべきものであろうと、このプロセスは家庭あるいは結婚として概念化される。「反復」とは、キルケゴールが結婚の達成に必要な信頼についての考察に付与した表題である。そしてニーチェにとって、反復あるいはむしろ永遠回帰を意志として受け入れることは、そうしなければ陥るほかない来たるべきニヒリズムを解毒するための処方である。それをニーチェは「時間とその〈そうあった〉に対する復讐」と呼ぶ――復讐それ自体が、ノスタルジーゆえに死ぬということがないための最後の努力を構成する。／ニーチェは明らか

に（『ツァラトゥストラはこう語った』における）この時間の救済あるいは捉え直しへの予言的な叫びのなかで、結婚概念に訴えている（ドイツ語 Hochzeit〔字義的には high time 潮時〕は、結婚や婚礼を意味する。「大事件について」の節でツァラトゥストラは、時が熟した it is now die höchste Zeit〔the highest time〕と言う。また「七つの封印」の節でツァラトゥストラは永遠回帰の象徴を「円環のなかの円環、結婚の指輪〔dem höchzeitlichen Ring der Ringe〕——回帰の円環」として提示する。）こうした反復の観念は私たちの生活に対して、耐えず過去から現在を発明すること、過去から現在を引き出すことを要求する。これはフロイトの『快感原則の彼岸』がもつ見方であるように思われる。そこにおいて死は——私は心理学的な死が扱われているとみなすが——、この発明の成功をとおして、すなわち自分自身の死（それゆえ、いうまでもなく自分自身の生、いわば生きることへの意欲）の発見をとおしてやって来る、あるいは心理学的なものが、生物学的なものへ、あるいはその向こうにある無機物的なものへ、転落することをとおしてやって来る。これは反復への防衛暗号《カウンターモード》とみなしうるかもしれない》（*Contesting Tears*, pp. 82–83）。

〔2〕ミルトン『離婚の教理と規律』新井明＋佐野弘子＋田中浩訳、未来社、四五頁参照。類似表現に「the apt and joyful conversation〔of man with woman〕」がある。邦訳は「〔男女の〕適切かつ、快活な語らい」（同前、三五頁）で、この箇所には《創世記2・18。“conversation”は夫婦の親密な信頼関係をあらわす語。「語らい」という語は、話し合いと同時に、男女の契りをあらわす語なので、ここに用いた。なおこの訳書では“society”を「交わり」と訳す》（同前、九〇頁）と訳註が付されている。なお「divorce〔離婚〕」は「di〔離れて〕-vorce〔向きを変える〕」と分節できる。

〔3〕同前二〇–二一頁。

〔4〕同前五二頁。

〔5〕『クライスト全集・第1巻』佐藤恵三訳、沖積舎、五一頁、『O侯爵夫人』相良守峯訳、岩波文庫、六一頁。

〔6〕同前五三頁、同前六三頁。

〔7〕参考までに——マタイによる福音書によれば「自分を愛してくれる人を愛したところで、あなたがたにどん

な報いがあろうか。徴税人でも、同じことをしているではないか」〔5・46。新共同訳〕。フロイトは「ロールズが想定する以上に重要な役割を果たす」と言われている。「正義の会話」における「会話」はフロイト流の「性愛」——近親相姦的な意味をもつ——をも含意していると思われる。ここでは、この方向への言及はないが、「合意のドラマ」（副題）には、カヴェルのシェイクスピア論に見られるような、凄まじい「家族幻想（懐疑論）」の影が射しているかもしれない。

〔8〕『エマソン論文集（上）』酒本雅之訳、岩波文庫、一九八頁、『エマソン選集2』入江勇起男訳、日本教文社、四五頁。

〔9〕『ユダヤ人問題によせて　ヘーゲル法哲学批判序説』城塚登訳、岩波文庫、九四頁。

〔10〕同前七一頁。

〔11〕ロールズの「状態〔position〕」という「観念《アイデア》」については、以下の一節（の邦訳）から見て——様々な語が「状態」と訳されているが、ロールズ自身が様々な言い回しでこの「状態」を言い当てようとしているようだ——、おそらくロールズが「原初状態」というときの「状態」を指すものと思われる。『正義論』第三節「正義の理論の中心理念《アイデア》」によれば《公正としての正義において、伝統的な社会契約説における自然状態〔state of nature〕に対応するものが、平等な原初状態〔original position of equality〕である。いうまでもなく、この原初状態は、実際の歴史上の事態〔historical state of affairs〕とか、ましてや文化の原始的な状態〔primitive condition of culture〕とかとして考案されたものではない。ひとつの正義の構想にたどり着くべく特徴づけられた、純粋に仮説的な状況〔hypothetical situation〕だと了解されている。この状況の本質的特徴のひとつに、誰も社会における自分の境遇〔place〕、階級上の地位〔position〕や社会的身分〔status〕について知らないばかりでなく、もって生まれた資産や能力、知性、体力その他の分配・分布においてどれほどの運・不運をこうむっているかについても知っていないというものがある。〔中略〕正義の諸原理は無知のヴェールに覆われた状態のままで選択される。諸原理を選択するにあたって、自然本性的な偶然性や社会情況による偶発性の違いが結果的にある人を有利にしたり不利にしたりすることがなくなる、という条件がこれ

によって確保される。〔中略〕原初状態という情況〔circumstances〕（すなわち、全当事者の相互関係が対称性を有していること）が与えられるならば、こうした初期状態〔initial situation〕は道徳的人格であるすべての個人にとって公正なものとなる》（一八頁）。

〔12〕「判断」が強調されているが、このあとのパラグラフに出てくる「判断」も強調された意味あいをもつと思われる。以下、ウィトゲンシュタインのいう「判断における一致」を念頭におくとここでの強調の含意が分かりやすくなるかもしれない。『探究』二四二節には「言語がコミュニケーションの手段でありうるためには、定義における一致だけでなく、（とても奇妙に聞こえるかもしれないが）判断における一致がなくてはならない。このことは論理を破棄しているように見えるがそうではない」とある。このままでは分かりにくいので若干補足してみよう。「定義における一致」をたとえば、「布団のうえに猫がいる」という命題が「真」であるのは実際に布団のうえに猫がいるときである、というように（定義として）理解できる。そうした命題的な真偽の判別に先行して、「真」とみたり「偽」とみたりする判断があるのではないか。さらには（真偽を判別するまえに）たとえば真実（あるいは虚偽）を言うといういわば言外の「意志」があるのではないか。そうした「判断における一致」は命題的な「定義における一致」よりも一息早いとみなしうるが、けっして「論理を破棄しない」（むしろ論理を論理にしている）のである。およそ真実を言うためのものでなかったら言語とはなんだろうか。――以上はピーター・ウィンチの著作から示唆を受けた（本書の「解説」参照）。

あるいは「判断 judge」は「ju-dge 正義を＋言う」と分節できることを踏まえて「正義の会話 conversation of justice」を示唆しているかもしれない。

真実を言わなくてはならないときにそれを言う言葉が見つからない――トルヴァルはノーラの言葉を理解できないが、実は、そこにはただ予感のようなものがあるだけで、ノーラ自身にも、私たちにも理解できないのではないかというのがカヴェルの問いであるかもしれない。ここより数パラグラフまえでカヴェルは「マルクスの言葉をノーラの場合にあてはめてみたいわけではもうとうないが」と断ってから「なにか特定の不正ではなく不正そのものを被っているがゆえに、いかなる特定の権利をも要求しえない」ような、ひとつの「領域」があると言っている。

(13)訳文は『クライスト全集・別巻書簡集』佐藤恵三訳、沖積舎、二六八−二六九頁を参照した。この直前のパラグラフの一節も参考になる——《ぼくの少年の頃(……)、完成化が創造の目的なのだ、という考えをすでに自分のものとしていました。われわれがこの地上で達した完成の段階から、死後にほかのある星に行ったときでもさらにそれを発展させ、この地上で集めた真理という財宝をそこでも使えるのじゃないか、と思ったものでした。(……)この地上では片時もじっとしておらず、修養のもっと高い段階へと絶えず邁進する努力が、やがてぼくの行動の唯一の原則になったのです。修養はぼくには努力に値する唯一の目標であり、真理は所有に値する唯一の富であるように思えたのです》。

(14)「本当の人間〔true man〕」「基準〔standard〕」「人間を代表する〔standing for humanity〕」についてはエマソン「自己信頼」第一七パラグラフを参照。

(15)このくだりは以下を参照、『クライスト全集・第1巻』沖積舎、二九−三〇頁、『O侯爵夫人』岩波文庫、三七−三八頁。

(16)同前六五頁、同前七六頁。

(17)『創世記』1・28を参照。

(18)『クライスト全集・第1巻』六八頁、『O侯爵夫人』八〇頁。

(19)「stranger」は「extra(外の・外部の)」の語幹をもつ。「foreigner」は「foris(戸外の・外側の)」の語幹をもつ。「alien」は「alienus(別の)」を語幹にもつ。

(20)『クライスト全集・第1巻』四七頁、『O侯爵夫人』五七頁。

(21)同前四八頁、同前五七頁。

(22)「威厳」はエマソン「自己信頼」第一パラグラフにある語。第1講義一二九頁、一五一頁も参照。

(23)『エマソン論文集(上)』一二三頁、『エマソン選集1』一二六頁。

〔24〕「学者」は「scholar」。「school」の原義は「余暇」である。

エピローグ

〔1〕『エマスン論文集・第3』戸川秋骨訳、岩波文庫旧版、一二九–一三一頁参照。

補遺A

〔＊〕原題は「Hope against Hope」。「希望の叶う可能性がきわめて低いにもかかわらずあえて希望する」が辞書的な説明。なお、「ローマ人への手紙」（4・18）に類似表現がある。アマゾンなどで検索すれば分かるように、この表記を書名に掲げる（宗教関連の）書籍はとても多い。

本文中に引用された文献の参考頁への指示はない（ヨハネによる福音書、申命記を除く）。以下はすべて訳註である。

〔1〕「沈黙する憂鬱」は「silent melancholy」。後年カヴェルは、実際の言い回しは「secret melancholy〔寡黙な憂鬱〕」であると断っている。*Emerson's Transcendental Etudes*, p. 252, 2003.「ニュー・イングランドにおける改革者たち」参照、『エマソン選集4』原島善衛訳、日本教文社、七五頁。

〔2〕「静かな絶望」は「quiet desperation」、『森の生活』第一章第九パラグラフ。

〔3〕「詩人の務め」以下は、エマソンのエッセー「詩人」に類似表現が見える。『エマソン論文集（下）』酒本雅之訳、岩波文庫、一三三頁、『エマソン選集5』斎藤光訳、四六頁。

〔4〕*Must we mean what we say?*, p. 135.

〔5〕*Ibid.*, p. 137.

〔6〕『カント全集14』「万物の終わり」酒井潔訳、岩波書店、二四〇頁、『啓蒙とは何か・他四篇』「万物の終わり」篠田英雄訳、岩波文庫、一〇〇頁、『永遠平和のために／啓蒙とは何か・他3篇』「万物の終焉」中山元訳、光文社古典新訳文庫、一三一頁。

〔7〕同前二四五頁、同前一〇六頁、同前一三八頁。
〔8〕同前二四六頁、同前一〇七頁、同前一四〇頁。
〔9〕同前二四〇頁、同前一〇〇頁、同前一三一頁。
〔10〕同前二四一頁、同前一〇一頁、同前一三二頁。
〔11〕「エマソンの思考」。邦訳『センス・オブ・ウォールデン』(斎藤直子訳、法政大学出版局)に「エマソンの思考、エマソンについての思考」として収録されている。ここでは単に「エマソンの思考」とした。
〔12〕原書巻末によれば、

Bloom, Harold, "Mr. America." In *The New York Review of Books*, November 22, 1984.

Updike, John, "Emersonianism." *The New Yorker*, June 4, 1984.

両論考は以下に収録されている。*Estimating Emerson: An Anthology of criticism from Carlyle to Cavell*, edited by David LaRocca, Bloomsbury Academic, 2013.
〔13〕『エマソン論文集(上)』二〇〇頁、前掲『エマソン選集2』入江勇起男訳、四七頁。
〔14〕「共和党」の基盤に「キリスト教福音派」の賛同者が多いという事情があっての補記であるかもしれない。カヴェルが宗教に対して「抑制的」なのは、宗教的な事態は「信じる」ことができるだけであり、否定も肯定もできない以上「民主主義」の可能性から遠ざかると見ているように思われる。(もちろん単に宗教を排除しているのではなく、いわゆる「脱呪術化?」の時代にあって、「宗教」の無力さが念頭にあるのだろう——科学も宗教も道徳も懐疑論を克服できなかったというのがカヴェルの出発点。)
〔15〕〔13〕に同じ。
〔16〕同前一三三頁、一三四頁、『エマソン選集1』斎藤光訳、一三四頁、一三五頁。
〔17〕カヴェルは「Self-reliance is the aversion of conformity」と書いているが、エマソンの原文「Self-reliance is its

conformity」を解釈して加筆していると思われる。詳しくは第1講義の注記〔12〕を参照。

補遺B

〔＊〕「institution」は動詞「institute〔中に・立てる〕」の名詞形である。「設立する」「制定する」などの語義をもつ「institute」の名詞形である「institution」には「創立・設立・制定」「慣習・慣行・制度」「機構・組織・学会・協会・施設・会社」などの語義がある。「教育的な施設」から「学校」の意味にもなる。ここでは「解釈の制度」としたが「解釈の慣行」「解釈の樹立」などの（実践的な）含意をもつと思われる。

〔1〕『探究』二〇一節は「規則順守のパラドックス」の起点である。カヴェルは「規則に従う行為はどれもが解釈である」という部分を引いているが、この部分には前後の文脈がある。ウィトゲンシュタインは「規則順守のパラドックス」には「誤解」があるという。規則に従うときに生じているのは、規則の解釈ではなく、規則の把握である。「規則の把握」は「規則の理解」といってもいいと思うが、それは「規則のそのつどの適用において私たちが《規則に従う》とか《規則に背く》とか呼ぶもののなかに、おのずと現れている」。それゆえ「規則に従う行為はどれもが解釈である、と言いたくなる傾向が生じる」。カヴェルの引用から省かれたこの「傾向」にこそカヴェルの問題があったはずだ。とすれば「規則に従うこと」や「把握」や「理解（了解）」の根源性に注視し、そのうえで、『探究』第二部の「として見る」や、『存在と時間』三二節にいう「として構造」に問いかけると言っているのだろう。

〔2〕『ウィトゲンシュタイン全集8』藤本隆志訳、大修館書店、三八四頁参照。

〔3〕「解釈」は英語では「interpretation」であるが、ウィトゲンシュタインは「Deuten」、ハイデガーは「Auslegung」というドイツ語を使っている。また「真理」への言及はハイデガー独特の「真理」概念を念頭においたものと思われる。

〔4〕『ウィトゲンシュタイン全集8』四二三頁。

〔5〕「stage」は「舞台」「段階」「旅程」などの語義をもつが、「立つ」という原義を生かしてここでは「足場」

とした。「1」は「-stitute〔立てる〕」をふくむ語で構成され、「2」は「stand/ stance〔立つ〕」を根幹にして構成されている。

〔6〕原文は「there are no tales out of school」。「tell tales out of school〔機密を部外に漏らす〕」という表現を参考にして——「institution」は「school」の意味をもつ——「制度の外部に漏らす秘密はない」と訳出した。なおカヴェルには *Themes Out of School*（1984）という著作がある。

解説

本書はカヴェル中期（カヴェル六十四歳）の傑作であり、「道徳」の問題に正面から取り組むことになった（それまでの主題をエマソン的完成主義あるいは道徳的完成主義の観点から見直すことになった）という意味では転機の著作でもある。「道徳」とはいっても、何が正しい振る舞いかといった個別の問題を扱うわけでも、いわゆる応用倫理的な問題と直接の関係があるわけでもない。そうした問題が問われるより一息早い次元というか、世界を回復するための道、カヴェルの言葉でいえば懐疑論を担い耐えるための道徳が問われている。

原書刊行から三年後には早くもフランス語版が出版されている（クリスチアン・フルニエ、サンドラ・ロジエ共訳）。訳者の強い味方でもあるそのフランス語版の裏表紙の一節は本書のみごとな紹介になっている。

> カヴェルはアメリカ哲学の憲法を追求する。ケーラス記念講義でカヴェルは、一方でニーチェとハイデガーから出発し、他方でクリプキとロールズから出発しつつ、彼がエマソンの〈道徳的完成主義〉と呼ぶものへ私たちを導いていく。哲学のもっともアクチュアルな問題——認識と懐疑論のパラドックス、公的かつ私的な道徳の基礎——を根本的に定義し直すこの試みは、

ウィトゲンシュタインの『哲学探究』読解やハリウッド黄金期の映画の解釈をとおして、ここに成し遂げられる。これはカヴェルにとって、ロールズの『正義論』に議論を投げかけながら、完成主義的な道徳にかんするとりわけ民主主義的な考え方を提示し擁護する好機である。カヴェルはこの完成主義的な考え方を、ヨーロッパの文学と哲学の伝統のなかだけでなく、エマソンを継承するアメリカ映画のなかにも見いだす。

また原書の裏表紙にはヒラリー・パトナムの推薦文が見える。

スタンリー・カヴェルは思索家である。彼の著述は、文学と哲学の限界を拡張し、その精神を刷新してきた。ウィトゲンシュタインやハイデガーや他の思想家に対するカヴェルの「読み」はたしかに、彼らに対する私たちの理解を深いものにしてくれるが、それをはるかに超える地点に達するものだ。彼の読みは生活が何でありうるか、文化が何を意味しうるかに対するあるヴィジョンを呈示する。哲学の未来あるいは文学の未来について省察する感性と知性に溢れた若い人に私が著作を推薦したいと思う現代の思想家のひとり、それがスタンリー・カヴェルだ。ここに収録された意義深い講義は、彼を知るための絶好の場所である。

パトナムの推薦文はとても読みやすいけれど、どこがどのように「意義深い」のかは分からない。フランス語版の一節に見える「道徳的完成主義」は聞き慣れない言葉だ。アメリカ哲学の「憲法」

を追求するといわれても皆目見当がつかない。その立場から「民主主義」を見直すといわれれば困惑が増すばかりかもしれない。もっともフランスの「民主主義」は英国や日本のそれとは異質な履歴をもつ（フランス革命という恐怖政治《テロリズム》の記憶をもつ）。民主主義を——戦後の日本のように——無条件によいものなどとは思っていない。そもそも民主主義とは何か、民主主義的な生活とは何なのか（何をどう犠牲にしているのか）。それについて本書は多くを語らないが、拙稿のなかで補ってみたい。欧米において民主主義とは「闘争」であるとの感覚は当たり前なように思われる。この感覚がないと、アメリカにおける民主主義についての「政治哲学」の議論は（話題の案件がアメリカ国内に限定されるせいもあるが）どこか他人ごとにみえてリアリティが感じられないかもしれない。カヴェルの眼目もつまるところ「アメリカ」なのだが、そしてアメリカの特殊事情を組上に載せることも多いのだが、その西欧文明の血を引くアメリカの歴史を掘り下げる仕方にはやはり独特の深みがあって、（不穏な情勢には目をつぶったまま民主主義など空気のようなものと思っているように見える日本であるからこそ）、その深みが何をたたえているかを注視する必要があると思う。

そこでパトナムに代わって、サンドラ・ロジエとクリスチアン・フルニエに代わって、もう少しカヴェルの言いたいことを訳者なりの視点（それがあるとして）から踏み込んで考えてみたい。

*

本書でカヴェルは「エマソン的完成主義」には定義がないと断っているが、その門前にたどりつくために若干の説明をしてみよう。訳者は初めこの言葉に戸惑った。カヴェルはこの本を書きながら自分でも「道徳的完成主義」という言葉を使うことに慣れてきたというようなことを言っている。

以下に述べることはあくまでも訳者の念頭にあることで、いわばカヴェル以前であり、本書を読むうえでの心得のひとつ程度のものとみなしていただきたい。――まず、なぜ「完成」なのか？

手近にあるオックスフォードの哲学辞典（一九九四年刊、サイモン・ブラックバーンによる単独執筆）で「完成主義〔perfectionism〕」の項目を引くと次のような説明がある。

人生の目標は、人格や振る舞いにおける完全な理想を追求することにあるという倫理的立場。この考え方はストア学派のなかに見られるが、キリスト教的な著述のなかにもある。イエスは彼に随うものたちが完全であることを要求するからである。「完徳の勧め〔counsel of perfection実行不可能な理想〕」は、理想に到達するための方法である。しかしながら、一般的な道徳においてそうであるが、後続のキリスト教的著述家もこう認めている。すなわち、私たちには、そうした勧めのほかに、もっと実践しやすい規則、自己修養というより、務めとして日々従いやすい規則が必要であると。

この記述からは「完成主義」がかなり厳しい生活態度で庶民からは少々煙たがられていることがうかがえる（隣人を愛せよ、右の頬をぶたれたら左の頬を差し出せといわれてもなあ、もう少し現実的な教訓はないの？）。厳しい完成主義ではなく、穏やかな完成主義でいきたいというのが俗人の普通の気持ちだろう（とはいえ生活のどこかに「完成」に向かう張りのようなものを失いたくない、しみったれた生き方はご免被りたい、やるときはやる、命のひとつやふたつはくれてやる、というのも内に深く秘めた本心なのだ)。

欧米の思潮には(欧米にかぎらず日本にも)こうした完成とか全体とか本来性とかへ向かう傾きのようなものがあるように思われる(当然といえば当然であるが)。カヴェルは本書のあちこちで、いや本書全体で、この本来性に向かう傾きのいわば力学の陰と陽の綾に分析の刃を入れようとしているように思われる。無遠慮ながらここでいきなりハイデガーの『存在と時間』を引きあいに出させてもらいたい。ハイデガーにとっても人間の「完成」が眼目中の眼目なのだ(古代ギリシアに思いを馳せるときも眼目は「人間の完成」にあると思う――第一講義の註記65を参照)。ハイデガーが「完成」というときそれは「全体」と同義である。「全体」という言い回しには、「道徳的」な含意をもたせないとの配慮がある。だがなぜそんな配慮をしなくてはならないのか。ハイデガーは道徳的な意味はないと繰り返し注意するのであるが、それを言えば言うほど、かえってそこに逆の意味を(ハイデガーの「無意識」)を読みとることもできるだろう。全体的であろうとする傾きを道徳性とみなしてもいいのではないだろうか。とすれば『存在と時間』はむしろ(広い意味で)道徳の本だと(言ったほうがすっきりすると)思われる。

人間の完成〔perfectio〕――つまり人間が自分のもっとも固有な可能性に向かって自由であること(企投)において、それでありうる当のものへ生成すること――は、「気遣い」によって「成し遂げ」られる。(『存在と時間』四二節)

これは人間の本来的なあり方を記述したものであり、そう言われればそのとおりと言うほかないが、私たちはふだんこんなことなど眼中になくやっている。ハイデガーにいわせれば私たちは日常において自覚もなく頽落している。（だからどうした）日常生活とはそんなものであろう。人様には見せられないような、のんべんだらりとした生活をしている（しょせん、だれであれ、食うか食わずの、かつかつのやりくりで、みっともなく金の算段に振り回されながらやっている）が、いや、そうではない、お天道様に恥じるところのない一筋とおした生活を貫いているとも思うというところだろう――ハイデガーとてその程度のことは承知しているだろうが。

これも唐突だが、ウィトゲンシュタインの『論考』の最初の文はこうである。

世界は成立している〔と判断される〕ことのすべてである。（〔　〕内は引用者補記）

無数の命題があり、それを「真」や「偽」とみる「判断」がある。真や偽はどの地点からだれが判断しているのだろうか。「判断」の総体が世界だとすれば、無数の判断を束ねているような「意志」があると仮定することもできる。ウィトゲンシュタインの『草稿』には「私の意志が世界を貫いている」（一九一六年六月一一日）とある。ここでの「意志」もそのつどの個別的な意志というよりは全体（「世界の限界」五・六四一）に臨んで使われた表現であるように思われる。やはり暗黙裡にせよ「全体」なり「完成」なりが問われているのだろう。

こうして見ただけで、欧米の思潮（だけでなく私たちの生活）には「完成」や「全体性」といった意味あいがついて回っていることが分かる。

つぎに「道徳的完成主義」について考えてみよう。「道徳」と「完成」はある意味で「同じこと」であるが、もう少し明確にするべく、「意味」について若干の説明をしておこう。

たとえば「中学生活」という言葉がある。三年間の「中学生活」に意味があるのは「始めと終わり」があってこそだとしたら、すでにそこに「方向性」が伴っている。「林檎」の意味はどうだろう。林檎を「食べ物」として見るか、「作物」として見るか、「売り物」として見るか、「描く対象」として見るか、あるいは「贈り物」として見るかで「林檎の意味」は変わってくる。そのつど「目的性」が違ってくる。「方向性」が違ってくる。「方向性」があるとは「終わり＝目的」があることと同じである。身の回りにあるすべてが、それぞれの方向性のなかで成立している。そうした多様な方向をひとつにまとめるような方向を道徳性――道徳とは生き方の問題であるとすれば――として考えることはできないだろうか（そうした方向は人間を起点に発動しているのだから）。ただ無数の方向があると言うのは、方向がないと言うのと同じである。やはり方向を方向として認知する、その瞬間、いわば超越論的な視点が確保されているのではないか。その視点を「道徳性」と名指すことには異論があるかもしれない（たとえば、ムーアのいう「自然主義的誤謬」ではないのかと）。

そこで「布団のうえに猫がいる」という文（命題）を使ってもう少し考えてみよう。この命題は猫が布団にいるとき（猫の下に布団があるとき？）「真」である。そうではないとき「偽」である。たとえば「真」と判断するとき、そこには、だれにとって、どの方向から見て、どの猫が、という要素は隠れている。「猫がいる」は現在形で表記されているが、それは何秒まえから、何分まえから、あとどれくらい布団のうえにいるかという時間的な含意が明示的ではない。こうした「方向性」あるいは「時間性」を担ったまま「真」と判断している。さらに、それはだれに向かって言っている文なのか。その「だれ」とは生者とはかぎらない、猫好きだったいまは亡き愛する人なのかもしれない。文とは真や偽であるまえに、本当のことを伝えようとする意志（道徳性）があるように思われる。そこで――

ウィトゲンシュタインの『探究』二四二節を引いてみたい。

言語がコミュニケーションの手段でありうるためには、定義における一致だけでなく、（とても奇妙に聞こえるかもしれないが）判断における一致がなくてはならない。このことは論理を破棄しているように見えるがそうではない。

ここでの「定義における一致」をたとえば、「布団のうえに猫がいる」という命題が「真」であるのは実際に布団のうえに猫がいるときである、というように（定義における一致として）理解できる。大事なのはそのあとの「判断における一致〔Übereinstimmung in den Urteilen〕」だ。すなわち、この命題が「真」であるとすれば、それを真である（猫が布団のうえにいる）と判断している人がいるという点が。だからこの判断は論理を破棄するどころか論理を論理にしているのである（「とても奇妙に聞こえるかもしれない」という補記の含意はここにあると思う）。

ひとつまえの節にはこうある。

「とすればきみは、何が真で、何が偽であるかは、人間の一致〔合意・同調〕が決めると言うのだね?」――真であったり偽であったりするのは、人間の言うことだ。そして言語において人間は一致するのだ。それは意見の一致ではなく、生活形式の一致である。(『探究』二四一節)

「人間の一致(同調)」――人はおおむね「本当の」ことを言う(環境に適応して生き残るため?)、その前提があってこそ「命題における真」が成り立っている。およそ真実を言うためのものでなかったら言語とはなんであろうか。『探究』のこの二節をどう読むかではピーター・ウィンチに教えられた。ウィンチによれば「というのも《真実を語る》と《真実を語らない》の区別は、あるコミュニケーションの体系が機能していることを前提しているからである。他方、ある社会が言語を有しているが、そこでは真実を語ることが規範とはみなされていない、という観念は、自己矛盾的である(……)真実を語るという規範の遵守と言明の真偽の区別とは軌を一にしており、一方なしには他方も存在しえない」(『倫理と行為』八二―八三頁)。

「猫が布団のうえにいる」との判断が有意義性をもつにいたるには気の遠くなるような時間(進化の過程)が必要であり、数えきれないほどの条件を選び取ってきたことが分かる。ここでもやはり物事は「全体性」の相のなかで見られている。ウィトゲンシュタインは「ハイデガーが存在と不安について考えていること」が十分に分かると言い、「言語の限界に対するこの突進が倫理学である」と言う(一九二九年一二月三〇日、シュリック宅にて)(『ウィトゲンシュタイン全集5』九七頁)。なんということもなく「猫が布団のうえにいる」と判断するとき(突進することもなく)、それでも、この「限界としての倫理」(道徳)にいくばくか触れているのではないか。カヴェルはハリウッド映画の再婚コメディを繰り返し引きあいに出すが、「結婚」とは全体的であろうとする渇望である。キルケゴールは本当の結婚を『反復』として理解し、ニーチェは永遠回帰を結婚指輪に象徴させた。全体性への傾き、カヴェルの「道徳的完成主義」とはそれを言う(示す)ための標記ではないか。エマソンは「偏り〔partial 部分的〕」というが、偏りが有意味であるのは「全体」に臨んでいるからである。またエマソンのいう「未到達の自己」——ハイデガーのいう「存在論的にはすでに、おのれに先んじて存在するということによって性格づけられている」(前掲四一節)自己を連想させずにはおかない(この種の先駆性はなにもハイデガーの専売特許ではないのかもしれないし、エマソンのそれでもないかもしれない)——は、たえずこの「限界」あるいは「傾き」あるいは「偏り」にぶつかっているのではないだろうか。カヴェルのいう民主主義的な生活とはこの完成をめざす傾きのことであるからこそ、この民主主義的な生活の「尻込み〔shrinking〕」(第1講義、一四一頁)という言い方も出てくるのだ。

＊

「完成」と「道徳」から「善」と「幸福」へ考えを進めてみよう。

本書の序論にもあるように、カヴェルと『正義論』とは「端的に不和である」(五七頁)。あらかじめ言っておけば、カヴェルから見て、ロールズが「正義の会話」(第3講義のタイトル)を避けている点に不和の種があると思われる——ロールズから見れば、迷惑な、あるいは的外れな言いがかりかもしれない。

第3講義は「ロールズと合意のドラマ」という副題をもつにもかかわらず、直接ロールズを論じることがほとんどない。もっぱらイプセンの『人形の家』とクライストの『O侯爵夫人』における「夫婦」の会話が取りあげられている。読者はまるで肩すかしをくらったようなものだ。あまりにも「非常識な」手法ではないか（正直、訳者は初め呆れた）。しかもこの第3講義の草稿をロールズ本人に読んでもらい、その論旨について、二度、長時間ロールズと会話した（序文、二二頁）というのだから驚きだ。とはいえ筆者の理解が間違っていなければ、ここにこそ、カヴェルの真骨頂があるのだと思う。ロールズの著作からはそのタイトルの皮肉というべきか、「正義」の肉声が聞こえてこない（聞こえにくい）のである。むしろノーラの声にならない叫び声こそが正義を樹立する瞬間ではないのか（とカヴェルは言いたいのではないだろうか——少し違うかもしれないが）。こうしたことはすべて「正義の会話」という不可思議なタイトルをどう理解するかに懸かっていると思う。

その説明をするまえに、カヴェルがロールズに批判的な議論をしている以上、いわゆるリベラル–コミュニタリアン論争における「ロールズ批判」との違いを考えておきたい。

マッキンタイアの著述がコミュニタリアン的な特徴を示すのは、次のように「実践〔practice〕」を単なる行為（負荷なき？）から区別するときである。

「実践」という言葉で私が意味するのは、首尾一貫した複雑な形態の社会的に確立された協同的な人間活動である。それをとおしてその活動形態に内的な善が実現されるが、それは、その活動形態にふさわしい、またその活動を部分的に規定している、卓越性の基準を達成しようと努めるからなのである。(『美徳なき時代』二三〇頁)

チェスの場合でいえば、「チェスの実践に内的な善があって、それはチェスかそうした特有な種類の他の競技をするのでなければ得られないものである」(同前、二三一頁)。「内的な善」はチェスを知らないものには認知することができない。修練を積んだ者でなければ高度な指し手の意味(善)が分からない。マッキンタイアによれば、煉瓦積みは実践ではないが、建築は実践である。苗を植えたり草取りをしたりすることは実践ではないが、農業経営は実践である。物理、化学、生物学の探究も実践であり、歴史家の仕事も画業も音楽も実践である。そして人間の生活の統一性には「物語的な探求」(同前二六八頁)が必要であり、それを「個人主義的な」(いわゆるリベラルな)見解と対比して次のように記述する。

私の人生の物語は常に、私の同一性の源である諸共同体の物語の中に埋め込まれている。私は過去を伴って生まれたのだ。とすれば、個人主義者の流儀でもって私自身をその過去から切り離そうとすることは、私の現在の諸関係を不具にすることである。(同前、二七一頁)

チェスにはチェスの伝統がある。科学一般も歴史のなかで発現してきたものだ。絵には絵画史というものがある。いわゆる原子論的な個人主義からは、たとえば「美（的判断）」を説明することがむずかしい（カントは「普遍的な声」に訴えた）。

カヴェルと同じようにマッキンタイアが「徳」というとき、いわゆる英語圏の分析的な道徳哲学（への懸念）が含意されてもいるだろう。その点に少し触れてみる。

マッキンタイアは『美徳なき時代』を「不穏な思いつき」から書き起こしている。マッキンタイアは自然諸科学が大災害からいろいろな打撃を被った世界を想像する。その仮想世界を叙述する冒頭の二頁分（マッキンタイア渾身の思考実験だと思う）をかいつまんでいえば（以下は長さの都合上、大変失礼ながら、邦訳の訳文を適宜切り取っている）――大災害のあと、広範囲にわたる暴動が起こり、研究所は焼かれ、物理学者たちは私刑を受け、図書と器具類は破壊された。残った科学者もほとんどが追放され、科学教育が廃止される。その後で、この破壊活動に対抗する人々が現れ、科学の復興に努め、相対性理論、進化論、フロギストン説などについての断片的な知識から元の科学を復元しようとする。やがて「ニュートリノ」「質量」「比重」「原子量」を以前と同じような整合性と首尾一貫性をもって使えるようになる。だが以前こうした表現を使うときに前提されていた「信念」は失われたままなのだ。この想像上の可能世界では、それなりに科学言語は秩序立っているが、ほかの言語ははなはだしい無秩序に陥っている。この世界で分析哲学が流行したとしても、それによってこの無秩序の事実を解明することはできない。分析哲学の手法は本質的に記述的であり、おまけに現行の言語を使うからである。これは現象学も実存主義も同じである。

マッキンタイアはこれを仮説だと断っているが、道徳をめぐる言説の意義の源泉である文脈が失われている、私たちの手元にあるのは道徳の幻影である（二頁）という（かなり悲観的な）描像が『美徳なき時代』の叙述全体に切迫感を与えているのは否定できない。原題は *After Virtue* である。

――徳を喪ったあとに徳を求めて。

カヴェルが繰り返し引くエマソンのエッセー「自己信頼」の一節は、「言語におけるはなはだしい無秩序」を憂慮し、「意義の源泉」が失われたというマッキンタイアの認識に近いものをもつ。


この迎合が彼らを、単にわずかな点で不実にするとか、わずかな嘘をつかせるとかいうのではなく、あらゆる点で不実にする。彼らのいう真理はすべて本当の真理ではない。彼らの二は本当の二ではなく、彼らの四は本当の四ではない。それゆえ彼らの口にする言葉がすべて私たちを口惜しい思いにさせる。彼らを正して真っ直ぐにさせるにはどこから始めたものか私たちには分からない。（「自己信頼」第一〇パラグラフ）

チャールズ・テイラーの認識もこれに近いと思う。テイラーは「近代的アイデンティティの形成」を問うのであるが、書名のタイトル「自我の源泉」とは「道徳」であるとの根本認識から出発する。「自我」あるいは「自己」を「徳」が構成するという認識は、いわゆる近代個人主義的なリベラルからは出てこない発想だ。もちろん「道徳」あるいは「徳」というときに、ある「全体性」の契機が織り込まれているのであり、その中身を明確にすることにテイラーの眼目があるのだと思う。テイラーは「英語圏での現代道徳哲学」が道徳に注意を向ける「狭いやり方」へ懸念を表明する。

自我のあり方と善、言い換えれば、自我のあり方と道徳は、実は相互に分かちがたく結びついたテーマだということが判明する（……）この結びつきについて述べたいと思う。しかし、この予備的な課題に取り組もうとするだけでも、新たな障害が出現する。英語圏に限ったことではないが、特に英語圏の現代道徳哲学の多くは、非常に狭いやり方で道徳に注意を向けてきたために、私がここで描きたいと思う重要な結びつきのいくつかは、この哲学の枠内では理解することができないのである。この道徳哲学は、いかにあるのが善いことかではなく、何を行うのが正しいかという問題に注意を集中し、善き生のあり方ではなく、義務の内容を定めることに注意を傾ける傾向があった。（『自我の源泉』二頁）

こうしたマッキンタイアやテイラーの現状理解について、カヴェルはたいして異論をもたないと思う。長い歴史のなかで育ってきた共同体の伝統としての道徳を源泉として「自我」が成り立つというものの見方と、いわゆる「社会契約説」（という神話）を「無知のヴェール」――つまり「自分が何者であるか、どんな伝統や宗教を背負っているかを知らない」――という仮設を使って実現しようとするロールズの行き方とはいかにも相性が悪い。欧米で「共同体」といえば「神」に行きつかないではいないだろうと筆者には思われるが、兵士として戦争の悲惨さを体験し、東京大空襲も広島・長崎への原爆投下も道徳上の不正だと断罪したロールズは、「神」によらずに「正義」を実現するための道筋を探究した（『正義論』訳者あとがき参照）。そんなロールズからすれば、個人より共同体が先行するなどという「常識」は、だれにいわれなくても先刻承知であろう。一九九〇年にはスティーヴン・マシードが『リベラルな徳』を公刊して（邦訳は二〇一四年）、マッキンタイアやテイラーにリベラルの立場から応答している。

盛山和夫氏は論文「規範的社会理論はいかにして可能か――ロールズ『正義論』の挑戦と挫折」で、『正義論』が「規範性（道徳性）」をどう取り込んでいるかを論じている。盛山論文によれば、経験的なものと規範的なものとの（またぐことのできない）溝をどうまたぐかに「無知のヴェール」の狙いのひとつがあったという（私たちは実生活において、その溝をつねにすでにまたいでいるという事実をどう説明するかということだろうか）。盛山氏は、この溝と、リベラルとコミュニタリアンの立場の違いには同型性があると見ているようだ。

最も重要な違いは次の点にある。ロールズたちは基本的には、「存在するのは諸個人であって、社会は擬制だ」という功利主義の第一の柱を踏襲している。社会とは諸個人に奉仕すべき構成物である。ロールズたちは、「個人の選好や道徳性がどうであれ、それを前提として」、構成物である社会が従うべき規範的原理を打ち立てようとするのである。それに対してコミュニタリアンは「社会やコミュニティ」をよりリアルなものとして想定し、その中で生きる「個人の道徳性」を理論の基軸に据える。（『ロールズを読む』二二一頁）

盛山氏は、個人をひとまずおいて「社会の側が果たすべき道徳的要請」から出発しようと、「個人は社会の中で一定の道徳存在であるべき」という前提から出発しようと、「どちらが正しいかを決定する基盤は存在しない」（同前）という。

ではカヴェルがロールズとどの地点で分かれるのかを見てみよう（以下はサンドラ・ロジエの論考「カヴェルとウィトゲンシュタイン」を参考にしている）。（盛山論文からの引用を訳者なりに少し補えば）一般にリベラル契約論的な発想は個人から出発して契約としての社会にどう結びつくか、いいかえれば、他者や共同体とどのようにして「同意（契約）」するのかを説明しようとする。だが「同意」とはどんな事態なのか、何をもって「同意」とするのかを曖昧なままにしている。コミュニタリアンからすれば、「I（私）」は永遠に「we」になれないと言うだろう。それに対し、コミュニタリアンは「共同体」から出発する以上、そこでつまずくことは避けられる。ところが「同意」を前提として話を始めた以上、いつ、どこで、どのように「同意」したのかを問うことがない。伝統や歴史をいうまえに、それをどう「継続」あるいは「相続」したのだろうか、という点にカヴェルの問いがある。「正義の会話」とは、自分と他者の同意を求めて交わす会話だ。カヴェルは「同意」というものをどう見ているか。それには次の一節がとても参考になる。

社会契約について論じている著述家のなかでは、私の知るかぎり、ルソーがもっとも深い洞察力をもっていると思う。なぜならホッブズやロックとは違い、彼にとって大事なのは「自然状態」がどのようなものであるか（あったか）を知る点にはなく、社会の起源の下図を再構成することによって、哲学者たちのいう自然状態とは彼ら自身の社会状態（あるいはそれへの幻想）を投影したものであることを証明する点にあるからだ。彼にとって知る必要があるのは、彼と社会との関係である。そして彼が哲学的所与として要求するのは、人間（彼）が社会を代表して話し〔speak for〕うる、社会が彼を代表して話しうる、両者が自分のもっとも内密《プライヴェート》な考えを互いに明かしあうという事実である。彼にとって大事なのは、そういうことがどのようにして可能なのかを理解する点にある。社会にかんする認識論的問題は、社会にかんする新たな事実を発見することではない。百科全書派が包括的に提示しているように、事実は私たちの前にある。私にとって真に問題なのは、そうした事実に対する私の位置――共同体のなかで私はだれと共同的に存在しているのか、じっさい私はだれに服従し何に服従しているのか、こうしたことを私はどのようにして知るのか――を発見することである。先行する契約の存在はそうした事実の説明にはならない。反対にそれは、私自身がある社会契約あるいは協定に加担する当事者であると認知している事実からの投影である。このことが契約の先行性（と私たちがみなすもの）を説明している。しかし本物の社会契約が実効的に遂行されているわけではない以上（これを知ることができるのは、私たちは自由なものとして生まれたが、いたるところで鎖につながれていることを知るときであろう）、結局私たちは私たちの一般意志を行使していないのである。また私たちが自然状態にあるわけではない以上、私たちは私たちの意志を一般的なものではなく特殊なもののために行使している、偏ったもの、不公平なもの、個人的な利益、私秘性のために行使している。私たちは共謀の論理に従っている。この論理が当てはまるのは他人だけだと思っていようとも。(これをルソーの自己診断をみなすこともできよう。)だから私たちは他人が私たちに対してもつ意味を錯覚する(たとえば対等な者と)。あるいは互いが互いに対しなにか意味をもつとの幻想をもつ(たとえば自由な仲間の市民と)。――こうして認識論的問題が正義の最初の問題となる。私たちが自分の位置を知るとき、私たちは何が起こるべきかを知るだろう。そのとき私たちはつづいて起こる(あるいは起こらない)ものを選択する(あるいは選択しない)だろう。それが試みるに値する(あるいは値しない)と決定するだろう。ルソーの発見は新しい知識の発見というより、ある知識の様態の発見、つまり自己が属する社会への接近手段として自己を使用する方法の発見である。したがって新しい無知の様態の発見でもある。マルクスとフロイトはこの無知を無意識と呼ぶだろう。(『理性の声』pp. 25-26)

ルソーにとって知る必要のあるのは「彼と社会との関係」であるが、「彼が社会を代表して話しうる、社会が彼を代表して話しうる、両者が自分のもっとも内密な考えを互いに明かしあう〔reveal one another〕」というところに眼目がある。カヴェルの『リア王』論では繰り返し「身を明かすこと〔self-revelation〕」が主題になった。本書の補遺A「一縷の望み」の終わりから三つ目のパラグラフにはこうある。「あなたが政治権力をもつならば、あなたが人々に対して生殺与奪の権力をもつならば、あなたは人々に対してあなたの秘密を明かさなくてはならないだろう。秘密を明かしつつ語ることは、スローガンを語ることや、秘密を露わにせず語ることとは正反対である。秘密を明かすとは、仲間の市民に語る仕方である」(二九七―二九八頁)。ここで言われているような「語り方」はどのようなものになるだろうか。第3講義はそれを探求しているのだと思う。

第3講義は「正義の会話――ロールズと合意のドラマ」という表題をもつが、表題に反して大半が『人形の家』と『O侯爵夫人』の読解にあてられている。ノーラは「会話」を求めるが、夫トルヴァルは何を求められているかが分からない、それはいわば不可能な会話であり、そのためにノーラは夫も子供も捨てて出ていく。カヴェルはそれを「正義の会話」といい「道徳的完成主義」の瞬間というのである。

ノーラとトルヴァルの会話は語りえぬ(からには示すほかない)会話となる。カヴェルは「マルクスの言葉をノーラの場合にあてはめてみたいわけではもうとうないが」と断りつつ、マルクスの「ヘーゲル『法哲学』批判序説」から「なにか特定の不正ではなく不正そのものを被っているがゆえに、いかなる特定の権利をも要求しない」ような、ひとつの「領域」(本書、二四六頁)を引きあいに出す。ノーラが向きあって(背負って)いるもの、それはたとえばウィトゲンシュタインのいう「言語の限界」に突進するものとしての「倫理」であるかもしれない「倫理的なものは、語りえないというよりも、むしろ、つねにすでに、あらゆる言葉で語りつつ示している――カヴェルは、ノーラの科白のなかに、それを見よと言っているのだろう)。『O侯爵夫人』の場合、「その結合にひそむ暴力性」は「社会の可能性に疑問を投げかける」(二六七頁)。社会のなかに裏も表もあることはだれでも知っている。生き馬の目は抜かれ、路傍の弱者は苦もなく切り捨てられる。社会の可能性とは民主主義の可能性である（と、むずかしい本には書かれている）。たとえば幼児虐待という絶対悪をこの社会は見過ごしてきた。それはだれが悪いのではなく私たちへの責めである。この意味で、政治哲学は大事な学問分野であるが、カヴェルが『人形の家』や『O侯爵夫人』の読解で示したような方向を汲み取って（いるとは思われないが）いただけるならば、なにか明るい光の射してくる感じがしてくる。

だから、この劇作と小説の読解それ自体がロールズへの応答になっているのだと思う（批判ではありえない）。序文の三九頁で言うように、『正義論』の叙述は、「［主にその理想的な部分は］正義の会話の一部として書かれている」。これがカヴェルのロールズ論の出発点である。「正義」や「道徳」にこめられているのは本来の全体的な存在様態であり、人間の全体性や本来性が問われている（いうまでもなくロールズにとっても）。ただカヴェルが徹底しているのは、「会話」に「性愛」的な意味あいをふくめ、「共同体」の成立に暴力や近親相姦の問題をみるところだ（二六八頁）。私たちはたやすく「共同体」や「同意」というが、そこに穿たれている深淵はおぞましくも深いと言わなければならない（懐疑論とはそれを見ないための方便かもしれない）。だがそれを（その危険を）承知で「会話」するのは、いうまでもなく「幸福の追求」（米国憲法の文言であり、カヴェルの映画論集のタイトルでもある）のためである。徳を求めるのは、幸福を求めるためである、だとすれば全体（の幸福）を欠く幸福はありえないだろう。

＊

カヴェルに『この新しくもいまだ近づきえぬアメリカ』という著書がある。これはエマソンのエッセー「経験」から借りた言い回しであるが、カヴェルにとっても「アメリカ」はまだ存在しないのである。「アメリカには自己が存在しない以上、アメリカは存在しない」（本書、一五六頁）。これは単に移民国家アメリカであるがゆえの痛恨の認識にすぎないのか。アメリカは発見すべきものであると、カヴェルは言う。アメリカが存在しないなら、アメリカの民主主義も存在しないということになる。国家のない民主主義は無意味である。複数の民族が対立しているときに民主主義は戦争と同義になる（多数派であろうとすれば他の民族を討たねばならなくなる――議論とは同じ基盤のうえでのみ成り立つものであろう）。アメリカの発見、民主主義の発見。では、どのようにアメリカを発見するのか。アメリカはヨーロッパ文明の血を引く以上、ヨーロッパへの近づきと遠ざかりのなかに発見するほかはない。「エマソンはアメリカのための思考を創始しつつ――思考のなかでアメリカを発見しつつ――ある、ヨーロッパ思想に対する私たち固有の近づき方を発見しつつある」（二八九頁）。だからカヴェルのエマソン読解には熱がこもる（排他的にすらなる）。なにしろ「アメリカの発見」（「樹立としての発見」）が懸かっているのだから。

本書補遺A「一縷の望み」の初めのほうでカヴェルは、五十年ほどまえに書いた論考（ベケット作『勝負の終わり』論）から自己引用している。「私たちのもつ復讐への夢、幸福への絶望、自己や世界への憎しみに対して、核兵器はついに、そうしたものにひそむ破壊衝動を実行に移し満足をもたらすのにふさわしい手段を提供したのだ」（二八五頁）。

アメリカは核兵器の超大国である。ノース・コリアは「主権」を誇示するかのように核兵器を開発して（一〇発以上）、ついにアメリカ（六八〇〇発）と渡り合うにいたった。チャイナ（二五〇発以上）、ロシア（七〇〇〇発）——日本の周辺国はほとんど核保有国である。フランス（三〇〇発）、イギリス（二〇〇発）、インドとパキスタン（一〇〇発）とつづく。数字（概数）はSIPRI, 2016による。

こうしてみると「破壊衝動」というより「死の衝動」（フロイト）に由来する集団自殺願望のように思われてくる。アメリカもイギリスもフランスも民主主義国家である。建前かどうかは別にして、国民主権である以上、国民が核兵器の保有を支持しているということになる。その国民は、破壊衝動という名の死の衝動に向きあったうえで、それに耐えて核保有を選択したと言えるだろうか（奇妙な言い方かもしれず不謹慎かもしれないが、核保有国が陰影の深い一人前の大人に見え、非保有国が半人前で平板に見えてくる。いうまでもなく、逆に見ることもできる）。六八〇〇基もの核兵器を保有する国家にあって民主主義を問う、一縷の望みをもつ、ということがどのようなことなのか。

日本はアメリカの核の傘で守られているそうだ。国家があって、民主主義が成り立つとすれば、日本に民主主義があると言いきれるのだろうか。あるいは皮肉にも、民主主義のために核をもたねばならないと言わなければならないのか。国民を拉致されたまま取り返しにもいけず手をこまねいている日本に民主主義があると言えるのだろうか。あるいは、こうも言える。私たちは日本を発見しなくてはならない、民主主義を発見しなくてはならないと。

＊

エマソン的完成主義を掲げるカヴェルからは、クリプキのウィトゲンシュタイン論がどう見えるだろうか。それを説明するまえに、いわゆる「規則のパラドックス」について若干振り返ってみよう。――第2講義の註記〔2〕(カヴェル独特の「規準」について)、註記〔3〕(規則順守の盲目性について)も参考にしていただきたい。

クリプキが『ウィトゲンシュタインのパラドックス』で何を言っているか、それを理解することそれ自体が容易なことではない(確定した見解があるとも言いきれないように思われる)。クリプキを批判(評価)するにも、どの点が批判(評価)の的になっているかで違ってくるだろう。とはいえ、『探究』の第二〇一節を構成する三つのパラグラフのうちの最初のパラグラフをどう読むかが分かれ目であろう。

私たちのパラドックスはこうであった、すなわち、規則は行為の仕方を決定できない、なぜなら、どのような行為の仕方もその規則と一致させることができるから。

最初のパラグラフはこのあとに「私たちのパラドックス」に答える文がつづくのだが、クリプキは(あえて)それを省く。その含意はあとで考えることにして、まず「私たちのパラドックス」を簡単に説明しよう。以下はウィトゲンシュタインの提示の仕方ともクリプキのそれとも違っているが分かりやすいと思う。黒崎宏氏は四次の多項式を使って印象的に説明しているが、ここでは簡単な数列で考えてみる。最初の二項が「2、3」である数列の第3項は何かという問題があるとしよう。自然数の数列と解釈すれば「4」であり、素数の数列と解釈すれば「5」である、ある階差数列の第3項と解釈すればたとえば「6」（「7」でも「8」でもよい）である。黒崎氏の表現を借りるならば「有限個の事例からそれに妥当する唯一の規則を読み取ることは不可能である」。ここに「2を足す」という規則があって、「2、4、6、8、……」と順調に解を出している生徒が突然「……、1000、1004」と答えるとしよう。「2を足す」という規則のなかに「1000足す2」は「1004」を可能にさせる操作がないとは言いきれない。「有限個の事例」から規則を一意的に読みとることはできないのだから。「規則は行為の仕方を決定できない、なぜなら、どのような行為の仕方もその規則と一致させることができるから」。ここで「2を足す」という規則に「1000以上はどうする」という明示的な指示はなかったという正当化（言い訳）が後出しじゃんけんのような印象を与えるとすれば、「2を足す」ということ自体が訓練（練習）のなかで身についたもので、そもそも「2足す2」が「4」になるのがどれほど自然に見えようともそこに必然性はない、規則は行為の仕方を「決定できない」とも言える。

実のところ、最初のパラグラフには「私たちのパラドックス」に対する「答え」としてもうひとつの文がつづくが、クリプキは（あえて）それを省いている。それはこの「パラドックス」を受け入れやすくする（受け入れる）ためであろう。クリプキが「規則順守のパラドックス」を受け入れるのはウィトゲンシュタイン解釈としておかしい、とみる多くの論者に共通する論点のひとつに、クリプキが『探究』二〇一節を限定的に使用する点がある。

黒崎氏によれば、このパラドックスは「論理的には完璧であり、したがって、正面から突き崩すことは不可能である」。そこで「肩すかし」のような解決すなわち「懐疑的解決」によってこのパラドックスを逃れるという。「１０００足す２」を「１００２」と答えることの「正しさ」には何の根拠もないが、私たちは通常、計算の答えを出してその答えが合っていれば「２を足して１００２」になる根拠を訊かれることはない（通常と違う答えを出すときにのみ、その根拠を問われるのである）。「根拠の要求は、元来、疑いのある所にのみ生ずる」。「規則は行為の仕方を決定できない」のを認めても、現実的にはなんの不都合もないということになる。議論はここでは終わらない。なぜ、「１００２」という答えの正しさを問われることがないのか。議論は公共の場へと移っていく。

　クリプキによれば「私がプラスを意味している事とクワスを意味している事を区別するような、私に関する事実なるものは存在しない」（クリプキ、四〇頁）。そのうえで、たとえば「１００４」（クワス算）ではなく「１００２」（足し算《プラス》）と答えるほうが正しい答え方だという「彼自身の確信に満ちた心の傾きに従ってよい」（同、一七一頁）という。そのうえで、そうした「心の傾き」をいわゆる「主張可能性条件」的な考え方にもとづいて説明する（「意味している事実」が存在しない以上、事実にもとづいて、意味を「真理条件」的な形式で理解しようとする考え方を断念する）。しかもこの説明（「１００２」と答えてよい条件）によって説明される問いと答えの関係は、「記述的でなく、規範的である」（七〇頁）とクリプキは強調するのである。

　共同体によって「受け入れられる」（同、一七九頁）かどうかが、「主張可能性条件」のポイントである。だが野矢茂樹氏は問う、「いったい共同体における一致という事実は、クリプキの言うように規範性を取り込むことができているのだろうか」（『哲学・航海日誌』「クリプキの誤謬」、一二二頁）と。できていない、というのが野矢氏の答えだ。なぜなら「共同体のメンバーのほとんどがブタクサのにおいを嗅ぐとくしゃみをするとしよう。そのとき、たとえ一人だけくしゃみをしなかったとしても、その人は別に《誤って》いるわけではない」（同）から。カヴェルは逆に「公的な許しによっては私秘性から一歩も抜け出られないだろう」と言い、「〔公的な許し〕が『探究』で達成されている私秘性も孤絶性も捉えていない」（本書、一七七頁）と言う。クリプキの説明による「懐疑的解決」は黒崎氏も断っているようにいわゆる「共同体説」ではないが、ならばなぜ「暗黒のなかで」「盲目的に」などと言い添える必要があるのか、曖昧な点は残ると思う（「暗黒のなかで」については、第2講義の註記〔3〕を参照していただきたい）。

クリプキが省略した二〇一節の第一パラグラフを後半の文もふくめて読んでみよう。

私たちのパラドックスはこうであった、すなわち、規則は行為の仕方を決定できない、なぜなら、どのような行為の仕方もその規則と一致させることができるから。その答えはこうであった、すなわち、どのような行為の仕方も規則と一致させることができるのなら、規則と矛盾させることもできる。それゆえ、ここには一致も矛盾も存在しないことになる。

ここまで読んだ時点で、「私たちのパラドックス」なるものは見せかけであって「一致も矛盾も存在しない」――あらかじめいうなら「規則に一致する」という事態はない、というか、この言い回し自体がオースティンに一喝されそうな妙な表現であるかもしれない――以上パラドックスはすでに消失しているというのがたぶんウィトゲンシュタインの見解だろうと分かる。「規則に従う」ことと「規則に一致する（させる）」こととは違う。クリプキは「規則に従う」ことを「盲目的に行為する」（クリプキ、一七一頁）というふうに見ているが、「2＋2＝4」の計算は盲目的であろうか。カヴェルも「盲目的に行為する」には懸念を表明する（本書、一七七頁）。「規則に従う」にパラドックスの入り込む余地はないというのがウィトゲンシュタインの見解だと思われる。

それは二〇一節の第二パラグラフを読めば決定的であろう。

> ここ〔規則のパラドックス〕に誤解があるということは、このような考え方において解釈につぐ解釈を行なっている点にすでに示されている。それはまるで、その解釈の背後に別の解釈を思いつくまではどの解釈も、少なくとも一瞬は私たちを安心させるかのようである。これが示しているのは、解釈ではないような規則の把握〔Auffassung, grasping〕があるということであり、それは、規則のそのつどの適用において私たちが「規則に従う」とか「規則に背く」とか呼ぶもののなかに、おのずと現れている。

ウィトゲンシュタインは「規則のパラドックス」を受け入れていないという立場の論者にジョン・マクダウェルがいる。マクダウェルは（全14節からなる）長めの論文「規則に従うこと――ウィトゲンシュタインの見解」で、ここに引いた『探究』二〇一節の第二パラグラフは「クリプキの読みを寄せつけない」と断ずる。マクダウェルによれば、解釈につぐ解釈をしても、それは「規則に従う」ことを捉えたことにはならない。「解釈の背後に別の解釈を思いつくまではどの解釈も、少なくとも一瞬は私たちを安心させるかのようである」が、規則の「把握」には届かない。マクダウェルはとても印象的な一節を『青色本』から引く。

> 人が言いたがっているのはこうである。「どの記号も解釈を許容する。だが、意味すること〔*the meaning*: 言おうとすること〕そのものは解釈してはならない。それは最後の解釈なのだ。
> 『ウィトゲンシュタイン全集6』（七一－七二頁）

マクダウェルはクリプキのいうパラドックスに正しく対処するには「解釈ではないような規則の把握があることを理解すること」（マクダウェル、第4節）が肝心だという。さらに『探究』四三一節から、

> 「命令とその実行のあいだには溝がある。その溝は理解することによって埋められねばならない」。

を引き、「私たちのパラドックス」がパラドックスに見えるのは、「理解はつねに解釈であるという前提に立つ場合だけである」（マクダウェル、第6節）と結論する。そしてマクダウェル論文のもっとも重要な第8節――と筆者には思われる――で、「理解することを解釈へ同化すること」を拒

否することがウィトゲンシュタインの問題なのだと宣言するのである。「この見過ごしに対して下された天罰〔nemesis〕」は、クリプキの懐疑論的解決が「説得力を欠いていることである」（マクダウェルのこの論文で、訳者は「理解」と「解釈」の違いの重要性を教えられた）。

とはいえクリプキにしてみれば、これは「言いがかりだ！」としか応じようがないのかもしれない。なぜなら、「パラドックスを受け入れる」という前提で話をしているにすぎないのだから。飯田隆氏の『規則と意味のパラドックス』はクリプキについての本である以上、クリプキによるウィトゲンシュタインを一刀両断にしたりはしない。「規則のパラドックス」を受け入れ、「意味への懐疑」に対する有力な解決策としてクリプキが提示する「懐疑的解決」の問題点を指摘し、クリプキが冷淡にもわずか数パラグラフで退けた「話し手の意図に訴える」解決が有望だとする。それには「規則に従うことの根底には技能知が存在することを認め」、「技能知が傾向性とどう違うのか、技能知はどうして規範性をもちうるのか」（二三九頁）を解明しなくてはならないという。

ところで、目立たないけれど『探究』二〇一節には、第三パラグラフがある。

それゆえ、規則に従うそれぞれの行為は解釈である、と言いたくなる傾向が生じる。しかし規則のある表現を他の表現で置き換えることだけを「解釈」と呼ぶべきなのである。（飯田隆訳に一部加筆）

カヴェルならば、「規則に従う行為は解釈である」と言いたくなる「傾向」（がパラドックスを生むとすれば）に注目するだろうと思われる。その傾向はどこから来るのだろうか。そこに懐疑論の根があると思われる。（カヴェルが「傾向」という語にもたせる意味合いには若干の振れ幅があると思われる。）

クリプキのウィトゲンシュタイン解釈には（たぶん）批判的な論者が多いと思われる。野矢茂樹氏は「行動描写」と「実践描写」を区別したうえで、「もし行動描写をとるならば《共同体の一致》は解決ではありえなくなり、実践描写をとるならばパラドックスはそもそも定式化できなくなる」（前掲、一二五頁）という。

鬼界彰夫氏は『ウィトゲンシュタインはこう考えた』で、ウィトゲンシュタインの『数学の基礎』（第三版）から――

> 規則に従うことは、私たちの言語ゲームにとって根底をなしており、私たちが記述と呼ぶものを特徴づけている。（RFM, partVI, §28）

を引き、「規則に従うこと」は言語ゲームの根底にある原言語ゲームだと考える。そしてウィトゲンシュタインが突き当たった「規則に従う」という「根底は、それについて語りえず、すべての語ることと数えることを支え、それ自身は何によっても支えられていない島である」（二八九頁）。この考えは「解釈ではないような規則の把握」が「私たちが《規則に従う》とか《規則に背く》とか呼ぶもののなかに、おのずと現れている」（『探究』二〇一節）という考えに合致している。鬼界氏はマクダウェルと同じように「規則のパラドックス」を受け入れないと思われる。

＊

カヴェルもクリプキのウィトゲンシュタイン論に批判的であるが、「規則のパラドックス」を受け入れないというわけではないという点に特徴があると思う。ねばり強くこのパラドックスに沿って議論しているので。「私はクリプキの読解に（内在的な）間違った点をまったく見いだせない。それゆえ、なぜ、あるいは、いかなる意味で、それにもかかわらず、私の見るところ、クリプキの読解が正しくない（『探究』に忠実ではない）と言うには時間をかけなくてはならない」（本書、一六八頁）。クリプキは『探究』で問われている懐疑を十分には捉えていないのではないかというのがカヴェルの出発点である。そしてクリプキはかえって懐疑論を進めてしまっている、私たちから世界に近づく規準を剥ぎ取っているのではないかと考える。エマソンの思考はそれに対して世界をどう取りもどすかに眼目をもつ。

それにしても第2講義をちょっと読むだけでカヴェル独特のスタイルに驚かされるだろう。たとえば、こうだ。クリプキは共同体の一致というが、それでは規範性を説明できないというのが大半の見るところだろう。だが一口に規範性といっても、それをどう捉えるかで物の言い方は変わってくる。クリプキが「劇的な工夫」と呼ぶもの――「クワス算」とか「LSDの摂取」とか「精神錯乱の発作」とか――は、カヴェルからすれば、「屈託がなさすぎる」（本書、一九一頁）。そもそも規範や共同体が成立するための条件は何か。インセスト・タブーと家族の問題は「規則」の問題にはならないのか。「正義の会話」とまではいわなくても、「他人との同意」の瞬間とはどのようなものなのか。同意したかどうかの規準はどこにあるのか。そうしたことすべてを念頭にいれるカヴェルの叙述が読みにくいのは避けられないことなのかもしれない。

第2講義の初めのほうでカヴェルはクリプキとの食い違いを表明する。クリプキは「規則が根本的である」と解釈するが、カヴェルは「規準こそが、懐疑論の可能性に対するウィトゲンシュタインの考え方――あるいは、いわゆる懐疑論の脅威に対する彼の応答――を形成している」(同、一六八頁)と見る。カヴェルが主著『理性の声』(一九七九年)の初めで発見したというウィトゲンシュタインの「規準」概念を、本書ではほとんど説明抜きで使っている。だがこの「規準」概念がはっきりしないと「このように私たちから私たちの規準を剥ぎ取るがゆえに、クリプキの解決は、それが解決したとされる問題よりも懐疑論的であると私には思われるのだ」(二二一頁)という文言の迫真性が伝わってこない。この「規準」概念はとてもむずかしいものであるが、そうも言ってはいられないので、第2講義の註記〔2〕で若干の説明をしておいた。

第2講義の後半は『探究』二五節を引くあたり(二〇二頁)から始まると思う。「命令し、質問し、物語をし、おしゃべりすることは、歩いたり、食べたり、飲んだり、遊んだりすることと同じように、私たちの自然史の一部なのである」。

こうして「数える」ことから「歩く」ことへ話が移っていく。「ある日私が交互に足を上げるのではなく交互に足を滑らせはじめるとしたら、あるいはスキップしたりホップしたり鵞鳥歩きをしたり、一足ごとに爪先立ちして一回転しながら歩いたりしはじめるとしたら、どうだろうか」(二〇二―二〇三頁)。「他の人が逸脱した歩行をし、私はいつか別の歩行をしてしまうかもしれない

――私たちの歩行は根拠をもたないのだから」(二〇五頁)。「私には、私の歩行を歩行にしていると想定されているような私についての事実(私の歩行そのものとは別のもの)が存在することを肯定すべきか否定すべきかが分からない」(二〇六頁)。

クリプキによれば「規則順守」の問題は広く言語一般に適用される。

私がはじめてエッフェル塔のなかへ入っていくと、そこに一脚のテーブルがある。私は、過去において私が「テーブル」でもってテーベアを意味していたのだと仮定する懐疑論者に答えることができるだろうか。この場合「テーベア」とは、エッフェル塔のなかにはないすべてのテーブルか、あるいはエッフェル塔のなかにある椅子である。私がはじめてテーブルという(……)語によって私が意味するものを私自身に指示したとき、私はエッフェル塔について明示的に考えていたであろうか。(クリプキ、三五―三六頁、本書、二〇七頁)

ここでもカヴェルは「規準を剥ぎ取られる」という点を強調する。二一七頁以下の途方もない「テーブルについての思考実験(?)」は、テーブルの規準を際立たせるものだ。クリプキのいう「テーベア」概念(あるいは日常的概念の数学化)が可能であるには、規準が了解されていなくてはならないというのがカヴェルの考えであろう。「私は、懐疑的攻撃が私たちの規準に向けられている、すなわち(……)私たちと世界の相互関係に向けられている点には同感である。しかし懐疑論の支配のなかで起こっていることは、私がウィトゲンシュタインの言葉を使って述べたように、なにか私たちが自分自身から規準を剥ぎ取られるのを強いられるようなこと」（二〇八頁）である。

世界を取りもどすにはどうするか。カヴェルはここでエマソンのエッセー「経験」を引きあいに出す。エマソンは息子を亡くしたという事実を「身近に引き寄せることができない」と言う。カヴェルによればエマソンはここで、「息子の死という事実が彼にとって世界の近さのベストケースであると言っているのだ。彼はこの跳び越ええぬ隔たりを「物事がなんの印象も残さない」隔たりと診断する」（二二二―二二三頁）。「印象」と「印象」はどう結びつくのか。「印象」をいくら積み上げても「経験」にはならない。エマソンのいう「印象」は哲学者（経験論者）が操る観念であり、「私たちと事物との結びつき、私たちの事物への関心、（……）事物における何が私たちにとって重要であるか、何が物の数に入るか、を説明することができない」（二二三頁）。カヴェルによれば、私たちが世界へ近づくのではなく、世界が私たちのほうへ近づくように方向を転換しなくてはならない。

参考文献

「ウィトゲンシュタインとウィーン学団」黒崎宏訳、『ウィトゲンシュタイン全集5』大修館書店、一九七六年。

『近代民主主義とその展望』福田歓一著、岩波新書、一九七七年。

『倫理と行為』ピーター・ウィンチ著、奥雅博＋松本洋之訳、勁草書房、一九八七年。

『美徳なき時代』アラスデア・マッキンタイア著、篠崎榮訳、みすず書房、一九九三年。

『リベラル・コミュニタリアン論争』スティーヴン・ムルホール＋アダム・スウィフト著、谷澤正嗣＋飯島昇藏訳、勁草書房、二〇〇七年。

『自我の源泉』チャールズ・テイラー著、下川潔＋桜井徹＋田中智彦訳、名古屋大学出版会、二〇一〇年。

『激論 日本の民主主義に将来はあるか』岡崎久彦＋長谷川三千子著、海竜社、二〇一二年。

『リベラルな徳』スティーヴン・マシード著、小川仁志訳、風行社、二〇一四年。

「規範的社会理論はいかにして可能か——ロールズ『正義論』の挑戦と挫折」盛山和夫著、『ロールズを読む』井上彰編に収録、ナカニシヤ出版、二〇一八年。

Sandra Laugier, "Wittgenstein and Cavell: Anthropology, Skepticism, and Politics", in *The Claim to Community: Essays on Stanley Cavell and Political Philosophy*, edited by Andrew Norris, Stanford U. P., 2006.

*

『ウィトゲンシュタインのパラドックス』ソール・クリプキ著、黒崎宏訳、産業図書、一九八三年。

「クリプキの『探究』解釈とウィトゲンシュタインの世界」黒崎宏著、『現代思想 臨時増刊 総特集 ウィトゲンシュタイン』（三二一–四三頁）、青土社、一九八五年。

「規則に従うこと——ウィトゲンシュタインの見解」ジョン・マクダウェル著、永井均訳、前掲雑誌（六四–一〇二頁）。

『哲学・航海日誌』野矢茂樹著、春秋社、一九九九年。

『ウィトゲンシュタインはこう考えた』鬼界彰夫著、講談社現代新書、二〇〇三年。

『規則と意味のパラドックス』飯田隆著、ちくま学芸文庫、二〇一六年。

訳者あとがき

本書は *Conditions Handsome and Unhandsome: The Constitution of Emersonian Perfectionism, The Carus Lectures, 1988*, by Stanley Cavell, The University of Chicago Press, 1990の全訳である。

翻訳にあたって次のフランス語版を参考にした。仏語訳者のクリスチアン・フルニエとサンドラ・ロジエに感謝する。

Conditions Nobles et Ignobles: la constitution du perfectionnisme moral émersonien, translated by C. Fournier and S. Laugier, édition de l'éclat, 1993.

原題を字義どおりに訳せば「美しい条件と醜い条件——エマソン的完成主義の憲法、ケーラス記念講義、一九八八年」というふうになるだろうが、これでは原題のもつ多義性を活かすことができない。苦しまぎれの選択により、邦題は、ハーバード大学におけるカヴェルの講座名からとって「道徳的完成主義」とした。原題の「conditions handsome and unhandsome」は、おそらく、エマソンのエッセー「経験」の一節（本書のエピグラフでもある）、

I take this evanescence and lubricity of all objects, which lets them slip through our fingers then when we clutch hardest, to be the most unhandsome part of our condition.
（あらゆる対象は私たちがしっかり摑《つか》もうとすると指のあいだから零《こぼ》れおちてしまう、この儚《はかな》さと摑みどころのなさを、私は、私たち人間の条件のもっとも醜い部分だと思う）

に由来する。「(un) handsome」という語はとりわけ訳しにくい。『エマソン選集3』（小泉一郎訳）では「the most unhandsome part of our condition」の部分が「私たち人間の状態の、かんばしくない部分」と訳されている。旧岩波文庫版（戸川秋骨訳）では「吾々の状態の最も美しからざる處」と訳出されている。

フランス語訳は「la partie la plus ignoble de notre condition」である。「ignoble」は「高貴にあらず」「恥ずべき」「醜い」などの語義をもつが、どうしても「hand」の含蓄が消えてしまう。

（語源辞典によれば、「handsome」は一四〇〇年ごろまで遡ることができ語義は「手近にあって使い勝手がよい」であったが、主にアメリカ人が「器用に扱う」や「ものごとの規格に合っている」から「みごとな」「すばらしい」「気品ある」「麗しい」「美しい」へと語義を拡張していったという。）

「handsome」と「noble」をまとめて表すうまい日本語があるだろうかと思案しているうちに、ふと、新たな元号「令和」ではどうだろうと思い当たった。

「和」は「なごむ」「和らぐ」のほかに「加える」の語義がある。「加える」や「数える」に「手」

や「指」による操作というようなイメージはないだろうか。

「令」は「ご令嬢」の「令」であり、「よい」「美しい」「貴い」の語義をもつ。まことに都合のよいことに、本書におけるカヴェルの鍵語のひとつである「規準」（あるいは「規則」）の語義をもも つ。「令」は選び取っていくものであって、そこに来るべき時代へ向けた日本人の決意がこめられているとも思われる。とすれば令和元年に刊行される本書を新たな時代への「一縷の望み」として江湖に送り出したい。

＊

大急ぎで「解説」を書いて編集者に送付したところ、早速、編集者の小林公二氏から、徳倫理学への言及がないのは不思議であるとの返信をいただき、虚を突かれた思いがした。ご覧のとおりの拙文を書いていて「徳倫理学」が念頭になかったのはあまりにも迂闊だったかもしれない。たしかに『美徳なき時代』や『自我の源泉』はそうした学問分野をカヴァーするものでもあるだろう。だが人はウィトゲンシュタインの『哲学探究』やハイデガーの『存在と時間』を徳倫理的な本であると思うだろうか。カヴェルがこうした本やエマソンの章句へ切り込んでいくときに垣間見せるのは、率直にいって、いわゆる徳倫理学で問われている次元とも少し違うように思われる。むしろ、エマソンが表看板とする「超越論主義」——「超絶思想」とも「超越主義」とも訳されてきたが、本訳書では字義どおりに訳してみた——の傍らにはカントの道徳論があって、それへの対話であるとの側面をもつといえるかもしれない。カントは道徳の理念を語った。私たちは日常的な場面でつまり他人との交わりにおいて、何に出会い、何を担っているのだろうか。「他人の心にかんする懐疑は懐疑ではなく悲劇である」(『理性の声』序)。とすれば懐疑を担い耐える道がなくてはなるまい。ここに本書の主題があると思う。

「エマソンの道徳的完成主義」と「教育」の問題については、齋藤直子氏がデューイとの関連を重視しながら周到に論じている。

齋藤直子『〈内なる光〉と教育――プラグマティズムの再構築』法政大学出版局、二〇〇九年。

スタンリー・カヴェルは二〇一八年六月一九日に亡くなった。日本ではついに、カヴェルの伝説的な論考を集めた出世作『言ったとおりを意味しなければならないか』や主著『理性の声』の邦訳がかなわなかった。それは新たな時代の大きな課題としたい。

編集者の小林公二氏の提案で「解説」(らしきもの)を書く機会を与えられたことに感謝する。カヴェルに少し近づいたと、勝手に思っている。

平成三十一年四月八日　カヴェルの冥福を祈りつつ

中川雄一

著者

スタンリー・カヴェル *Stanley Cavell*

1926年、米国ジョージア州生まれ。カリフォルニア大学バークレー校卒業（音楽専攻）。ハーバード大学大学院で博士号（哲学）を取得。ハーバード大学名誉教授。1958年に論文“Must We Mean What We Say?”を発表し、「懐疑論は悲劇である」と見定めて以来、ハーバード大学を拠点に、「新しくもいまだ近づきえぬアメリカ」の哲学を求めて個性的な思索を続け、分析哲学の手法には距離をとりつつ、独特の視点から精神分析を解釈するその強靭な思考は、政治哲学や文学研究、さらに映画の分野にまで広くインパクトをおよぼし、パトナムやデイヴィドソンと同様、本国アメリカにとどまらずフランスやドイツに絶大な影響力をもつ現代アメリカを代表する哲学者として活躍。2018年、逝去。

初期の大著に *The Claim of Reason*（1979）。映画論 *The World Viewed*（1971, Enlarged Edition, 1979）〔邦訳『眼に映る世界』〕、*Pursuits of Happiness*（1981）、シェイクスピア論 *Disowning Knowledge*（1987）〔邦訳『悲劇の構造』〕、ソロー論 *The Senses of Walden*（1972）〔邦訳『センス・オブ・ウォールデン』〕、エマソン論 *Emerson's Transcendental Etudes*（2003）など、根底的な思索は常に新鮮な衝撃を与えつづけている。

訳者

中川雄一 *Yuuichi Nakagawa*

1953年、北海道生まれ。早稲田大学大学院文学研究科修士課程修了。専門は現代フランス哲学。訳書に、S・カヴェル『哲学の〈声〉』『悲劇の構造』、C・ダイアモンド＋S・カヴェル他『〈動物のいのち〉と哲学』、C・ショヴィレ『ウィトゲンシュタイン』（共訳）、J・ブーヴレス『ウィトゲンシュタインからフロイトへ』『言うことと、なにも言わないこと』など。専門分野にとらわれず幅広い翻訳で活躍。

Conditions Handsome and Unhandsome:
The Constitution of Emersonian Perfectionism,
The Carus Lectures, 1988
by Stanley Cavell

道徳的完成主義

エマソン・クリプキ・ロールズ

2019年5月25日　第1刷発行

著者――――――スタンリー・カヴェル
訳者――――――中川雄一
発行者―――――神田　明
発行所―――――株式会社 春秋社
〒101-0021 東京都千代田区外神田2-18-6
電話 03-3255-9611
振替 00180-6-24861
http://www.shunjusha.co.jp/
印刷・製本―――萩原印刷 株式会社
装丁――――――本田　進

ISBN978-4-393-32381-6
定価はカバー等に表示してあります